GW00673120

La PNL

POUR
LES NULS

La PNL pour les Nuls
Titre de l'édition américaine : Neuro-linguistic Programming for Dummies

Publié par
Wiley Publishing, Inc.
111 River Street
Hoboken, NJ 07030 – 5774
USA

Copyright © 2004 Wiley Publishing, Inc.

Pour les Nuls est une marque déposée de Wiley Publishing, Inc.
For Dummies est une marque déposée de Wiley Publishing, Inc.

© Éditions First-Gründ, 2008 pour l'édition française. Publiée en accord avec Wiley Publishing, Inc.

Le Code de la propriété intellectuelle interdit les copies ou reproductions destinées à une utilisa-tion collective. Toute représentation ou reproduction intégrale ou partielle faite par quelque pro-cédé que ce soit, sans le consentement de l'Auteur ou de ses ayants cause est illicite et constitue une contrefaçon sanctionnée par les articles L335-2 et suivants du Code de la propriété intellec-tuelle.

ISBN 978-2-7540-0879-2
Dépôt légal : 2ᵉ trimestre 2008

Traduction et adaptation : Christophe Billon
Production : Emmanuelle Clément
Mise en page : Catherine Kédémos

Imprimé en Italie par «La Tipografica Varese S.p.A.» Varese

Éditions First-Gründ
60, rue Mazarine
75006 Paris – France
e-mail : firstinfo@efirst.com
Site internet : www.pourlesnuls.fr

La PNL

POUR
LES NULS

Romilla Ready

Kate Burton

FIRST
Editions

Sommaire

Introduction *1*
A propos de ce livre 1
Les conventions utilisées dans ce livre 2
Ce que vous n'avez pas forcément besoin de lire 2
Hypothèses gratuites 3
Comment ce livre est organisé 4
   Première partie : Bienvenue dans un monde idéal 4
   Deuxième partie : Le code de la route de votre cerveau 4
   Troisième partie : Se faire des amis...
     en influençant les autres 5
   Quatrième partie : Ouvrir la boîte à outils 5
   Cinquième partie : Les dix commandements 6
   Sixième partie : Annexes 6
Les icônes utilisées dans ce livre 6
Par où commencer ? 7

Première partie : Bienvenue dans
un monde idéal *9*

Chapitre 1 : Destination PNL 11
Qu'est-ce que la PNL ? 12
   Quelques rapides définitions 13
   La genèse et l'avenir de la PNL 16
   Une remarque sur l'intégrité 15
Les piliers de la PNL 15
Les modèles et le modelage 18
   Le modèle de communication de la PNL 18
   Le modelage de l'excellence 19

Des conseils pour rendre la PNL plus ef
L'attitude est primordiale.....................
La curiosité et la confusion sont salu
Il ne tient qu'à vous de changer ....
Amusez-vous !......................................

Chapitre 2 : Hypothèses de base su

Les présuppositions de la PNL ....
La carte n'est pas le territoire   24
Chacun répond en fonction de sa carte du   26
L'échec n'existe pas, ce n'est qu'un feedbac   27
La signification de la communication est la ré,
   qu'elle suscite..29
Si votre façon de procéder ne fonctionne pas,
   essayez autre chose..29
Il est impossible de ne pas communiquer 30
Nous possédons toutes les ressources nécessai
   pour obtenir les résultats escomptés......................31
Tout comportement a une intention positive...............32
Les gens sont bien plus que leurs comportements 33
L'esprit et le corps sont liés et influent l'un sur l'autre...........34
Avoir le choix est mieux que de ne pas avoir le choix 35
Le chemin de l'excellence : imiter une performance réussie ..36
Conclusion sur les présuppositions : lancez-vous !.......................37

Chapitre 3 : Prendre votre vie en main 39

Contrôler votre mémoire 39
Sens et croyance 42
Le jeu du bouc émissaire..43
Les schémas de problèmes qui vous paralysent 43
Entrer dans le cadre de résultat..44
La voie de l'excellence..44
Savoir ce que vous voulez..45
Penser SMART pour bien formuler les résultats escomptés...46
La formule du succès en 4 points 51
Faire tourner la roue de la vie 52
Tenir un journal des rêves lié à vos objectifs.............................53
Foncez !..55

Deuxième partie :
Le code de la route de votre cerveau............ 57

Chapitre 4 : Qui est au volant ?....................59
Comment nos peurs peuvent nous conduire
dans la mauvaise direction 60
Conscience et inconscient 61
Votre inconscient excentrique....................................62
La formation réticulée : votre système de suivi............65
Comment se créent les souvenirs....................................67
L'état de stress posttraumatique (ESPT) 67
Les phobies 69
Le traitement rapide des phobies par la PNL 69
Les croyances et les valeurs font toute la différence....70
Le pouvoir des croyances 71
Les valeurs 75
Imaginer votre réalité future...81

Chapitre 5 : Appuyer sur les boutons de
la communication 83
Le modèle de communication de la PNL 84
Scénario 1 85
Scénario 2 86
Comprendre le processus de communication................86
La fourchette 2-7..87
À chacun le sien...90
Essayer la communication efficace.................................97

Troisième partie : Se faire des amis...
en influençant les autres............................. 99

Chapitre 6 : Voir, entendre et sentir
à votre manière pour mieux communiquer............. 101
Trois lettres pour des modalités : VAK............................102
Filtrer la réalité 103

Entendre comment ils pensent...105
Écouter le monde des mots 107
Établir le rapport avec des mots..108
Faites entrer les traducteurs !..110
Tout dans les yeux 111
Utiliser le système VAK..115

Chapitre 7 : Établir le rapport 119

Pourquoi le rapport est-il important ?......................................120
Identifier le rapport...120
Savoir avec qui établir un rapport..121
Techniques de base pour établir le rapport..............................123
Sept moyens pour façonner rapidement votre rapport.........123
La roue de la communication et l'établissement
du rapport 124
La synchronisation et le mimétisme comportemental...........126
En phase pour conduire 127
Établir un rapport dans une communication virtuelle...........129
Comment rompre le rapport et pourquoi 130
Le pouvoir du mot « mais » 132
Comprendre les autres points de vue 133
Explorer des positions perceptuelles.....................................134
Le méta-miroir de la PNL 135

**Chapitre 8 : Comprendre pour être compris :
les métaprogrammes 137**

Les notions de base d'un métaprogramme...............................138
Les métaprogrammes et les structures de langage 139
Les métaprogrammes et le comportement.............................141
Proactif/Réactif...142
Rapprochement/Éloignement...143
Options/Procédures...146
Interne/Externe..148
Global/Spécifique 150
Similitude/Similitude avec Différence/Différence 153
Combiner plusieurs métaprogrammes.....................................156
Développer vos métaprogrammes..157

Quatrième partie : Ouvrir la boîte à outils.. 159

Chapitre 9 : Jeter l'ancre 161

Commencer par les ancres 162
    Définir une ancre et créer soi-même un état de ressource....163
    Susciter et calibrer les états 165
    Créer votre propre palette d'ancres 167
    Identifier votre propres ancres.....................................167
À la découverte des émotions : les états séquentiels 170
    Changer d'état grâce aux ancres...................................171
    Opter pour la musique baroque....................................172
    Se mettre dans la peau de quelqu'un d'autre 174
Approfondir les techniques d'ancrage...............................175
    Modifier les ancres négatives 175
    Les ancres pour la prise de parole en public................177
Une dernière chose sur les ancres....................................179

Chapitre 10 : Actionner les commandes................... 181

Sous-modalités : comment nous enregistrons
    nos expériences...182
Informations de base ou ce qu'il faut savoir
    avant de commencer 182
    Associer ou dissocier 183
    Définir le niveau de détails de vos souvenirs 184
    Un peu d'entraînement...188
    Comprendre vos sous-modalités critiques 189
Effectuer des changements pour de vrai.............................190
    Atténuer la portée d'une expérience 191
    Modifier une croyance limitante 191
    Créer une croyance dynamisante 192
    Se débarrasser de ce mal de dos..................................193
    Utiliser le bruissement 194
Fiche descriptive des sous-modalités 196

Chapitre 11 : Changer via les niveaux logiques....... 199

Quelle est votre perspective ?..200
Comprendre les niveaux logiques......................................200
    Poser les bonnes questions 201
    Prendre les niveaux logiques pas à pas.........................202
    Utilisations pratiques des niveaux logiques...................204

Trouver le levier adapté au changement 205
    L'environnement...206
    Le comportement..207
    Les capacités 209
    Les croyances et les valeurs 210
    L'identité...213
    Le but..214
Découvrir les niveaux des autres :
    langage et niveaux logiques..215
Exercice sur les niveaux logiques :
    la création d'un esprit d'équipe..215

**Chapitre 12 : Vos habitudes : découvrir vos
programmes secrets 219**
L'évolution des stratégies 220
    Le modèle SR (Stimulus-Réponse) 220
    Le modèle TOTE...221
    La stratégie PNL = TOTE + systèmes de représentation
        sensorielle 221
    Le modèle de stratégie de la PNL en action............................222
Tout dans les yeux : identifier la stratégie d'une personne........225
Contracter les muscles stratégiques 227
    Acquérir de nouvelles capacités 227
    Recoder vos programmes 228
    Tout est dans le « comment »..229
Utiliser les stratégies de la PNL pour l'amour et la réussite 230
    La stratégie de l'amour profond..231
    Les stratégies pour influencer les autres 232
    La stratégie PNL pour l'orthographe...................................234
    Réussir ou ne pas réussir...237

Chapitre 13 : Voyage dans le temps............................237
L'organisation de vos souvenirs..238
Découvrir votre ligne de temps..239
Modifier la ligne de temps...241
Voyager sur votre ligne de temps vers plus de bonheur 243
    Libérer les émotions négatives et les décisions limitantes ...244
    Pardonner..247
    Réconforter la jeune personne que vous étiez......................248
    Se débarrasser de l'anxiété...248
    Vous concocter un meilleur avenir 249

Chapitre 14 : RAS dans la salle des machines.........251

Une hiérarchie des conflits 252
Du tout aux parties 254
    Les intentions d'une partie de soi.................................254
    Trouver le cœur du problème 255
Au secours ! Je suis en conflit avec moi-même 256
    Écouter votre inconscient..257
    Choisir votre camp...257
Devenir un tout... en intégrant vos parties 257
    Le squash visuel 258
    Le recadrage – comme si 260
Les conflits plus importants 262

Cinquième partie : Les dix commandements .. 265

Chapitre 15 : Dix applications de la PNL...................267

Assurer votre développement personnel 267
Gérer vos relations personnelles et professionnelles 268
Négocier une solution qui contente tout le monde 269
Atteindre des objectifs commerciaux.................................271
Créer des présentations convaincantes.............................271
Gérer votre temps et vos précieuses ressources...................273
Prendre un coach pour connaître le succès 274
Vous servir de la PNL pour votre santé..............................275
Être en phase avec votre auditoire :
    conseil aux formateurs et aux éducateurs.....................276
Décrocher cet emploi 277

Chapitre 16 : Dix livres pour votre bibliothèque 279

Changer les systèmes de croyance avec la PNL 279
Choisir sa vie 279
Comprendre la PNL..280
Derrière la magie : la programmation neuro-linguistique (PNL).280
Influencer avec intégrité...280
Introduction à la PNL 280
Le plein pouvoir des mots : maîtriser le langage d'influence.....281
L'éveil de votre puissance intérieure..................................281
Maîtriser l'art de la PNL 281
Transformation essentielle 282

Sixième partie : Annexes *283*

Liste de ressources 285
Contacter les auteurs 285
France 285
États-Unis et Canada..286

Établir le rapport..289

La liste de contrôle des résultats bien formulés 293

À propos des auteurs

Romilla Ready est maître praticien de programmation neurolinguistique et directrice de Ready Solutions, entreprise fondée en 1996. Elle anime des ateliers professionnels dans divers secteurs d'activité et forme des clients au Royaume-Uni et à l'étranger ; sa connaissance des cultures du monde lui permet d'établir le rapport avec différentes nationalités. Romilla a eu les honneurs d'une radio locale et certains de ses articles sur la gestion du stress et les applications de la PNL ont été publiés.

Kate Burton est coach et formatrice en PNL. Elle aide les personnes et les entreprises à se concentrer avec efficacité sur leur énergie. Elle a débuté sa carrière dans la publicité d'entreprise et le marketing chez Hewlett-Packard. Depuis, elle a aidé de nombreuses entreprises de toutes sortes, de toutes cultures et de divers secteurs à améliorer leur communication. Elle préfère par-dessus tout aider les personnes à accroître leur motivation, leur conscience de soi et leur confiance. Elle est persuadée que nous avons tous des talents, des capacités et des valeurs qui nous sont propres. L'essentiel est ensuite de parvenir à les exploiter totalement.

Introduction

* *

*V*ous n'avez pas fini d'entendre parler de la programmation neurolinguistique (PNL) dans votre vie de tous les jours, au bureau, à l'université, au restaurant. Nous avons écrit cet ouvrage car la PNL a transformé notre vie. Nous voulons éveiller votre curiosité sur le contenu et le potentiel de la PNL. Nous sommes également convaincus qu'il est grand temps de dépasser le stade du jargon universitaire et professionnel et de parler de la PNL à M. et Mme Tout-le-monde, et plus particulièrement à vous lecteur, en termes clairs et compréhensibles.

La PNL connaît un succès grandissant car elle offre des instants de « révélation » et s'avère empreinte d'une grande logique, malgré un nom (« programmation » renvoie aux types de comportement que nous assimilons et reproduisons, « neuro » fait référence à ce qui se produit dans notre tête et « linguistique » concerne le langage et ses modes d'utilisation) et un jargon rebutants pour le citoyen lambda. Pour certains, la PNL est « l'étude de la structure de l'expérience subjective », pour d'autres « l'art et la science de la communication ». Pour notre part, nous préférons dire que la PNL vous permet de comprendre comment vous fonctionnez : vos pensées, vos sensations, la façon dont vous percevez l'environnement dans lequel vous vivez. Une fois ceci assimilé, votre vie professionnelle et personnelle peut devenir magique.

À propos de ce livre

Cet ouvrage vise à combler tous ceux qui sont fascinés par les relations humaines. Grâce à son approche expérimentale, la PNL encourage les personnes à agir pour façonner leur vie. Elle attire ceux qui osent et sont prêts à découvrir de nouveaux horizons.

Nous avons essayé de rendre la PNL conviviale, pragmatique, accessible et utile. Nous avons fait en sorte que vous puissiez vous plonger dans ce livre par n'importe quel chapitre et trouver rapidement des idées pratiques sur l'utilisation de la PNL pour résoudre des problèmes ou évoluer sur le plan personnel.

Notre étalage de la PNL comprend une sélection de produits. Nous avons choisi de proposer aux néophytes un menu appétissant. Nous espérons que cet ouvrage aidera ceux qui en savent déjà plus à digérer les notions déjà acquises et leur apportera de nouvelles idées et des exemples d'applications. Dans cette optique, notre but était de faciliter la recherche d'informations sur les éléments suivants :

- La découverte de ce qui est essentiel pour poursuivre vos objectifs avec énergie et conviction.
- Les principales présuppositions de la PNL et les raisons pour lesquelles elles sont importantes pour vous.
- Les meilleurs moyens de comprendre le style d'autrui, afin de vous aider à faire passer votre propre message.
- Le moment où établir et interrompre le rapport.
- La manière de favoriser l'interaction entre votre inconscient et votre conscient afin qu'ils forment une équipe soudée.

En outre, le meilleur moyen d'apprendre la PNL étant de la pratiquer, essayez d'effectuer tous les exercices proposés. Les idées et exercices figurant dans cet ouvrage peuvent être aux antipodes de votre style personnel. L'approche de la PNL consiste d'abord à se lancer, à mettre de côté votre incrédulité, puis à comprendre l'apprentissage.

Les conventions utilisées dans ce livre

Pour vous aider à vous promener dans ce livre, nous avons mis en place quelques conventions :

- L'*italique* sert à mettre l'accent sur les nouveaux termes définis.
- Le **gras** sert à faire ressortir les éléments principaux d'une énumération.

> ✔ La police Monofont est utilisée pour les adresses de sites internet.

Ce que vous n'avez pas forcément besoin de lire

Nous avons écrit ce livre de façon à ce que vous compreniez sans problème les notions de PNL traitées. Et, même si nous aimerions bien croire que vous tiendrez à lire absolument tous les mots couchés sur ces pages, nous avons fait en sorte que vous puissiez repérer le texte « facultatif ». Il s'agit de précisions, certes intéressantes et parfaitement en rapport avec le thème traité, que vous n'avez pas absolument besoin de lire :

> ✔ **Le texte dans les encadrés** : les encadrés sont ces cadres grisés dans lesquels figurent des histoires personnelles et des observations qu'il n'est pas impératif de connaître.

> ✔ **La page consacrée aux droits d'auteur** : sérieusement, vous n'y trouverez rien d'intéressant, à moins que vous ne soyez inexplicablement et irrésistiblement attiré par le langage juridique ou les informations éditoriales !

Hypothèses gratuites

Au moment d'écrire ce livre, nous avons émis quelques hypothèses vous concernant. Nous sommes partis du principe que vous étiez un être humain parfaitement normal désireux de connaître le bonheur. Apprendre et partager des idées vous intéresse probablement. Vous avez peut-être déjà entendu parler de la PNL, vous avez déjà utilisé ses concepts ou elle vous est inconnue et vous intrigue quelque peu. Vous n'avez pas besoin d'avoir des connaissances préalables en matière de PNL, mais, elle est faite pour vous si l'une des situations suivantes vous est familière :

✔ vous en avez assez de certains aspects de votre vie ;

✔ vous souhaitez découvrir comment atteindre de nouvelles dimensions en termes d'accomplissement, de bonheur, d'aventure et de succès ;

✔ vous êtes curieux de savoir comment il est possible d'influencer facilement autrui tout en respectant une certaine éthique ;

✔ vous aimez apprendre et progresser ;

✔ vous êtes prêt à transformer vos rêves en réalité.

Comment ce livre est organisé

Ce livre comprend sept parties, chacune divisée en chapitres. La table des matières vous en dit plus sur le contenu de chaque chapitre. Nous vous offrons même un dessin humoristique au début de chaque partie pour que vous gardiez le sourire.

Première partie : Bienvenue dans un monde idéal

Quelqu'un a dit : « Si vous faites toujours ce que vous avez toujours fait, vous obtiendrez toujours ce que vous avez toujours obtenu. » Gardez bien ce principe à l'esprit avant de débuter votre voyage dans le territoire de la PNL. Dans cette partie, vous allez vous faire une idée de ce que la PNL peut vous apporter. Avant de commencer, mettez de côté l'incrédulité ou les préjugés qui pourraient parasiter votre apprentissage.

Deuxième partie : Le code de la route de votre cerveau

Vous arrive-t-il de vous demander « comment cela a-t-il pu m'arriver » ? Désormais, vous serez prêt à vivre des instants de « révélation » qui vous donneront des indices sur la façon dont vous fonctionnez. Dans cette partie, nous vous invitons

à réfléchir à la plus grande question posée par la PNL :
« Qu'est-ce que je veux ? », puis à fouiller les coulisses de
votre cerveau et de votre inconscient pour découvrir ce qui
s'y passe. Très intéressant ! Nous espérons que vous serez du
même avis.

Troisième partie : Se faire des amis... en influençant les autres

Avez-vous déjà pensé : « Comme la vie serait simple si les
autres faisaient tout ce que je voulais ? » Belle utopie ! Nous
ne nous prenons pas pour des magiciens capables de faire en
sorte que vos pires ennemis vous mangent dans la main, mais
le rapport est un thème central de cet ouvrage et un thème
essentiel de la PNL que nous allons explorer ensemble. Dans
cette partie, nous vous donnons les outils pour comprendre
le point de vue d'autrui. Nous allons vous montrer comment
prendre la responsabilité de modifier votre façon d'interagir
avec les personnes importantes de votre entourage et
comment apprendre à adopter un comportement plus souple.

Quatrième partie : Ouvrir la boîte à outils

Un peu de magie au cœur de la PNL ! Vous voici enfin prêt à
vous ruer sur la boîte à outils de la PNL, remplie d'une foule
de trucs pratiques à consommer sans modération. Vous allez
apprendre à adapter et à contrôler votre pensée lorsque vous
affrontez des situations qui vous semblent difficiles, à utiliser
les ressources pour modifier des habitudes qui ne vous aident
plus, puis à vous projeter dans l'avenir et utiliser des notions
de temps pour résoudre de vieux problèmes et enfin à vous
façonner un univers fascinant.

Cinquième partie : Les dix commandements

Si vous êtes impatient de connaître les réponses à vos interrogations sur la PNL, rendez-vous directement à cette partie. Vous y trouverez dix astuces et listes, telles que les applications de la PNL, les ressources et ouvrages pour vous guider et bien d'autres choses. Nous avons conçu cette partie à l'intention de ceux qui aiment commencer un livre par la fin pour en saisir la substantifique mœlle.

Sixième partie : Annexes

Nous avons inséré dans ces annexes une liste d'adresses et de sites internet utiles et les deux plus importants modèles à utiliser au quotidien pour :

- ✔ obtenir les résultats escomptés (Chapitre 3) ;
- ✔ établir le rapport avec les autres (Chapitre 7).

Les icônes utilisées dans ce livre

Les icônes de ce livre sont destinées à attirer votre attention sur certains types d'informations utiles à connaître :

Cette icône signale la terminologie PNL. C'est peut-être une véritable langue étrangère pour vous mais elle possède une signification bien précise.

Cette icône annonce une nourriture spirituelle à base d'idées et d'activités permettant de mettre en pratique les techniques de la PNL.

Cette icône signale des conseils pratiques afin que la PNL soit efficace pour vous.

Cette icône est là pour vous rappeler de prendre note de quelque chose d'important.

 Vous trouverez cette icône en marge des histoires relatant une expérience pratique de la PNL. Certaines sont réelles, pour d'autres le nom des personnes a été modifié ou il s'agit de personnages fictifs.

 Cette icône est destinée à réfréner vos envies d'expérimentation en solitaire de la PNL.

Par où commencer ?

Vous n'avez pas besoin de lire ce livre de la première à la dernière page, mais vous en tirerez le plus grand bénéfice si vous vous appropriez tout son contenu à votre rythme et dans l'ordre qui vous convient. Par exemple, si vous aimez comprendre l'autre, commencez par le chapitre 7. Si vous souhaitez savoir comment vous fonctionnez, allez d'abord au chapitre 6 et découvrez la puissance de vos sens. Plongez sans retenue dans l'univers de la PNL !

Lorsque vous aurez lu ce livre, si vous souhaitez approfondir le sujet, nous vous conseillons de participer à des ateliers collectifs ou de découvrir le coaching avec un praticien. La section ressources de la partie Les dix commandements vous aidera à accomplir votre voyage sur la planète PNL.

Première partie

Bienvenue dans un monde idéal

« Mon état d'esprit a un peu changé cette année. »

Dans cette partie...

*V*ous découvrirez ce qu'est la PNL et pourquoi tout le monde en parle. Du récit de sa naissance grâce à des géniteurs géniaux de Californie à votre réflexion sur des postulats vous concernant, nous vous aiderons à emprunter la bonne voie pour que la vie vous apporte tout ce que vous souhaitez.

Chapitre 1

Destination PNL

Dans ce chapitre :

▶ Embarquement immédiat !

▶ Explorer les thèmes essentiels de la PNL

▶ Tirer le meilleur parti de la PNL

*V*oici un petit conte soufi mettant en scène un homme et un tigre :

Désespéré, un homme poursuivi par un tigre affamé se retourne vers le fauve et crie : « Pourquoi ne me laisses-tu pas tranquille ? » Et le tigre de répondre : « Et si tu arrêtais d'être si appétissant ! »

Dans toute communication entre deux personnes ou, dans le cas présent, entre un homme et un animal, il existe toujours plusieurs points de vue. Il arrive parfois que nous ne saisissions pas cette vérité car nous sommes incapables de voir plus loin que notre propre point de vue.

La PNL est l'une des méthodes les plus évoluées et les plus efficaces actuellement disponibles pour remédier à cela. Elle est axée sur la communication et le changement. De nos jours, nous avons tous besoin des facultés qui permettent de développer au maximum l'adaptabilité personnelle. Les trucs et les astuces ne suffisent pas, il faut parler vrai.

Bienvenue à bord ! Nous allons débuter ce voyage par un tour d'horizon des principaux thèmes de la PNL.

Qu'est-ce que la PNL ?

Nous naissons tous avec la même structure neuronale. Notre faculté à agir dans la vie, qu'il s'agisse de nager d'un bout à l'autre d'une piscine, de cuisiner un plat ou de lire un livre, dépend de la façon dont nous contrôlons notre système nerveux. Par conséquent, la PNL consiste essentiellement à apprendre à penser et à communiquer plus efficacement avec les autres et avec soi.

- ✔ **Programmation** : renvoie essentiellement à la théorie de l'apprentissage et concerne la façon dont nous codons ou dont nous nous représentons mentalement l'expérience vécue. Votre programmation personnelle correspond aux processus internes et stratégies (modèles de pensée) que vous utilisez pour prendre des décisions, résoudre des problèmes, apprendre, évaluer et obtenir des résultats. La PNL permet de recoder votre expérience et d'organiser votre programmation interne afin d'obtenir les résultats souhaités.

- ✔ **Neuro** : fait référence à notre système neurologique. La PNL repose sur l'idée que notre expérience de la vie dépend de notre représentation sensorielle, dont les informations sont ensuite transformées en processus de la pensée à la fois conscients et inconscients. Les processus de la pensée activent le système neurologique, lequel influe sur la physiologie, les émotions et le comportement.

- ✔ **Linguistique** : fait référence à la façon dont les être humains se servent du langage pour comprendre le monde qui les entoure, capter et conceptualiser l'expérience vécue et communiquer cette dernière aux autres. Dans le domaine de la PNL, la linguistique est l'étude de la façon dont les mots influent sur votre expérience.

Pour voir ce processus à l'œuvre, commencez par prêter attention à votre façon de penser. Imaginez un jour d'été particulièrement chaud. Vous rentrez chez vous en fin de journée et vous vous tenez dans votre cuisine, un citron à la main que vous venez de sortir du réfrigérateur. Regardez son enveloppe, sa peau cireuse jaune et ses marques vertes aux extrémités. Vous sentez cette sensation de froid dans votre main ? Approchez-le de votre nez et sentez-le. Hummmm.

Pressez-le doucement et remarquez son poids lorsque vous le tenez dans votre paume. Maintenant, prenez un couteau et coupez-le en deux. Prêtez l'oreille au bruit que fait le jus qui s'échappe et sentez comme l'odeur devient plus forte. Mordez profondément dedans et laissez le jus envahir votre bouche.

Les mots. De simples mots peuvent faire fonctionner vos glandes salivaires. Le fait d'entendre le mot « citron » met en branle votre cerveau. Les mots que vous avez lus ont indiqué à votre cerveau que vous teniez un citron. On peut penser que les mots décrivent uniquement une signification, mais ils créent en fait votre réalité. Vous en apprendrez bien plus sur ce thème au fur et à mesure de notre voyage.

Quelques rapides définitions

La description de la PNL peut prendre plusieurs formes. La définition officielle est la suivante : « étude de la structure de notre expérience subjective ». Voici d'autres façons de répondre à la question à 1 000 000 euros : « Qu'est-ce que la PNL ? »

- ✔ L'art et la science de la communication
- ✔ L'élément clé de l'apprentissage
- ✔ La PNL traite de la façon dont les êtres humains fonctionnent
- ✔ La voie pour obtenir les résultats recherchés dans tous les domaines
- ✔ Influencer autrui en toute intégrité
- ✔ Un manuel d'utilisation pour votre cerveau
- ✔ Le secret des personnes qui réussissent
- ✔ Le moyen de façonner votre avenir
- ✔ La PNL aide à percevoir sa réalité propre
- ✔ La boîte à outils pour opérer des changements personnels et structurels

La genèse et l'avenir de la PNL

La PNL est née dans les années 1970 à l'université de Santa Cruz, en Californie. Richard Bandler, étudiant de maîtrise en sciences de l'information et en mathématiques, fit appel au Dr John Grinder, professeur de linguistique, pour étudier des personnes considérées comme d'excellents communicateurs et agents de changement. Ils étaient fascinés par la façon dont certaines personnes parvenaient, contre toute attente, à communiquer avec des sujets « difficiles » ou des patients très malades, alors que toutes les tentatives avaient auparavant misérablement échoué.

La PNL est donc issue du champ thérapeutique grâce à trois psychothérapeutes mondialement connus que Bandler et Grinder ont étudiés : Virginia Satir (qui a développé la thérapie du couple et de la famille), Fritz Perls (fondateur de la Gestalttherapie, Fritz et Milton H. Erickson (à qui l'on doit en grande partie le développement de l'hypnothérapie clinique, Milton H.).

Dans leurs travaux, Bandler et Grinder se sont également inspirés des compétences des linguistes Alfred Korzybski et Noam Chomsky, de l'anthropologue et sociologue Gregory Bateson et du psychanalyste Paul Watzlawick.

Depuis cette époque, le champ de la PNL a explosé pour englober nombre de disciplines dans une multitude de pays du monde entier. Il nous serait impossible de nommer tous les grands professeurs et praticiens actuels de la PNL, mais vous trouverez dans l'annexe A de quoi enrichir vos connaissances.

Quel est donc l'avenir de la PNL ? Que de chemin parcouru depuis les débuts à l'université de Santa Cruz dans les années 1970 ! De nombreux autres pionniers ont écrit des chapitres supplémentaires et ont fait évoluer la PNL, lui conférant un aspect pratique et aidant à transformer la vie de gens comme vous et moi. Les écrits sur la PNL sont légion. Vous trouvez aujourd'hui des applications de la PNL à l'intention des médecins et des infirmières, des chauffeurs de taxi, des commerciaux, des entraîneurs et des comptables, des enseignants et des dresseurs, des parents, des ouvriers, des retraités et des adolescents. Vous trouverez une petite liste des publics concernés dans la partie *Les dix commandements*.

Chaque génération retiendra les idées correspondant à ses centres d'intérêt, les passera en revue et les affinera en les confrontant à ses propres expériences. Si la PNL fait émerger de nouvelles idées, génère de nouveaux choix et permet de faire ressortir ce que toute action a de positif, l'avenir de la PNL s'annonce rose et prometteur. Pour le reste, à vous de jouer !

Une remarque sur l'intégrité

Vous avez peut-être entendu les mots « intégrité » et « manipulation » associés à la PNL. Mettons donc tout de suite les choses au clair. Vous influencez autrui en permanence. Lorsque vous le faites sciemment pour obtenir quelque chose, c'est là que le problème de l'intégrité se pose. Manipulez-vous les autres pour obtenir quelque chose à leurs dépens ? En tant qu'auteurs, la question que nous nous posons dans la position de vendeur est simple. Quelle intention positive avons-nous vis-à-vis de notre interlocuteur, qu'il s'agisse d'une personne ou d'une entreprise ? Si notre intention est louable et vise à profiter à l'autre partie, nous faisons preuve d'intégrité et nous sommes dans une situation où tout le monde est gagnant. Si ce n'est pas le cas, il s'agit de manipulation. La situation où tout le monde est gagnant représente la voie du succès. De toute façon, vous n'ignorez pas que tout finit par se payer.

Les piliers de la PNL

La première chose à comprendre est que la PNL est constituée de quatre piliers (voir figure 1.1) que nous détaillerons dans les sections à venir.

> ✔ **Le rapport** : le cadeau le plus important qu'offre la PNL à la plupart des lecteurs est probablement la méthode permettant de créer une relation avec les autres et avec soi. Étant donné le rythme que nous impose notre vie personnelle et professionnelle, la grande leçon en termes

de rapport est de savoir dire « non » à certaines sollicitations tout en cultivant des relations amicales ou professionnelles. Pour en savoir plus sur le rapport et la manière de l'établir et de l'interrompre, rendez-vous au chapitre 7.

✔ **La représentation sensorielle** : lorsque vous évoluez dans une maison qui n'est pas la vôtre, avez-vous remarqué comme les couleurs, les sons et les odeurs sont légèrement différents des vôtres ? Vous avez peut-être remarqué la couleur du ciel la nuit ou les petites feuilles vertes qui poussent lorsque le printemps fait son apparition. À l'instar du célèbre détective Sherlock Holmes, vous allez commencer à réaliser comme votre univers est riche lorsque vous y prêtez attention avec tous vos sens. Le chapitre 6 vous donne toutes les clés pour comprendre la puissance de la représentation sensorielle et savoir utiliser la vue, l'ouïe, le toucher, les sensations, le goût et l'odorat.

✔ **La pensée en termes de résultats** : vous allez trouver le mot « résultat » tout au long de ce livre. Cela signifie que vous devez penser à ce que vous voulez plutôt que de raisonner négativement en termes de problèmes à surmonter. Les principes d'une approche basée sur les résultats peuvent vous aider à prendre les meilleures décisions et faire les choix les plus adaptés, que cela concerne votre programme du week-end, la conduite d'un projet important ou votre véritable but dans la vie. Rendez-vous au chapitre 3 pour obtenir les résultats que vous méritez.

✔ **La flexibilité comportementale** : ou comment changer votre fusil d'épaule lorsque la stratégie que vous appliquez ne fonctionne pas. Faire preuve de souplesse est un élément clé de l'utilisation de la PNL. Tous les outils et les idées correspondants figurent dans chaque chapitre. Nous allons vous aider à trouver de nouvelles perspectives et à les mettre à votre répertoire. Pour commencer à apprendre à optimiser votre sens de la flexibilité, allez au chapitre 5.

Prenons un exemple de ce que cela peut signifier dans la vie de tous les jours. Supposons que vous ayez commandé un produit par correspondance. Il pourrait s'agir d'un logiciel vous permettant de stocker le nom, l'adresse, le numéro de téléphone de vos amis ou clients. Vous l'installez sur votre ordinateur, l'utilisez quelques fois, puis il cesse mystérieusement de fonctionner. Vous êtes victime d'un bogue du logiciel et vous avez déjà passé de nombreuses heures à l'installer et à saisir tous vos contacts. Vous appelez le revendeur et le personnel du service client est peu serviable et même impoli.

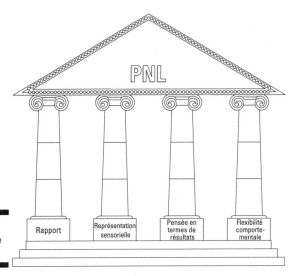

Figure 1.1 :
Les piliers de
la PNL.

Vous devez déployer tous vos talents pour établir le rapport avec le directeur du service client avant que quelqu'un prenne en considération votre réclamation. Vous devrez *mobiliser vos sens*, plus particulièrement votre ouïe pour écouter attentivement le fournisseur, veiller à contrôler vos sentiments et décider de donner la réponse la plus adaptée. Il vous faudra avoir clairement à l'esprit le *résultat* attendu : que voulez-vous qu'il advienne une fois votre réclamation formulée ? Par exemple, souhaitez-vous être remboursé ou que votre logiciel soit remplacé ? Enfin, vous devrez peut-être faire preuve de *souplesse dans votre comportement* et envisager différentes options si vous n'obtenez pas d'emblée ce que vous voulez.

Les modèles et le modelage

Au début, la programmation neurolinguistique (PNL), développée par Bandler et Grinder à partir d'une étude des communicateurs de génie, était un modèle sur la façon de communiquer avec les autres et avec soi. La PNL traite donc abondamment des modèles et du modelage.

La PNL s'attache à modéliser l'excellence dans tous les domaines. Le principe est le suivant : si vous trouvez quelqu'un de bon dans un domaine, vous pouvez alors modéliser sa stratégie et apprendre de lui. Cela signifie que vous pouvez apprendre à modéliser quiconque vous admirez, des hommes d'affaires de renom aux vedettes du sport, en passant par le serveur de votre restaurant préféré et votre professeur d'aérobic survolté.

Le modèle de communication de la PNL

Le modèle de la PNL explique comment nous traitons l'information qui nous provient du monde extérieur. Nous avançons dans la vie en répondant, non pas à notre environnement, mais à notre modèle ou carte de cet environnement.

Une des présuppositions essentielles de la PNL est que « la carte n'est pas le territoire ». Cela signifie que vous et moi pouvons vivre le même événement, mais de façon différente. Imaginons que nous soyons invités à la même fête. Nous nous amusons, nous rencontrons des tas de gens sympathiques, nous apprécions la nourriture et les boissons servies et nous assistons à un spectacle. Pourtant, si, le lendemain, on nous demande de raconter notre soirée, nos témoignages seront différents. La représentation interne que nous avons d'un événement extérieur est donc différente de l'événement proprement dit.

La PNL ne change pas le monde, elle vous aide simplement à changer la façon dont vous percevez votre environnement. La PNL contribue à bâtir une autre carte afin de vous rendre plus efficace.

Jean est architecte. Il loue des locaux commerciaux luxueux en centre-ville. Il se plaignait souvent que le nettoyage des bureaux laissait à désirer, que le personnel d'entretien n'était pas très courageux et il avait toujours quelque chose à reprocher au responsable de la gestion des locaux. Lorsque nous avons fait la connaissance de Jean, dans son bureau, nous avons découvert qu'il travaillait dans un désordre innommable, qu'à la fin de la journée il quittait son bureau en laissant les plans sur la moindre surface disponible, sans jamais rien ranger. Il travaillait souvent tard le soir et bougonnait s'il était interrompu. Par conséquent, les agents de nettoyage allaient et venaient sans oser le déranger. Il apparaît clairement qu'il ne prenait absolument pas en considération le point de vue des autres et qu'il ne s'était pas rendu compte à quel point nettoyer son bureau en sa présence était une tâche ardue. Sa « carte » de la réalité était radicalement différente de celle de l'équipe de gestion des bureaux.

Le modelage de l'excellence

Le modelage de l'excellence est un autre thème dont vous entendrez parler. La PNL part du principe qu'il est possible d'apprendre de toute action menée par les autres si l'on divise l'apprentissage en petits morceaux. C'est une démarche de responsabilisation et un encouragement à transformer les projets immenses, comme ingurgiter un éléphant, en une multitude de petits projets.

Des conseils pour rendre la PNL plus efficace

Comme vous allez le découvrir, l'application pratique de la PNL consiste à augmenter le nombre de choix à disposition lorsqu'il est si facile de tomber dans le piège de se sentir acculé par son expérience et de dire : « C'est comme ça et on n'y peut rien. » Pour tirer parti de la PNL, vous devez avoir l'esprit ouvert et permettre à vous-même et aux autres de remettre en cause les normes en vigueur de façon positive. Voici quelques conseils.

L'attitude est primordiale

La PNL est avant tout une attitude face à la vie et une technique qui vous fournit les outils et les capacités nécessaires pour changer les éléments qui ne reflètent pas la personne que vous êtes aujourd'hui. Tout est possible si vous avez la mentalité et les attitudes pour réussir. Si vos attitudes ne vous permettent pas de vivre une vie enrichissante, vous envisagerez peut-être d'en changer. Le fait de changer d'état d'esprit et d'attitude *permet* de changer votre vie.

Regardez le nombre de personnes qui passent un temps fou à penser aux aspects négatifs de leur vie : ils détestent leur travail, ne veulent pas fumer ni être gros. Vous pouvez obtenir très rapidement des résultats positifs en vous concentrant sur ce que vous *voulez*.

La curiosité et la confusion sont salutaires

Deux états d'esprit vous seront d'une grande aide : la *curiosité*, c'est-à-dire le fait d'accepter de ne pas avoir toutes les réponses, et le *désir de ressentir de la confusion*, qui précède la compréhension. Comme l'a dit le grand hypnothérapeute Milton H. Erickson (vous le découvrirez plus loin) : « La révélation est toujours précédée de la confusion. »

Si vous sentez la confusion vous envahir en lisant ce livre, remerciez votre inconscient car c'est le premier pas vers la compréhension. Considérez la confusion comme un signe indiquant que vous en savez plus que vous ne le pensez.

Il ne tient qu'à vous de changer

S'enfermer dans une spirale négative basée sur la répétition de comportements et de réponses fastidieux et inefficaces est un procédé qu'il faut considérer comme révolu. La PNL consiste aujourd'hui en la production de résultats mesurables qui améliorent la vie sans passer par un voyage pénible et interminable dans le passé.

En passant aux chapitres suivants, vous découvrirez la nature expérimentale de la PNL, basée sur les essais et les initiatives. Expérimentez les idées sur vous, ne nous croyez pas sur parole.

La responsabilité du changement *vous* incombe : cet ouvrage n'est qu'un outil. Si vous n'êtes pas ouvert au changement, vous avez gaspillé votre argent en achetant ce livre. Nous vous conseillons donc de faire les exercices, de noter les choses que vous apprenez, puis de les transmettre et de les partager avec les autres, car enseigner, c'est apprendre deux fois.

Amusez-vous !

Interrogé à la télévision par Michael Parkinson, Clint Eastwood donna un conseil très sensé : « Il faut travailler sérieusement sans se prendre au sérieux. » La PNL, c'est aussi beaucoup d'amusement et d'éclats de rire. Si vous vous programmez pour devenir parfait, vous vous infligez également une pression énorme et irréaliste. Par conséquent, profitez le cœur enjoué de votre voyage dans l'univers de la PNL et essayez de percevoir le monde qui change. Apprenez sérieusement sans oublier de vous amuser.

Chapitre 2

Hypothèses de base sur la PNL

Dans ce chapitre :

▶ Comprendre les présuppositions de la PNL

▶ Tester les présuppositions de la PNL

▶ Se mettre dans la peau de quelqu'un

▶ Apprendre la flexibilité afin d'assumer 100 % des responsabilités dans n'importe quelle relation

Romilla : mon amie Brenda a une fille unique adorée, Mary. À l'âge de dix ans, Mary était un peu gâtée car elle était née alors que Brenda et Jim avaient abandonné l'espoir d'avoir un jour un enfant. Mary avait tendance à piquer des colères mémorables, qu'il est vraiment préférable de ne jamais subir. Elle gesticulait allongée sur le sol, hurlait et battait des bras et des jambes. La mère ne parvenait pas à contenir les colères de Mary, jusqu'au jour où, alors que sa fille s'abandonnait littéralement en hurlant à pleins poumons, la très patiente Brenda prit deux casseroles dans un placard, s'allongea aux côtés de Mary et frappa violemment les casseroles sur le parquet, en donnant des coups de pied et en poussant des hurlements encore mieux que sa fille. Savez-vous ce qui s'est passé ? Mary s'arrêta net et regarda sa mère d'un air stupéfait. Elle admit sur-le-champ que sa mère était la meilleure « faiseuse de colères ». Puisqu'elle perdrait désormais à chaque fois le concours de colères, Mary pensa qu'il était inutile de conserver cette ligne de conduite et les colères stoppèrent à compter de ce jour. Brenda avait contrôlé sa relation avec Mary en faisant preuve d'une plus grande flexibilité comportementale.

Cette anecdote prouve que **la personne la plus souple au sein d'un système influence ce système**. Ce principe n'est pas le résultat d'une expérience menée en laboratoire, mais une présupposition ou un postulat de la PNL, susceptible de vous aider à faciliter votre bout de chemin dans la vie si vous l'adoptez et si vous vous y exercez. L'histoire de Brenda et Mary donne un aperçu des nombreuses « croyances pratiques » ou présuppositions qui constituent les fondements de la PNL.

Les présuppositions de la PNL

Les présuppositions de la PNL ne sont rien de plus que des généralisations sur le monde. Dans ce chapitre, nous expliquons à votre intention les présuppositions que nous considérons comme les plus influentes parmi celles qui ont été développées par les fondateurs de la PNL.

La carte n'est pas le territoire

L'une des premières présuppositions est que « la carte n'est pas le territoire ». Cette assertion de Korzybski, comte et mathématicien polonais, a été publiée dans *Science and Sanity* en 1933. Korzybski faisait référence à la perception du monde, le territoire, par l'intermédiaire de vos sens - la vue, l'ouïe, le toucher, l'odorat et le goût. Vous assimilez ensuite ce phénomène externe puis vous en faites une représentation interne dans votre cerveau, la carte.

Cette carte interne du monde extérieur, façonnée par votre perception, ne constitue jamais une réplique exacte. En d'autres termes, les éléments extérieurs ne peuvent jamais être identiques à l'image qu'en produit votre cerveau.

Une petite analogie ? (Romilla) Lorsque j'écris dans mon jardin d'hiver, je regarde le chêne situé en face de moi. La représentation que je m'en fais lorsque je ferme les yeux est complètement différente de la réalité. N'étant pas botaniste, certaines caractéristiques ne me sautent peut-être pas aux yeux. Ce n'est pas parce que je ne vois pas ces caractéristiques, lesquelles ne figurent donc pas dans ma représentation interne, qu'elles n'existent pas. Prenons un autre exemple. Si vous conduisez dans Londres en vous aidant d'une carte de la ville, les « routes » représentées sur celle-ci sont complètement différentes de celles que vous empruntez. Les stations de métro devant lesquelles vous passez sont en trois dimensions et en couleur dans la réalité alors que, sur la carte, elles sont représentées par un cercle bleu barré d'une ligne rouge.

Faire passer les perceptions par votre filtre personnel

Vos sens vous bombardent de deux milliards de fragments d'informations à la seconde alors que votre conscience ne peut en traiter à tout moment qu'entre cinq et neuf. Une quantité astronomique d'informations est donc filtrée. Ce processus de filtrage est influencé par vos valeurs, vos croyances, vos souvenirs, vos décisions, vos expériences et votre bagage culturel et social. Vous n'assimilez donc que le contenu pour lequel vos filtres sont paramétrés.

(Romilla) Une amie est passionnée par la protection des animaux et entretient un lien fort avec eux. Au volant, elle est capable de débusquer les animaux cachés derrière les arbres, sur le bas-côté ou derrière les clôtures bien avant ses passagers, pourtant mieux à même de contempler le paysage.

Certains Européens et Nord-Américains subissent parfois un choc culturel lorsqu'ils visitent des pays tels que l'Inde ou le Mexique. De par leur culture, ils peuvent très bien être heurtés par le niveau de pauvreté de certains endroits alors que, pour la population concernée, cette pauvreté fait partie de la vie.

Territoire inconnu : emprunter la carte d'une autre personne

Cela signifie que chacun d'entre nous dispose d'une carte très personnelle et que, pour communiquer plus facilement, un excellent exercice consiste à essayer de comprendre la réalité interne ou la carte de votre interlocuteur.

(Romilla) Alors que j'achetais un sandwich, on me demanda de remplir un petit questionnaire sur la qualité des produits, le service et le rapport qualité/prix. Les employées étaient vexées car le client précédent avait refusé de répondre au questionnaire en les rudoyant. Je demandai aux employées si elles avaient pensé un instant aux sentiments que devait éprouver ce pauvre homme s'il ne savait pas lire et leur dis que sa réaction brutale pouvait venir de la gêne qu'il ressentait. Le changement d'attitude des deux femmes fut phénoménal. « Oh, je n'y ai pas pensé un seul instant », souffla l'une d'elles. Leur comportement est passé de la colère et du ressentiment à une profonde compassion. En outre, elles se sentirent alors bien mieux et furent capables d'évacuer tous les sentiments négatifs auxquels elles se raccrochaient.

Vous pouvez utiliser la stratégie que j'ai employée lorsque vous êtes dans une situation où la réponse de quelqu'un vous surprend, vous irrite ou vous laisse simplement perplexe. Lorsque vous êtes en face d'une personne enquiquinante, suivez cette procédure pour modifier votre opinion sur cet individu. (Si tout va pour bien pour vous en ce moment, vous pouvez toujours vous entraîner en pensant à quelqu'un dont le comportement vous tape sur les nerfs.)

1. **Estimez-vous heureux.**
2. **Prenez de bons vieux exemples et coiffez votre chapeau de généreux.**
3. **Demandez-vous ce qui peut bien se passer dans la vie de cette personne qui pourrait justifier son comportement.**

Lorsque vous commencerez à maîtriser cette technique, non seulement vous serez peut-être content de votre sort mais vous accepterez également très facilement les autres personnes et leurs particularités.

Chacun répond en fonction de sa carte du monde

Vous répondez en fonction de la carte du monde que vous avez dans la tête. Cette carte repose sur votre identité, vos valeurs et vos croyances, ainsi que sur vos attitudes, vos souvenirs et votre bagage culturel.

Il peut arriver que vous ne compreniez pas la carte du monde utilisée par quelqu'un. Un peu de compréhension et de tolérance pourrait pourtant contribuer à enrichir votre vie.

De Twitmeyer à Pavlov ou comment tout a commencé

La carte du monde d'un enfant fait parfois réfléchir les adultes ! Une jolie anecdote qui circulait par message électronique en est la parfaite illustration.

Un policier, assis dans sa voiture avec son chien, remarque un petit garçon en train de les observer. Le petit garçon demande s'il s'agit bien d'un chien dans la voiture. Le policier lui confirme qu'il s'agit en effet d'un chien. N'en revenant pas, le petit garçon demande : « Qu'a-t-il fait pour être arrêté ? »

L'échec n'existe pas, ce n'est qu'un feedback

Il existe un postulat très puissant pour vivre sa vie. Tout le monde fait des erreurs et essuie des revers. Vous avez le choix entre accepter d'être attaqué par les résultats indésirables obtenus ou retenir la leçon, vous secouer et essayer de franchir une nouvelle fois l'obstacle qui se présente.

(Romilla) J'ai suivi un cours dispensé par un merveilleux Kahuna hawaïen, Serge Kahili King, lequel déclara qu'il ne commettait jamais d'erreurs. Cette affirmation provoqua quelques gloussements : personne ne le crut d'autant plus que ses yeux pétillants contrastaient avec son expression pince-sans-rire. Il ajouta alors qu'il n'obtenait peut-être pas toujours les résultats escomptés mais qu'il ne faisait jamais d'erreurs.

Imaginez un marin souhaitant rallier Sydney depuis Southampton. S'il dévie de son cap, est-ce qu'il se prend la tête dans les mains, horrifié, et se met à sangloter ou est-ce qu'il corrige son cap en conséquence en se mettant à la barre et en utilisant son compas ?

Le *feedback* consiste à recevoir des informations ou une réponse de la part d'une autre personne. Dans cette occurrence, la signification de ce terme a été étendue pour inclure le résultat que vous êtes susceptible d'obtenir dans une situation donnée.

Thomas Alva Edison est un maître du *feedback*. Il est surtout célèbre pour son invention de l'ampoule, mais demeure un inventeur prolifique. Il avait le génie de mettre en pratique ses idées, *d'apprendre des résultats « inattendus » qu'il obtenait* et de recycler des concepts tirés d'expérimentations qui n'avaient pas fonctionné lors de précédentes inventions. Si ses contemporains ont considéré comme des échecs les milliers de tentatives qu'Edison a effectuées avant de donner naissance à l'ampoule, chaque tentative avortée était pour lui un moyen d'apprendre comment ne pas fabriquer une ampoule.

Se soucier des « échecs » c'est être centré sur le passé et les problèmes. Si vous étudiez les résultats obtenus, même s'ils ne répondent pas à vos attentes, vous pouvez ensuite vous centrer sur les possibilités qui s'offrent à vous et aller de l'avant.

Lorsque vous êtes confronté à l'« échec », vous pouvez utiliser ces présuppositions de la PNL pour dévoiler les perspectives de progrès en vous posant les questions suivantes.

Pensez à une chose que vous avez « ratée » et demandez-vous :

- ✔ Qu'est-ce que je cherche à obtenir ?
- ✔ Qu'est-ce que j'ai obtenu jusqu'à présent ?
- ✔ Quel *feedback* ai-je reçu ?
- ✔ Quelles leçons en ai-je tirées ?
- ✔ Comment tirer parti de ces leçons d'une manière positive ?
- ✔ Comment vais-je mesurer mon succès ?
- ✔ Reprenez-vous et faites une autre tentative !

Vous imaginez-vous un monde dans lequel vous renonceriez à marcher tout simplement parce que vous êtes tombé la première fois que vous avez essayé ? Selon vous, à quoi ressemblerait la gare Waterloo à Londres aux heures de pointe si seules quelques personnes maîtrisaient l'art de la marche ?

La signification de la communication est la réponse qu'elle suscite

Quelles que soient les louables intentions de vos communications, le succès de la relation dépend de la façon dont le message est reçu par l'interlocuteur et non de votre intention. En d'autres termes, la signification de la communication est la réponse qu'elle suscite.

C'est un autre postulat très puissant sur la communication. La responsabilité de la communication de votre message vous incombe très clairement. Une fois cette présupposition faite vôtre, vous ne pouvez plus mettre tout malentendu sur les dos des autres. Si la réponse obtenue ne correspond pas à ce que vous attendiez, en tant qu'étudiant en PNL, vous pourrez vous rendre compte que votre interlocuteur n'a pas compris votre message quand vous avez employé les outils qui utilisaient vos sens. Vous ferez également preuve de la flexibilité nécessaire pour procéder différemment, à travers votre comportement et les mots utilisés.

Par conséquent, commencez par la fin et pensez au résultat que vous souhaitez obtenir de votre communication. Que se passerait-il si un maçon commençait par empiler les briques sans disposer d'aucun plan ? Vous ne seriez certainement pas près d'obtenir votre cathédrale ! Pour bâtir avec des fondations solides, il faut commencer par avoir la vision que possède l'architecte du produit fini. C'est également un excellent moyen de tenir vos émotions à distance lorsque vous êtes impliqué dans une situation susceptible de devenir difficile.

Pour en savoir plus sur la perception sensorielle, jetez un œil au chapitre 7. Le chapitre 5 va vous montrer d'autres façons de faire preuve de flexibilité comportementale et vous donner des conseils pour gérer vos émotions quand la situation se corse.

Si votre façon de procéder ne fonctionne pas, essayez autre chose

C'est pourtant simple, mais vous ne modifiez pas toujours votre comportement. Après tout, c'est bien plus facile de vivre sa vie au jour le jour en souhaitant que les autres changent… et vous pouvez jouir de l'angoisse existentielle qui vous tenaille lorsque surgissent ces horribles pensées à propos des autres. (Que l'auteur est facétieux !)

Tout le monde n'a pas vos ressources internes et justement, le fait que vous lisiez ce livre signifie que vous êtes prêt à procéder à des changements dans votre vie. Nous insinuons donc que changer personnellement peut vous demander beaucoup moins d'énergie que de persuader autrui de se conformer à vos idéaux.

Si vous acceptez cette présupposition de la PNL, vous admettez qu'il vaut mieux changer de tactique plutôt que de continuer à vous taper la tête contre les murs ou à vous lamenter sur votre triste sort. Cependant, avant de changer de tactique ou d'essayer autre chose, vous devez comprendre pourquoi votre façon de procéder ne fonctionne pas.

Alors, pourquoi votre façon de procéder ne fonctionne-t-elle pas ? Est-ce que vous n'avez pas indiqué exactement ce que vous souhaitiez ? L'autre personne n'a peut-être pas découvert les ressources nécessaires pour vous aider à obtenir le résultat que vous souhaitez. Que faut-il donc changer pour parvenir au résultat escompté ?

Par exemple, si votre partenaire ne vous serre pas assez souvent dans ses bras à votre goût, vous devriez peut-être carrément le lui dire. Souvenez-vous que le *feedback* positif fonctionne très bien. Par conséquent, lorsque votre partenaire recherche le contact physique, montrez-lui bien comme vous appréciez cela.

Il est impossible de ne pas communiquer

Avez-vous déjà souri à quelqu'un, dit une politesse tout en pensant : « Oh allez, va te faire voir ! » Non ? Tant mieux car nous parions, en tant qu'auteurs, que votre façon de vous tenir ou de serrer les dents n'aurait trompé personne. Nous sommes certains que si le destinataire du message a étudié la PNL ou est doté de quelque acuité sensorielle, il détectera l'absence de chaleur dans votre regard, votre sourire forcé

Votre système de représentation sensorielle dominant ou primaire

Vous vous représentez votre environnement à l'aide de vos cinq sens : visuel (yeux), auditif (oreilles), kinesthésique (sensations et toucher), olfactif (odorat) et gustatif (goût). Vous privilégiez très probablement un sens pour recueillir les informations sur votre environnement, plus particulièrement dans les moments de stress. Il s'agit de *votre système de représentation sensorielle dominant* ou *primaire*. Il influe sur votre façon d'apprendre et de vous représenter le monde extérieur. Le chapitre 6 vous en dit plus sur le sujet.

---

ou votre ton hargneux. Par conséquent, même si vous ne dites pas « va te faire voir », c'est bien ce message que vous communiquez.

Une étude avant-gardiste passionnante du professeur Albert Mehrabi le montre également. Elle établit qu'en termes de sentiments et d'attitudes, votre discours a un impact très faible comparé au ton utilisé et au langage corporel. L'influence en pourcentage est la suivante :

- ✔ Discours : 7 %
- ✔ Ton : 38 %
- ✔ Physiologie : 55 %

Nous possédons toutes les ressources nécessaires pour obtenir les résultats escomptés

Nous aimons beaucoup cette phrase, elle est si positive ! Elle signifie que tout le monde a le potentiel nécessaire pour évoluer. Une remarque, à ce stade : vous n'avez peut-être pas *toutes* les ressources internes nécessaires mais vous avez les ressources internes qui vous permettent d'acquérir de nouvelles ressources internes et externes.

Tom, petit garçon de huit ans, se faisait brutaliser à l'école. Il eut assez de ressources pour demander de l'aide à son père face aux brutalités dont il était victime. Son père lui demanda de montrer plus d'assurance et d'avoir plus confiance en lui. Tom n'avait aucune idée de la façon dont il devait s'y prendre. Il adorait les films de *Terminator* et Arnold Schwarzenegger était son idole. Le père de Tom lui apprit l'exercice du *cercle d'excellence* et demanda à son fils de s'imaginer dans la peau d'Arnie et d'entrer dans le cercle. La nouvelle confiance affichée par Tom influa sur son comportement, son langage corporel et son attitude. Ses persécuteurs disparurent et son image de marque grimpa en flèche, les autres petites victimes le suppliant de leur enseigner sa technique. Le cercle d'excellence est une technique géniale qui vous permet de vous préparer mentalement en créant un état de ressource puissant. Elle est décrite au chapitre 9.

Tout comportement a une intention positive

Malheureusement, cela vaut également pour les comportements négatifs ou non productifs. Dans le cas de comportements mal intentionnés, l'intention positive, appelée *bénéfice secondaire* , est cachée.

Le *bénéfice secondaire* est le bénéfice qu'une personne tire inconsciemment d'un comportement généralement considéré comme déresponsabilisant ou négatif.

Par exemple, un enfant peut faire le pitre en classe afin d'être accepté par ses camarades, alors que ses professeurs et ses parents trouveront ce comportement très destructeur.

Si vous êtes capable de comprendre l'intention positive qui pousse une personne à se comporter d'une façon particulière, vous pouvez accroître votre flexibilité et par là même votre faculté à communiquer. Vous pouvez alors contribuer à modifier le comportement indésirable en satisfaisant l'intention d'une manière plus positive.

Les gens sont bien plus que leurs comportements

(Romilla) Je regardais une émission à la télévision sur des discours de personnages ayant marqué l'histoire. J'ai dû y regarder à deux fois lorsque j'ai entendu Martin Luther King Jr. répondre à un journaliste sur la façon de traiter les racistes. Martin Luther King aurait très bien pu citer la présupposition selon laquelle les gens sont plus que leurs comportements lorsqu'il dit : « Je parle d'un type d'amour qui vous fera aimer la personne auteur d'une mauvaise action tout en haïssant la mauvaise action en question. »

Le fait est que « mal » se comporter ne fait pas de vous une personne mauvaise. Il est vraiment primordial de séparer le comportement et la personne. Les gens peuvent mal se comporter s'ils ne disposent pas des ressources internes ou n'ont pas la capacité de se comporter différemment. Ils vivent peut-être dans un environnement qui les empêche de se montrer sous leur meilleur jour. Aider quelqu'un à développer ses capacités et ses compétences ou à opter pour un environnement plus favorable permet parfois de modifier radicalement son comportement et de le propulser vers de nouveaux niveaux d'excellence.

Nous nous comportons tous très différemment à diverses époques de notre vie. Le chapitre 11 vous explique les différents niveaux logiques auxquels se réfère tout un chacun :

- ✔ l'identité ;
- ✔ les valeurs et les croyances ;
- ✔ les capacités et les compétences ;
- ✔ le comportement ;
- ✔ l'environnement.

L'esprit et le corps sont liés et influent l'un sur l'autre

La médecine holistique repose sur le principe que l'esprit influe sur le corps et le corps sur l'esprit. Pour qu'un être humain demeure en bonne santé, un médecin généraliste ne doit pas se contenter d'éliminer les symptômes, mais il doit examiner et soigner à la fois le corps et l'esprit.

Des recherches récentes ont montré à quel point le corps et l'esprit sont imbriqués. Les neurotransmetteurs sont des substances chimiques qui transmettent des signaux dans votre système nerveux. C'est par leur intermédiaire que votre cerveau communique avec les différentes parties de votre corps. Chacune de vos pensées atteint la moindre cellule minuscule au fin fond de votre corps grâce aux neurotransmetteurs. D'autres recherches ont permis de découvrir que vos organes internes peuvent également produire les neurotransmetteurs que l'on trouve dans votre cerveau. Par conséquent, l'idée selon laquelle les messages sont générés et transmis directement dans les neurones est désormais fausse. Ces messages peuvent également être générés et transmis par vos organes. Le Dr Pert, de l'Institut national de santé mentale (NIMH), parle de système « corps-esprit », le corps et l'esprit ne faisant qu'un, car au niveau du neurotransmetteur, il n'existe aucune séparation entre le corps et l'esprit.

Pour mieux saisir et voir à l'œuvre ce lien entre le corps et l'esprit, faites l'exercice suivant :

1. **Faites un cercle en faisant se toucher l'index et le pouce de la main gauche.**

2. **Maintenant, faites un anneau avec l'index et le pouce de la main droite, relié au premier cercle.**

   (Les deux cercles sont liés et ne se détachent que si vous tirez sur l'une de vos mains.)

3. **Pensez à quelqu'un que vous aimez vraiment et tirez fort afin de rompre les deux cercles.**

   Pas facile hein ?

4. Pensez à quelqu'un que vous détestez et tirez fort afin de rompre les deux cercles.

Plus facile ?

Vous a-t-il fallu fournir moins d'effort pour rompre les deux cercles lorsque vous pensiez à quelqu'un que vous détestiez ? Si une simple pensée peut modifier la pression que vos muscles sont capables d'imprimer, alors imaginez ce qui se produit dans votre corps lorsque vous le soumettez en permanence au stress !

Avoir le choix est mieux que de ne pas avoir le choix

Selon les principes de la PNL, avoir le choix est bon pour l'être humain. Vous avez parfois l'impression de ne pas avoir le choix de changer de métier, de déménager à l'étranger ou de mettre fin à une relation qui ne vous rend pas heureux. Vous vous entendez peut-être dire « je n'ai pas le choix », « je dois faire ceci ». La peur du changement, le manque de confiance en vos capacités, voire parfois la méconnaissance de vos points forts peuvent vous empêcher d'apporter des changements pourtant cruellement nécessaires. La PNL dit : « Et si c'était différent ? », et a pour objectif de vous ouvrir des horizons en vous faisant prendre conscience de toutes les ressources que vous possédez et que vous pouvez acquérir. La PNL vous aide à explorer les raisons qui se cachent derrière votre volonté de changement, même s'il ne s'agit que d'une pointe de mécontentement. Tout changement peut être source d'agitation, comme une descente de rapides, et les personnes de notre connaissance qui sont passées par là après en avoir fait le choix, sont bien plus heureuses et maîtrisent leur vie. Le chapitre 3 va vous aider à décider quoi faire de votre vie et à tout mettre en œuvre pour réaliser votre projet.

(Romilla) J'en ai fait bizarrement l'expérience lorsque je travaillais dans une multinationale qui se séparait souvent de ses employés. Nombreux étaient les employés à attendre, dans l'espoir de ne pas être obligés de partir. Le secteur de l'informatique était en plein marasme et les postes se faisaient rares ; les employés pensaient généralement qu'il n'y avait qu'une solution, s'accrocher à leur poste, même si l'entreprise les poussait à bout. Ils n'avaient pas le choix. Ceux qui étaient soulagés d'échapper au stress savaient précisément ce qu'ils attendaient de leur travail et avaient prévu d'embrasser une autre carrière ou tenaient à aller au bout de leur mission quitte à être exploités.

Le chemin de l'excellence : imiter une performance réussie

(Romilla) En regardant Paula Radcliffe franchir la ligne d'arrivée, j'étais pleine d'admiration. Quelles sensations doit-on avoir avec une telle condition physique ? Il m'est venu à l'esprit que si vous aspiriez à devenir Paula Radcliffe, avec les capacités physiques nécessaires, alors, à condition que vous ayez sa ténacité et que vous bénéficiez du même soutien, vous pourriez développer vos croyances et vos valeurs en synchronisant votre environnement, vos capacités et votre comportement dans le but de répondre à vos aspirations.

La PNL vous offre tous les outils pour prendre exemple sur quelqu'un, reproduire ce que cette personne fait de bien. Mais il ne s'agit pas forcément de devenir la future icône du sport. L'objectif peut être de simplement reproduire les compétences d'un collègue qui termine toujours ses projets en temps et en heure ou d'un ami qui trouve toujours le bon mot à dire au moment opportun. Vous pouvez interroger la personne que vous souhaitez imiter sur ce qui l'inspire, la façon dont elle sent que c'est le bon moment de passer à l'action et sa technique pour se concentrer sur son objectif. Dans le cas du collègue, il peut avoir une série de stratégies lui servant à remplir ses objectifs que vous pourriez apprendre à reproduire. Reproduire le succès de quelqu'un est le moyen idéal de transformer d'éventuels sentiments de jalousie en un processus constructif permettant de connaître à votre tour le succès.

Conclusion sur les présuppositions : lancez-vous !

Testez-les sur vous en faisant comme si les généralisations étaient vraies. Pratiquez celles que vous trouvez particulièrement utiles jusqu'à ce qu'elles deviennent une seconde nature. Lorsque vous essayez les présuppositions de la PNL, dressez-en une liste et choisissez-en une par jour. Vous découvrirez soudain que vous vivez ces présuppositions et que « la vie est plus simple » !

Un excellent moyen de mieux comprendre la PNL est d'explorer vos postulats ou présuppositions sur la vie. Quelle que soit votre opinion sur les gens et les problèmes, sur votre façon de communiquer et sur ce que vous considérez comme important, cela peut parfois aider à voir la vie sous un autre angle et générer de nouvelles actions ou comportements.

Souvenez-vous : il n'y a pas de bonne ou de mauvaise réponse. Examinez attentivement chaque présupposition. Vous n'avez pas besoin d'être d'accord avec chacune d'entre elles. Vous pouvez simplement les essayer.

Chapitre 3

Prendre votre vie en main

Dans ce chapitre :

▶ Comprendre que vous avez le choix de vous sentir bien ou mal

▶ Influer sur la façon dont le monde agit sur vous

▶ Vous placer solidement aux commandes de votre vie

▶ Utiliser votre cerveau pour atteindre facilement vos objectifs

▶ Découvrir la formule magique du succès

*V*os souvenirs peuvent représenter un merveilleux cadeau ou un horrible fléau. Ils peuvent vous bercer délicatement dans des draps de soie ou vous lacérer comme du fil de fer barbelé. Vos souvenirs peuvent entraîner la concrétisation de vos rêves ou vous enfermer dans le passé. Cependant, grâce à la PNL et en comprenant comment vous pouvez programmer votre esprit, *votre avenir ne se crée pas nécessairement sur la base de votre passé.*

Ce chapitre va vous montrer comment occuper la place du conducteur, et non celle du passager, dans le vaisseau de votre vie. Alors, en route et amusez-vous bien !

Contrôler votre mémoire

Vos souvenirs sont enregistrés sous forme d'images, de sons et de sensations. Il suffit de régler ces paramètres pour faire ressortir les souvenirs positifs et adoucir les souvenirs négatifs. Nous vous invitons à lire le chapitre 10 pour découvrir comment modifier la qualité de vos souvenirs. Mais, vous pouvez d'ores et déjà commencer par bander les muscles qui servent à prendre le contrôle de votre mémoire à l'aide des exercices très simples qui suivent.

Dans le premier exercice, vous allez découvrir comment faire ressurgir et manipuler un souvenir positif afin de vous sentir bien, voire mieux, sur commande. Voici la marche à suivre :

1. **Pensez à une journée précise au cours de laquelle vous vous sentiez vraiment heureux.**

2. **Prêtez attention à ce que vous voyez, entendez et ressentez lorsque le souvenir revient.**

3. **Si le souvenir est une image, modifiez-en la qualité en la grossissant, en la rendant plus claire et en la rapprochant. Si vous vous observez, essayez d'entrer dans l'image afin de voir si cela vous permet de vous sentir encore mieux.**

   Le chapitre 10 vous en dit plus sur la façon « d'entrer dans l'image », dans la section « Associer ou dissocier ». Vous verrez qu'en réglant la qualité de l'image, vous pouvez intensifier les émotions positives et vous sentir mieux et plus heureux.

4. **Prêtez attention aux sons figurant dans votre souvenir. Le fait d'augmenter le volume sonore, de les faire entrer ou sortir de votre tête permet-il d'intensifier les sentiments positifs ?**

5. **Prêtez attention aux éventuelles sensations. Quelles parties du corps concernent-elles ? Ont-elles une couleur, une texture ou un poids ? Le fait de déplacer ces sensations ou de modifier leur couleur, leur texture et leur poids entraîne-t-il un changement ? Modifiez ces paramètres afin d'augmenter ces sensations.**

Cet exercice vous a permis de jouer sur les qualités des expériences que vous avez vécues et, plus important encore, de vous rendre compte que vous pouvez modifier la structure de vos souvenirs afin de diminuer les émotions liées aux expériences négatives et de revivre et d'intensifier les expériences heureuses.

Bien entendu, nous n'avons pas que de bons souvenirs. Ce second exercice va vous montrer comment modifier les qualités d'un souvenir désagréable. En changeant les attributs du souvenir négatif, vous pourrez faire disparaître les émotions négatives qui vous tenaillent peut-être encore. Procédez comme suit :

1. **Revivez un souvenir quelque peu désagréable.** Pour cet exercice, et tant que vous n'êtes pas un utilisateur chevronné des techniques de PNL, choisissez uniquement un souvenir légèrement désagréable. Réservez les souvenirs pénibles tels que les traumatismes pour les séances avec un thérapeute qualifié.

2. **Prêtez attention aux images, sons et sensations que fait remonter le souvenir.**

3. **Si vous êtes dans l'image, sortez-en pour devenir observateur.**

   Pour découvrir comment entrer et sortir d'une image, reportez-vous à la section « Associer ou dissocier » du chapitre 10. Pour l'heure, imaginez-vous caméra à l'épaule en train de vous filmer dans le souvenir que vous avez choisi.

4. **Adoucissez les sons ou faites parler les personnes figurant dans votre souvenir avec la voix de Mickey.**

   Par conséquent, si votre souvenir est peuplé de sirènes ou de cris, vous pouvez en diminuer l'intensité sonore ou, si vous entendez quelqu'un dire des choses désagréables, vous pouvez le faire s'adresser à vous avec une voix ridicule de personnage de dessin animé.

5. **Modifiez la qualité de l'image.**

   Diminuez sa taille, rendez-la plus sombre et passez-la en noir et blanc ; éloignez-la de vous jusqu'à ce qu'elle devienne un point presque invisible. Vous pouvez également la projeter vers le soleil et la regarder se consumer pour finalement disparaître. Vous parvenez ainsi à détruire l'emprise que ce souvenir avait auparavant sur vous.

 Le fait de modifier le souvenir ne signifie pas que l'événement ne s'est pas produit. Mais vous pouvez ainsi choisir la façon dont le souvenir vous touche aujourd'hui et son impact sur vous dans le futur.

Sens et croyance

Si vous faites partie d'un groupe de personnes témoin d'un vol, il y a de fortes chances pour que la police recueille des récits tous différents car chacun reçoit les données qui créent sa réalité à travers ses cinq sens (visuel – la vue, auditif – le son, kinesthésique - le toucher, gustatif – le goût et olfactif – l'odorat). Cependant, vos sens bombardent votre cerveau d'un si grand nombre de données en même temps que, pour préserver votre santé mentale, vous n'en traitez qu'une partie infime. Votre cerveau se sert de filtres qui associent l'image que vous avez de vous-même, vos valeurs et vos croyances, ainsi que vos souvenirs. Vous allez en apprendre plus sur ces filtres au chapitre 5.

Si vos filtres orientent votre perception, ils affectent également l'image que vous projetez. Ainsi, si vous pensez être entouré de personnes furieuses, égoïstes ou jalouses, cela est peut-être dû au fait que vous entretenez une colère non résolue, que vous éprouvez un manque ou que vous êtes jaloux du succès de quelqu'un.

(Romilla) Mary, qui fait partie de mes clients, était malheureuse dans son travail car elle était persécutée. Sa chef de bureau et la secrétaire du service étaient liguées contre elle, se montraient extrêmement désagréables et très mesquines. J'ai aidé Mary à admettre que sa chef de bureau était très solitaire, n'avait aucun ami et était très mal vue au bureau. Lorsque Mary regardait sa chef, elle l'imaginait portant un écriteau autour du cou avec le message suivant : « Je suis une bonne à rien désagréable. » Mary commença à éprouver de la compassion et non plus de la crainte. Elle se rendit compte qu'elle avait besoin de renforcer son estime de soi et commença à lui tenir tête en apprenant à dire non. Ce ne fut pas facile au début, mais Mary vit non seulement sa confiance en elle-même augmenter, mais elle parvint également à ne plus être affectée par le comportement de sa chef. En fait, elle projetait peut-être son propre manque d'estime de soi et se percevait comme persécutée. L'évolution de son instinct *via* l'accroissement de la confiance en soi lui a permis d'observer un changement de comportement chez les personnes de son entourage. Pour modifier votre environnement, une solution consiste à faire votre propre examen et à évoluer. Pour y parvenir, il faut assumer la responsabilité de ses pensées et de ses actes en surmontant les obstacles tels que la mise en cause des autres.

Le jeu du bouc émissaire

Il est bien plus facile de mettre vos malheurs sur le dos de quelqu'un d'autre plutôt que d'en assumer la responsabilité. Il n'est pas simple d'admettre qu'en rejetant la responsabilité sur autrui, vous lui cédez votre pouvoir. En accusant quelqu'un d'autre, vous endossez le costume de victime.

Pour provoquer des changements bénéfiques, il faut arrêter de jouer au jeu du bouc émissaire et prendre les mesures nécessaires pour obtenir ce que vous souhaitez.

Les schémas de problèmes qui vous paralysent

En généralisant, notre culture étant basée sur la résolution de problèmes, on a tendance à regarder en arrière lorsqu'une difficulté survient, afin de trouver ce qui n'a pas fonctionné. L'un des effets secondaires néfastes de cette attitude est de rejeter la responsabilité sur quelqu'un. Le problème avec les « schémas de problèmes », c'est qu'ils vous empêchent :

- ✔ de penser aux résultats que vous souhaitez obtenir ;
- ✔ d'étudier les précédents succès et de les reproduire ;
- ✔ d'apprendre de la réussite des autres et de reprendre leur stratégie.

Lorsque vous recherchez les raisons pour lesquelles les choses ne se sont pas déroulées comme vous le vouliez, vous avez tendance à vous focaliser sur les éléments suivants :

- ✔ Qu'est-ce qui ne va pas ?
- ✔ Depuis combien de temps rencontrez-vous ce problème ?
- ✔ À qui la faute ?
- ✔ Pourquoi ce problème est-il apparu ?
- ✔ Pourquoi n'avez-vous rien fait pour remédier au problème ?

Se demander « pourquoi » force à plonger plus profondément dans le problème, à se mettre sur la défensive et à s'éloigner d'une solution positive. Une méthode plus constructive consisterait à se demander « qu'est-ce que j'espère obtenir en faisant cela ? » ou « quel était le but de mon action ? ».

Pensez à un problème auquel vous ne trouviez aucune solution. Vous êtes peut-être dans cette situation en ce moment. Posez-vous la question suivante : vous focalisez-vous sur le résultat que vous souhaitez obtenir ou êtes-vous trop affecté par les émotions pour y voir clair ?

Votre salut passe par les questions concernant le cadre de résultat de la section « Penser SMART pour bien formuler les résultats escomptés », plus loin dans ce chapitre.

Entrer dans le cadre de résultat

Cette procédure offre un moyen plus judicieux et constructif de penser à vos problèmes. Nous l'appelons « cadre de résultat ». Cette approche contribue à identifier et à garder à l'esprit *ce que vous souhaitez de façon positive*. Lorsque vous ajoutez un processus efficace de fixation d'objectifs et que vous surveillez chaque étape, vous êtes en mesure de corriger tout changement de cap par rapport au plan défini, afin d'obtenir facilement et dans les délais prévus les résultats escomptés.

La voie de l'excellence

Le cerveau humain est une machine qui doit être sollicitée en permanence. S'il est inactif, il ne peut s'empêcher de penser à des choses négatives et attire toutes sortes d'ennuis à son maître. En tant qu'être humain, vous pouvez faire preuve de toute l'ingéniosité nécessaire pour faire en sorte que votre cerveau vous aide à atteindre vos objectifs. Si vous vous façonnez un avenir irrésistiblement attirant, votre cerveau va vous aider à adapter votre comportement pour que vous obteniez rapidement et facilement le résultat escompté. *La première étape consiste à définir ce que vous voulez.*

Savoir ce que vous voulez

Quand Alice (dans *Alice au pays des merveilles* de Lewis Carroll) demande au Chat du Cheshire « voudriez-vous me dire, s'il vous plaît, quel chemin je dois prendre pour m'en aller d'ici ? », sans avoir une idée précise de l'endroit où aller, elle veut simplement aller quelque part. Le Chat du Cheshire lui répond qu'elle ne manquera pas d'arriver quelque part si elle marche assez longtemps. À l'instar d'Alice, imaginez ce qui arrivera la prochaine fois que vous irez dans une gare et demanderez un billet pour aller quelque part.

Pour aller de l'avant et atteindre vos objectifs, vous devez avoir une idée très précise de ce que *vous voulez*. Il arrive souvent que vous soyez prisonnier de ce que vous ne voulez pas, vous dépensez alors une énergie folle, tant physique qu'émotionnelle, à essayer d'éviter que ne se produise le résultat redouté.

Pour définir ce que vous voulez et mobiliser toute votre énergie pour atteindre votre but, asseyez-vous et rédigez votre nécrologie. Vous décidez ensuite ce que vous allez léguer à la postérité et déterminez les actions à mener dans cette optique. Pour de plus amples informations sur cette technique, rendez-vous au chapitre 4. Vous découvrirez que votre inconscient est un merveilleux allié qui vous aidera à atteindre les objectifs souhaités ET non souhaités !

Pour découvrir ce que vous voulez réellement, une solution consiste à vous projeter dans l'avenir. Imaginez-vous en grand-père ou grand-mère aux cheveux gris. Vous êtes à la belle étoile, assis sur un rocher, devant un feu de camp, avec, à vos pieds, vos petits-enfants qui vous demandent de raconter votre vie. Voudriez-vous leur parler de la fois où vous avez loupé l'occasion d'accomplir un rêve par peur ou parce que vous étiez trop influencé par les « tu n'es pas capable » prononcés par quelqu'un d'autre ? Ou voudriez-vous leur dire que, contre toute attente et dans la droite ligne de vos valeurs, vous avez accompli quelque chose d'extraordinaire ?

Accélérez le temps qui passe et, en vous retournant sur votre vie actuelle, dressez la liste des rêves que vous souhaiteriez voir se réaliser si vous disposiez de l'argent et de l'influence et si vous aviez la certitude de réussir.

Vous pouvez donc émettre des souhaits matériels, tels que posséder un joli pécule, une grande maison, de belles voitures ou désirer être un personnage politique influent. La section « Penser SMART pour bien formuler les résultats escomptés » du présent chapitre et le chapitre 5 vont vous aider à découvrir les raisons pour lesquelles vous souhaitez atteindre ces objectifs et à déceler ce qui vous fait avancer dans la vie.

Penser SMART pour bien formuler les résultats escomptés

Les objectifs SMART faisaient fureur il y a quelques années dans le monde de l'entreprise. Selon le modèle SMART, les objectifs doivent être Spécifiques, Mesurables, Appropriés, Réalistes et Temporels. Ce modèle est à considérer comme un outil. La PNL permet d'ajouter des informations sensorielles qui vous aident à modifier votre comportement ou à chercher de l'aide auprès de ressources telles que des guides ou des mentors.

Grâce à la PNL, nous pouvons recommander une meilleure voie à emprunter en vous aidant à savoir ce que vous voulez grâce à la stratégie de bonne formulation des objectifs. La PNL repose sur la méthode SMART de façon à ce que vous utilisiez tous vos sens pour concevoir puis affiner un objectif qui soit plus que Spécifique, Mesurable, Approprié, Réaliste et Temporel. Pour ce faire, vous devez répondre à une série de questions qui vous permettent vraiment d'explorer les comment, pourquoi et où associés au résultat souhaité. En suivant cette procédure, vous allez commencer à bien cerner les véritables motivations qui vous poussent à atteindre vos objectifs et vous serez en mesure de peser le pour et le contre du succès par rapport à l'échec ! Souhaiter avoir un emploi mieux payé est un exemple courant de résultat bien formulé.

Lorsque le résultat souhaité répond aux critères suivants, en PNL, on dit qu'il remplit les conditions de bonne formulation. Nous vous conseillons de vous poser les questions suivantes pour chaque résultat à atteindre :

✔ L'objectif est-il énoncé de façon positive ?

✔ Émane-t-il d'une initiative personnelle, est-il bien établi et sous mon contrôle ?

✔ Décrit-il la procédure de vérification ?

✔ Le contexte est-il clairement défini ?

✔ Les ressources nécessaires sont-elles identifiées ?

✔ Ai-je évalué son caractère écologique ?

✔ Identifie-t-il la première mesure à prendre ?

Les sections suivantes expliquent ces points en détail.

L'objectif est-il énoncé de façon positive ?

Qu'est-ce que tu veux ? Ou... qu'est-ce que tu préférerais avoir ?

Ce genre de question permet de clarifier le résultat souhaité car il est important de savoir ce que vous *voulez* afin de déterminer le chemin à emprunter. Votre objectif doit être très clair. Un objectif flou du genre « je veux plus d'argent » n'est pas conseillé car il sera atteint si vous trouvez un billet de 5 € dans la rue. Il vaudrait mieux dire « je veux peser 75 kg » ou « je veux 1 000 € sur mon compte en banque » ou « je veux gagner 5 000 € par mois ». Les objectifs négatifs tels que « je ne veux pas rester dans cette entreprise » peuvent avoir des conséquences désastreuses. Alors, quand vous vous surprenez à penser « je ne veux pas... », demandez-vous : « Et qu'est-ce que je veux à la place ? »

Émane-t-il d'une initiative personnelle, est-il bien établi et sous mon contrôle ?

Souvent, lorsque l'on interroge un homme sur les raisons de son souhait d'arrêter de fumer, il répond : « C'est ma femme qui veut que j'arrête. » Ses chances d'atteindre le résultat souhaité sont bien plus grandes si la démarche est centrée sur lui-même, par exemple : « Je veux vivre longtemps et en bonne santé, pour mon bien-être. » Par contre, si votre objectif est « je veux partir au soleil deux semaines en mars », votre patron ne sera pas forcément d'accord et vous ne contrôlez donc pas la situation.

Posez-vous donc les questions suivantes :

> ↬ Est-ce que je le fais pour moi ou pour quelqu'un d'autre ?
>
> ↬ Le résultat ne dépend-il que de moi ?

Décrit-il la procédure de vérification, ?

La *procédure de vérification* revient à demander : « Quand saurai-je si j'ai atteint mon objectif ? » Les questions suivantes sont essentielles car elles peuvent aider à identifier des objectifs trop flous ou à vous rendre compte si vous avez bien cerné le résultat attendu :

> ↬ Comment saurai-je si j'ai obtenu le résultat souhaité ?
>
> ↬ Que vais-je faire lorsque je l'aurai obtenu ?
>
> ↬ Qu'est-ce que je vais voir, entendre et sentir lorsque je l'aurai obtenu ?

(Romilla) Dans l'un de mes ateliers, David, comptable, voulait se mettre à son compte. Son seul désir était de gagner suffisamment d'argent en l'espace de trois mois. En répondant aux questions ci-dessus, il s'est aperçu qu'il n'avait pas suffisamment réfléchi aux bénéfices qu'il voulait tirer de son statut de travailleur indépendant. Son objectif initial était certes formulé de façon positive mais trop floue. C'était aussi néfaste que de dire « je sais que je ne veux pas travailler pour quelqu'un d'autre » (formulation par la négative). La stratégie des résultats « bien formulés » lui a permis de découvrir qu'il tenait surtout à apprendre, via les techniques de vente axées sur la PNL, aux autres comptables indépendants à se faire des clients.

Le contexte est-il clairement défini ?

Le contexte de votre objectif (où, quand, comment et avec qui) est-il clairement défini ? Cette question est parfaite pour vous aider à définir précisément ce que vous voulez, en éliminant ce que vous ne voulez pas. Par exemple, si vous n'avez vraiment pas apprécié ces vacances passées sur la lune, alors votre objectif – je veux posséder une résidence secondaire – exclura comme emplacement la colonie lunaire ; de même, si vous ne vous sentez aucun atome crochu avec les Martiens, vous savez que vous ne vous installerez jamais sur Mars.

Se focaliser sur des aspects négatifs peut nuire à votre santé

(Romilla) Je connais au moins deux personnes qui ont réussi à se faire licencier de leur entreprise car elles ont inconsciemment adopté des comportements inadaptés. Lorsqu'elles ont étudié la situation *a posteriori*, elles se sont rendu compte qu'elles auraient agi différemment si elles avaient mobilisé leur énergie pour définir le type de poste qu'elles souhaitaient et trouver un meilleur emploi. Au lieu de cela, elles ont sapé leur énergie en se contentant de souhaiter ne pas être là où elles étaient et elles ont fini par avoir des comportements destructeurs et aberrants.

En définissant *quand* vous voulez quelque chose, vous pouvez identifier les mesures à prendre pour l'obtenir. Par exemple, dire « j'aurai une résidence secondaire lorsque j'aurai les moyens d'embaucher quelqu'un pour l'entretenir », peut vous faire prendre conscience qu'il vous faut un salaire de 7 000 € par mois pour vous offrir votre coin de paradis.

Les ressources nécessaires sont-elles identifiées ?

Les questions ci-dessous peuvent vous aider à identifier ce dont vous aurez besoin (personnes, connaissances, etc.) pour obtenir le résultat désiré. Vous pouvez ainsi tirer parti d'expériences passées au cours desquelles vous avez exploité des ressources susceptibles de s'avérer utiles pour ce que vous souhaitez vivre. Imaginez Peter, qui souhaite pratiquer le deltaplane mais qui a le vertige. Quelles réponses donnerait-il ?

- De quelles ressources est-ce que je dispose à ce jour ?
- Peter : « Je désire apprendre et j'ai des amis pratiquants susceptibles de me conseiller. Je suis sportif et j'ai certaines prédispositions à découvrir de nouveaux sports. Et après tout, ce n'est pas si différent du ski nautique ! »
- Quelles sont les ressources que je vais devoir acquérir ?
- Peter : « Je dois vaincre ma peur du vide. Je vais donc chercher un thérapeute ou un hypnothérapeute qui

pourra m'aider à surmonter ma peur. Il me faut également trouver un club dans lequel je pourrai prendre des cours auprès d'un moniteur et louer un deltaplane. Je dois me dégager du temps libre pour ma nouvelle activité. »

✔ Ai-je déjà accompli cela auparavant ?

✔ Peter : « Eh bien, j'ai appris à conduire et bigre, que c'était effrayant la première fois qu'une voiture de police a comme foncé sur moi, sirène hurlante et gyrophare en action ! Mais, j'ai appris et je conduis bien maintenant. »

✔ Que se passe-t-il si je fais *comme* si je disposais des ressources ?

✔ Peter : « Incroyable, je sens que je m'envole et je n'ai pas peur lorsque je regarde en bas ! Jamais je n'aurais pensé pouvoir quitter la terre ferme les pieds dans le vide. J'ai hâte de reprendre les airs ! »

Faire *comme* si vous aviez les ressources vous aide à modifier les croyances susceptibles de vous empêcher de passer à l'action. Cela vous permet également de faire des essais - vous changerez peut-être d'avis à ce stade.

Vérifier l'écologie de votre objectif

Le dictionnaire définit l'écologie comme la « branche de la biologie qui étudie les habitudes, les modes de vie et les relations des êtres vivants avec leur milieu naturel ». En PNL, les *vérifications écologiques* consistent simplement à poser des questions destinées à nous assurer que le résultat est en adéquation avec tous les aspects de notre vie. Les vérifications écologiques braquent un faisceau lumineux très puissant sur n'importe quelle intention cachée ou *bénéfice secondaire* dont vous pourriez ne pas avoir conscience lorsque vous définissez vos objectifs. Un *bénéfice secondaire* ou conséquence positive est un comportement qui semble négatif ou source de problème mais qui s'avère jouer une fonction positive à un certain niveau.

Ces questions sont le système de guidage laser qui va vous aider à capter vos désirs. Lorsque vous vous posez ces questions, ayez conscience des images, des sons et plus particulièrement des sensations générés par votre inconscient. Accueillez favorablement la réponse obtenue et modulez votre objectif en conséquence.

✔ Dans quel *véritable* but est-ce que je veux ceci ?

✔ Que vais-je perdre ou gagner en l'obtenant ?

✔ Que se passera-t-il si je l'ai ?

✔ Qu'est-ce qui ne se passera pas si je l'ai ?

✔ Que se passera-t-il si je ne l'ai pas ?

✔ Qu'est-ce qui ne se passera pas si je ne l'ai pas ?

Quel est le premier pas ?

Comme l'a dit Lao-Tzu, très ancien philosophe taoïste, un voyage de mille kilomètres commence par un pas. C'est un principe à bien garder à l'esprit. Souvent, les changements ne se produisent pas de façon soudaine, mais ressemblent plutôt à un goutte-à-goutte qui vous permet d'obtenir lentement ce que vous voulez. Il est indispensable de créer le schéma de votre plan d'action avec les étapes qui vous permettront d'atteindre votre objectif. Par conséquent, si vous voulez remporter l'Oscar du meilleur scénario, vous devez prendre des cours et vous mettre à écrire. MAIS... si à chaque fois que vous envisagez de vous mettre à votre bureau pour écrire, vous vous laissez distraire, votre objectif restera à l'état de rêve. Pour que votre rêve devienne réalité, vous devez faire ce premier pas vital, car, sans lui, vous n'engendrerez peut-être pas la dynamique suffisante pour accomplir le deuxième pas... puis le suivant.

La formule du succès en 4 points

La formule du succès consolide ce que vous avez découvert en créant un résultat bien formulé. Elle peut s'appliquer avec efficacité à des objectifs à court terme ou à l'échelle de votre vie. Rappelez-vous : il est beaucoup plus facile d'atteindre une cible clairement identifiée et parfaitement visible. Robin des Bois n'aurait jamais gagné Lady Marianne s'il n'avait visé le mille !

Pour atteindre votre cible, procédez comme suit :

1. Sachez quel est le résultat souhaité.

Il est important de formuler précisément ce que vous voulez. Vous pouvez utiliser le cadre de résultat afin de préciser le résultat souhaité et de remplir les conditions de bonne formulation. Pour en savoir plus, reportez-vous aux sections précédentes.

2. Passez à l'action.

Tant que vous n'avez pas fait le premier pas, puis les suivants, rien ne peut vous aider à progresser vers le résultat, même si vous l'avez défini avec précision.

3. Utilisez votre système de représentation sensorielle.

Si vous êtes en mesure de voir, d'entendre et de sentir ce qui ne fonctionne pas, vous pouvez modifier votre comportement afin d'avancer vers le résultat escompté. Le chapitre 6 vous montre comment développer votre perception sensorielle.

4. Faites preuve de flexibilité comportementale.

C'est tout à fait lié à la présupposition de la PNL suivante : « Dans les relations humaines, la personne qui présente la plus grande flexibilité comportementale peut contrôler la relation. » Vous pourriez dire également : « Si cela ne fonctionne pas, essaie autre chose. » Pour une explication détaillée de cette puissante présupposition, allez au chapitre 2.

Si vous faites toujours ce que vous avez toujours fait, vous obtiendrez toujours ce que vous avez toujours obtenu.

Faire tourner la roue de la vie

Cette section va vous aider à savoir si vous avez une vie équilibrée, si elle pourrait être meilleure et vous permettre de connaître les domaines sur lesquels vous concentrer pour trouver facilement et avec efficacité un certain équilibre.

Prenez le schéma de la roue de la figure 3.1. Si vous deviez baptiser les différentes portions de la roue à l'aide de mots qui représentent le mieux les domaines de votre vie, quels seraient-ils ? Il s'agit généralement des notions suivantes : carrière professionnelle, finances et argent, amis et famille, relations, développement personnel et apprentissage, loisirs et détente, religion et environnement physique.

Classez chaque domaine de votre vie en termes de niveau de satisfaction (de 0 au centre de la roue à 10 en bordure). Reliez ensuite les différents domaines par rapport à la position affectée. La nouvelle circonférence (régulière ou irrégulière) obtenue représente votre roue de la vie (voir l'exemple de la figure 3.1). L'idéal est évidemment d'avoir la note de 10 pour chaque domaine, vous obtenez ainsi une roue parfaitement ronde, comme celle du schéma.

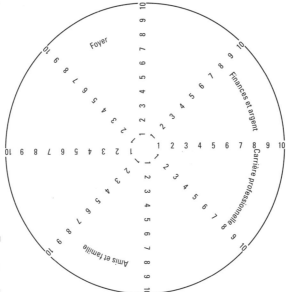

Figure 3.1 :
Un exemple de
roue de la vie.

Tenir un journal des rêves lié à vos objectifs

Avez-vous déjà pris un rendez-vous et oublié de le noter ? Que s'est-il passé ? Êtes-vous allé à votre rendez-vous ? Si oui, vous pouvez remercier votre inconscient pour sa vigilance. Si vous l'avez oublié, en avez-vous tiré la leçon et notez-vous désormais vos rendez-vous à chaque fois ?

Pensez à un objectif comme s'il s'agissait d'un rendez-vous, avec un résultat souhaité, et consignez-le par écrit. Si vous ne deviez retenir qu'une chose de ce livre pour connaître plus souvent la réussite, ce serait de noter vos objectifs par écrit, de vous engager à prendre les mesures nécessaires pour les atteindre et de vous pencher chaque jour sur vos projets.

Vous allez très bientôt découvrir la notion de formation réticulée, dans le chapitre 4. Pour le moment, retenez que votre formation réticulée fonctionne comme une antenne détectant les occasions, les personnes et les autres ressources dont vous aurez besoin pour atteindre vos objectifs. Le fait de consigner par écrit vos objectifs active votre formation réticulée, réseau de cellules nerveuses qui fonctionne comme un radar, pointant votre attention sur ce qui est important pour vous. Par exemple, pour votre survie, elle va attirer votre attention sur la voiture qui fonce sur vous lorsque vous conduisez en mode « pilote automatique ». Votre formation réticulée va également vous permettre de prendre conscience des occasions liées à vos objectifs.

(Romilla) J'organise des ateliers sur la fixation d'objectifs intitulés « Droit sur l'objectif ». Les participants repartent avec des documents, parmi lesquels un « journal des rêves », très joli dossier dans lequel les participants peuvent noter leurs rêves et aspirations. L'idée est de disposer d'un support précieux et joli qui vous sert à consigner chaque jour les actions réalisées et à ajouter des photos et des notes afin de matérialiser vos objectifs.

Choisissez des domaines dans lesquels vous souhaiteriez vous fixer des objectifs. Cela peut être un peu complexe, nous vous invitons donc à prendre votre temps et à savourer chaque étape car vous allez véritablement *dessiner l'avenir que vous voulez vivre*. En fait, vous allez créer votre propre journal des rêves et l'alimenter avec vos rêves et objectifs. Voici comment procéder :

1. **Trouvez-vous un beau cahier que vous aurez plaisir à utiliser au quotidien ; utilisez également des intercalaires de couleur.**

2. **Dessinez et remplissez une roue de la vie (voir figure 3.1).**

3. Inscrivez sur chaque intercalaire un domaine.

Pour commencer, vous pouvez vous contenter d'un ou deux domaines si vous le souhaitez.

4. Réfléchissez à plusieurs objectifs par domaine.

Choisissez à la fois des objectifs à long terme (cinq ans ou plus, à l'échelle de votre vie) et à court terme (de six mois à un an).

5. Appliquez la méthode des *résultats bien formulés* par rapport à vos objectifs.

Reportez-vous à la section « Penser SMART pour bien formuler les résultats escomptés » plus haut dans ce chapitre.

6. Inscrivez vos objectifs ainsi que la date à laquelle vous voulez qu'ils soient atteints.

7. Classez vos objectifs par échéances mensuelles, hebdomadaires et journalières et notez-les dans votre journal avec les dates correspondantes.

Il vous faudra peut-être d'autres intercalaires (de la même couleur de préférence).

8. Tous les soirs avant de vous coucher (cela ne prend que quelques minutes), jetez un œil à vos rêves et dressez la liste de ce que vous allez faire le lendemain afin d'atteindre vos objectifs.

Savourez le sentiment d'accomplissement lorsque vous cochez les objectifs atteints et *estimez-vous heureux...*

Foncez !

Nous avons rencontré un jeune auteur, Jack, qui avait consacré beaucoup de temps, mis énormément d'énergie et de passion dans l'écriture d'un livre. Il nous a raconté qu'il avait fait la connaissance d'un certain John qui lui avait dit : « Ne soyez pas trop déçu si votre livre ne se vend pas bien. » Jack fut d'abord blessé et stupéfait, puis il prit conscience que, que contrairement à John, il avait au moins vécu pleinement sa passion et cru en lui. Énormément de gens font peu choix dans leur vie, voire n'en font aucun. Ils ont horreur de voir les autres ne s'imposer aucune limite. Rappelez-vous, « l'échec n'existe pas, ce n'est qu'un *feedback* » alors, pourquoi ne pas *prendre votre courage à deux mains et décider de vivre vos rêves* ?

Deuxième partie

Le code de la route de votre cerveau

« Comment peux-tu ne pas avoir confiance en toi ?
Tu portes des lunettes Versace, un pull Tommy
Hilfiger, un jean Calvin Klein et les baskets de
Michael Jordan. Maintenant tu vas me faire le plaisir
de sortir et d'être toi-même. »

Dans cette partie...

Nous fouillerons les coulisses de votre cerveau et de votre inconscient. Effrayant ? Pas du tout, car vous vous apercevrez que votre inconscient s'occupe de votre bien-être.

Vous êtes-vous déjà demandé ce qui vous faisait avancer mais sans savoir par où commencer ? Ne vous inquiétez pas : cette partie devrait vous éclairer sur de nombreux points. Nous voulons vous voir commencer à maîtriser les compétences des grands communicants. Lisez donc les chapitres qui suivent et vous serez sur la bonne voie.

Chapitre 4

Qui est au volant ?

Dans ce chapitre :
- Comprendre l'inconscient
- Apprendre comment fonctionne le cerveau
- Surmonter ses peurs
- Découvrir les facteurs de motivation

*T*ant que l'on ne vous demande pas de prêter attention à votre respiration, vous ne remarquez pas l'air qui circule dans votre nez ou le mouvement de votre poitrine à chaque inspiration et expiration. Mais, en accédant à cette requête, vous prendrez alors conscience de votre respiration. En reprenant votre lecture et en oubliant de prêter attention à votre respiration, celle-ci ressort de votre conscience pour rejoindre les autres processus de vie dont est animé votre corps.

Déclenchez-vous consciemment le phénomène de la soif ? Nous vous mettons au défi de contracter tous les muscles de votre bras qui vous permettent de saisir un verre d'eau et de le porter à votre bouche. Impossible ? Faut-il être diplômé en anatomie et en physiologie pour essayer de lever le bras de façon consciente ? Cela vise à vous montrer simplement que votre inconscient dirige votre corps, indépendamment de votre conscience.

Si vous doutez encore du pouvoir de votre inconscient sur le fonctionnement de votre corps, voici une expérience menée par le chercheur Paul Thorsen. Il a hypnotisé un homme et lui a suggéré que le stylo qu'il tenait était une broche très chaude… et c'est alors qu'une cloque s'est formée sur la main du sujet, là où le stylo l'avait touchée.

Dans ce chapitre, vous allez faire connaissance avec votre inconscient et apprendre à utiliser votre cerveau afin de vous concentrer sur vos objectifs et de les atteindre plus rapidement et facilement. Vous allez comprendre les notions d'état de stress posttraumatique et de phobies et découvrir comment surmonter ces phénomènes. Mais vous allez surtout en savoir plus sur vos valeurs, ces commandes qui vous motivent. Lorsque vous aurez découvert que vos croyances sont structurées et qu'il vous est possible de modifier cette structure, vous serez sur la voie de la prise en charge de vos émotions, de vos souvenirs et saurez quelle réponse apporter aux personnes que vous côtoyez et aux événements que vous vivez dans votre vie, sans le fardeau du passé sur vos épaules.

Comment nos peurs peuvent nous conduire dans la mauvaise direction

Votre inconscient peut non seulement contrôler le fonctionnement de votre corps mais également avoir un impact extraordinaire sur les résultats que vous obtenez dans votre vie. Vous est-il déjà arrivé de vouloir faire quelque chose mais, au final, de faire l'inverse ?

Vous pouvez consciemment décider d'atteindre un objectif donné. Si votre inconscient n'est pas en phase, il vous assistera en accomplissant son propre programme, qui peut aller à l'encontre de ce que vous aviez décidé. Imaginez ce que vous pourriez accomplir si vous étiez en harmonie avec votre inconscient et capable d'emprunter la direction susceptible de vous mener rapidement vers l'objectif fixé.

Pour synchroniser votre inconscient avec vos désirs et objectifs conscients, l'essentiel est de savoir ce que contrôlent précisément votre conscience et votre inconscient et comment fonctionne ce dernier. Les sections suivantes vous indiquent ce qu'il est important de savoir.

Conscience et inconscient

Dans le jargon de la PNL, votre conscience est la partie de votre esprit capable de percevoir les choses qui vous entourent et sont en vous à tout moment. Selon les recherches menées par George Miller (1956), ce sont de minuscules fragments d'information, entre deux et sept. (Pour en savoir plus sur les découvertes de Miller, rendez-vous au chapitre 5.) Votre mémoire à court terme peut conserver des pensées pendant plusieurs minutes ou quelques heures. Vous utilisez cette partie de votre cerveau lorsque vous retenez un numéro de téléphone le temps nécessaire pour passer l'appel. Le reste est votre inconscient ou subconscient. On peut comparer la conscience au sommet d'un iceberg et l'inconscience à sa partie immergée, qui représente les neuf dixièmes de son volume.

Votre conscience et votre inconscient ont chacun leur spécialité (voir tableau 4.1). Le fait de connaître leurs missions respectives peut vous aider à savoir si vous utilisez plus votre cerveau gauche logique ou votre cerveau droit créatif. Vous pourriez ensuite vous concentrer sur certains aspects de votre développement mental, par exemple apprendre à dessiner si vous êtes plus orienté « cerveau gauche » ou apprendre les mathématiques appliquées si vous êtes plus orienté « cerveau droit ». Apprendre la méditation vous permettra sans nul doute de développer les deux hémisphères et contribuera à ce qu'ils communiquent mieux ensemble.

Tableau 4.1 : Comparaison conscience/inconscient

La conscience excelle en matière de	L'inconscient excelle en matière de
Travail linéaire	Travail holistique
Traitement séquentiel	Intuition
Logique	Créativité
Langage verbal	Motricité corporelle
Mathématiques	Gestion des émotions
Analyse	Stockage des souvenirs

Le sexe n'a rien à voir là-dedans

Saviez-vous que votre cerveau est divisé en deux hémisphères, gauche et droit, reliés par le corps calleux ? Généralement, les femmes ont un corps calleux plus épais que les hommes et sont donc plus aptes à mener plusieurs tâches de front.

Votre inconscient excentrique

À l'instar de vos amis et de leurs manies, votre inconscient présente certaines excentricités intéressantes que vous feriez bien de connaître pour mieux l'exploiter. L'idéal serait que votre conscience et votre inconscient ne forment qu'un.

En mettant votre inconscient de votre côté plutôt que contre vous, vous serez bien plus à même de réussir dans la vie, par exemple de vous fixer et d'atteindre, en apparence sans effort, des objectifs essentiels.

Votre inconscient est incapable de traiter des pensées négatives

Il interprète tout ce que vous pensez de façon positive. Par conséquent, si vous pensez « je ne veux pas être pauvre », votre inconscient retient simplement le mot « pauvre » et, puisqu'il ne s'occupe pas des pensées négatives, la pensée devient pour lui « je veux être pauvre ». Devenir pauvre devient alors l'objectif à atteindre pour votre inconscient lequel, comme un enfant, veut à tout prix faire plaisir et vous aide alors à vous comporter de façon à ce que vous restiez pauvre. Et, bien entendu, ce n'est pas du tout ce que vous vouliez !

Voilà pourquoi il est essentiel de fixer ses objectifs à la forme affirmative. Dans notre exemple, au lieu de penser « je ne veux pas être pauvre », il vaudrait mieux penser « je veux être riche ». Pour en savoir plus sur l'importance de la fixation d'objectifs à la forme affirmative, reportez-vous au chapitre 3.

Votre inconscient a besoin d'être orienté

Les yogis comparent l'inconscient à un singe malicieux qui ne cesse de bondir d'arbre en arbre. Pour occuper le singe et l'empêcher de faire des bêtises, un moyen consiste à planter un poteau dans le sol et à ordonner au singe de grimper et de descendre le long du poteau. Si votre conscience n'oriente pas votre inconscient, ce dernier ira où il voudra. Un garçon sans but, par exemple, peut estimer qu'entrer dans un gang va donner un sens à sa vie. Il se sentira alors orienté par le chef et les lois du gang. Votre inconscient fera la même chose et personne ne veut voir son inconscient arborer les couleurs de la rue et tagger les murs.

Pour orienter l'inconscient, il est nécessaire d'ouvrir les canaux de communication entre votre conscience et votre inconscient. Pour ce faire, trouvez un moment pour méditer et vous détendre et étudiez les souvenirs que vous présente votre inconscient. Pour de plus amples informations sur la manière d'ouvrir les canaux de communication, reportez-vous au chapitre 7.

Votre inconscient : le gardien de vos souvenirs

En 1957, l'étude de Penfield a fait ressortir que toutes vos expériences sont fidèlement enregistrées dans votre mémoire. Une électrode stimulait le cerveau d'une femme en état d'éveil. Penfield a ainsi découvert qu'elle était capable de se souvenir très nettement et dans les moindres détails d'une fête à laquelle elle avait participé étant enfant. C'est donc l'inconscient qui se charge de stocker et d'organiser ces souvenirs.

L'inconscient a notamment pour fonction de refouler les souvenirs comportant des émotions négatives non résolues.

L'inconscient a pour autre fonction de soumettre à examen les souvenirs refoulés afin de libérer des émotions emprisonnées. Malheureusement, à l'instar d'un très jeune enfant qui gêne ses parents en public, il ne choisit pas toujours le moment le plus approprié pour présenter un souvenir à examiner. Ainsi, vous pouvez être en pleine réunion de famille, entouré d'amour et heureux, lorsque votre inconscient vous dit : « Rappelle-toi… *maintenant* quand papa t'a giflé le jour de ton anniversaire. » Soudain, vous vous mettez à pleurer à chaudes larmes devant vos proches extrêmement gênés.

Votre inconscient est une mesquine petite machine à apprendre

Votre inconscient se nourrit de nouvelles expériences, il est toujours à la recherche de nouveautés. Et, à l'instar d'un singe malicieux, il vous causera des ennuis si vous ne l'empêchez pas de s'ennuyer. Les auteurs connaissent une personne très sympathique, généreuse et extrêmement intelligente qui s'ennuyait ferme au travail. Au lieu de chercher des moyens constructifs de passer son ennui, elle est devenue accro aux jeux sur ordinateur. Cette dépendance a eu de graves répercussions sur sa vie. Par chance, un nouvel emploi lui a permis de relever de nouveaux défis et elle a maintenant beaucoup de succès dans sa nouvelle profession.

Vous pouvez trouver des moyens constructifs de vous occuper l'esprit, tels que la lecture, les puzzles ou un autre passe-temps. Grâce à ce genre d'activité, le nombre de dendrites (les troncs d'un neurone) augmente au sein de votre cerveau et améliore votre forme mentale. Pour calmer votre esprit, conserver un niveau de stress le plus bas possible et améliorer votre créativité, rien ne vaut la méditation.

Votre inconscient se comporte comme un être très moral

L'inconscient vous fera suivre le droit chemin moral qui lui a été inculqué, quel qu'il soit, en vous l'imposant, même si la société réprouve cette moralité. Un terroriste va tuer et détruire sans le moindre scrupule car son code moral lui a enseigné qu'il est un combattant de la liberté. Il est ainsi persuadé que combattre une société criminelle fait de lui une personne de bonne moralité. Une personne appartenant à un gang peut tuer pour protéger l'honneur de son gang sans se sentir coupable car elle a appris que l'honneur du gang est plus important que le commandement chrétien « tu ne tueras point » ou que la législation du pays qui stipule que le meurtre est un délit. Cependant, si votre inconscient décide que vous méritez d'être puni, un sentiment de culpabilité vous assaillira et vous adopterez des comportements destinés à vous infliger une punition, même s'il n'existe aucune loi réprimant ce que votre inconscient considère comme étant mal.

La formation réticulée : votre système de suivi

Chaque seconde, environ deux milliards de données entrent dans votre organisme par l'intermédiaire de vos cinq sens. Pour préserver votre santé mentale, ce déluge est filtré par un réseau de neurones afin qu'une seule minuscule partie de ces informations parvienne à votre cerveau. Ce réseau est la formation réticulée, qui fonctionne comme une antenne, repérant les stimuli et avertissant votre cerveau pour qu'il y prête attention. La formation réticulée ne laisse pénétrer que les données répondant à au moins un des critères suivants :

- ✔ C'est important pour votre *survie*

  Par exemple, profondément endormi, vous vous réveillez parce que vous avez entendu un bruit bizarre dans la maison, ou lorsque vous traversez la chaussée en dehors des passages pour piétons en rêvassant, vous avez soudain conscience qu'une voiture fonce sur vous.

- ✔ Cela a un caractère *nouveau*

  Vous vous rappelez la dernière fois que vous avez décoré une pièce ? Au début, vous aviez ce sentiment de plaisir réel à chaque fois que vous entriez dans la pièce, à la vue nouvelle de ce papier peint. Puis, après quelques semaines, vous avez peut-être remarqué qu'un tableau était de travers ou qu'un objet décoratif n'était pas centré, mais vous ne prêtez plus nécessairement attention au motif du papier peint ou à la couleur de peinture. L'attrait de la nouveauté avait donc disparu.

- ✔ Cela a un contenu émotionnel élevé

  L'instinct de survie ne s'applique pas seulement à vous mais également aux autres et vous serez instantanément averti si la respiration de votre bébé se modifie même si vous n'entendez pas votre mari ronfler ou parler pendant son sommeil.

Vous rappelez-vous la dernière fois que vous avez perdu un être cher dans un centre commercial ? Vous le cherchiez partout, promettant de lui infliger toutes sortes de châtiments horribles pour avoir disparu. Puis, au moment où vous l'apercevez au loin, c'est comme si la foule disparaissait et vous vous concentrez sur lui, complètement soulagé. S'il n'existait aucun lien émotionnel avec la personne égarée, il ne s'agirait que d'une personne parmi d'autres dans la foule. Mais, dans la mesure où c'est un être cher, il se distingue, à l'instar d'un phare.

Étonnamment, la formation réticulée agit sur des stimuli situés au-dessus de son seuil d'observation. Les occupations journalières et les tâches courantes glissent sous ce seuil. Elle vous aide à remarquer des choses qui sont en rapport avec vos objectifs actuels.

Vous rappelez-vous avoir déjà dressé une liste et l'avoir accrochée au mur ? Vous y avez peut-être prêté attention pendant un certain temps, puis vous ne l'avez plus vue même si vous passiez devant plusieurs fois par jour. Cela est dû au fait que la liste n'a plus l'attrait de la nouveauté et a glissé sous le seuil d'observation.

Vous connaissez très certainement des personnes victimes de malchance chronique, celles qui disent des phrases du genre « je ne gagne jamais » ou « les coups de bol ne sont pas pour moi ». Leur système de croyances les empêche d'identifier les occasions qui se présentent. S'il s'agissait par exemple de bousculer leur système de croyances, ils diraient « c'est trop beau pour être vrai » tout en évitant l'occasion de le faire. Il y a ensuite les personnes qui retombent toujours sur leurs pieds. Les personnes chanceuses sont celles qui sont ouvertes à toutes les éventualités. Cette façon de penser les conduit à chercher le succès et non l'échec car, selon leur système de croyances, elles méritent absolument de gagner.

Vos croyances influent sur le seuil de votre formation réticulée. Quelqu'un s'estimant mauvais en orthographe ne « verra » peut-être pas une annonce pour un poste de journaliste, bien que les vérificateurs orthographiques contribuent à gommer cette lacune ou qu'il puisse être meilleur dans l'investigation qu'un candidat qui n'a pas son complexe.

En connaissant vos croyances, vous pouvez avoir conscience qu'elles vous empêchent d'atteindre vos objectifs. Pensez à la fois où vous vouliez vraiment faire quelque chose, mais où, pour une raison quelconque, vous n'avez pu atteindre votre objectif. Maintenant, étudiez vos croyances. Vous découvrirez peut-être qu'elles vous ont empêché de repérer des occasions qui auraient pu vous permettre d'atteindre cet objectif.

Comment se créent les souvenirs

Les souvenirs sont normalement créés lorsque les informations de la formation réticulée sont envoyées vers la partie du cerveau appelée noyau amygdalien. Là, elles reçoivent une charge émotionnelle avant de passer dans l'hippocampe. L'hippocampe compare ces données à celles qui sont stockées dans la mémoire à long terme et les présente au cortex pour analyse. Ensuite, elles sont de nouveau stockées dans la mémoire à long terme. La figure 4.1 vous montre où se situent ces parties du cerveau au nom étrange.

L'état de stress posttraumatique (ESPT)

Le grand public a découvert l'état de stress posttraumatique (ESPT) avec les premiers films sur les vétérans de la guerre du Vietnam. Aujourd'hui, grâce à la presse, nous savons que l'ESPT est courant chez les personnes travaillant dans les services d'urgence ou chez les victimes de la guerre ou d'actes criminels.

L'ESPT se produit lorsque le noyau amygdalien reçoit des données émotionnellement très chargées, panique et ne peut envoyer les informations à l'hippocampe. Ainsi, l'événement traumatisant se trouve enfermé dans le noyau amygdalien et l'hippocampe est incapable de soumettre le souvenir au néocortex pour analyse. Cela signifie que le cerveau ne peut pas comprendre l'événement. Dans la mesure où le noyau amygdalien est l'organe principalement impliqué dans l'instinct de survie, chez les personnes souffrant d'ESPT, il reste en éveil en permanence, provoquant des flash-backs et générant des niveaux d'anxiété élevés.

Hippos et pyramides

Oh ! Et savez-vous que l'hippocampe est constitué d'innombrables rangées de cellules pyramidales qui sont remplies le jour et vidées la nuit ? Cela signifie que vous êtes mieux à même d'établir des connexions au réveil. Alors, plongez-vous dans vos pensées les plus ardues avant que les pyramides ne se remplissent.

Le matin

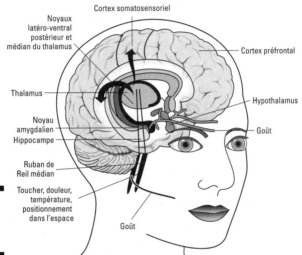

Cortex somatosensoriel

Noyaux latéro-ventral postérieur et médian du thalamus

Cortex préfrontal

Thalamus

Hypothalamus

Noyau amygdalien

Hippocampe

Goût

Ruban de Reil médian

Toucher, douleur, température, positionnement dans l'espace

Goût

Figure 4.1 : Plongée dans le cerveau humain.

Virginia Woolf a écrit *Mrs Dalloway* au début des années 1920 et son portrait de Septimus Smith montre qu'il souffrait de stress posttraumatique à cause des horreurs vues pendant la Première Guerre mondiale. Malheureusement, à cette époque-là, la médecine traditionnelle avait peu d'expérience dans le traitement des problèmes psychologiques. On prescrivait aux patients comme Septimus Smith un repos complet afin de récupérer et on leur disait des choses du genre : « Reprends-toi mon gars. »

Les phobies et l'ESPT font partie des *troubles anxieux*. Ils ont la même structure, en ce sens qu'un souvenir reste enfermé dans le noyau amygdalien. Heureusement, nous disposons aujourd'hui d'un traitement rapide des phobies par la PNL, qui peut aider à surmonter ces deux types de problèmes. Pour en savoir plus, reportez-vous à la section « Le traitement rapide des phobies par la PNL ».

Les phobies

Les experts ne sont pas d'accord sur les origines des phobies. Pour certains psychologues, les phobies sont le résultat d'un traumatisme, se prendre une grenouille sur le dos par exemple. Pour d'autres, il s'agit d'une réponse acquise : un enfant de deux ans se retrouve face à un cobra et développe une phobie à cause de la réaction des adultes qui l'entouraient au moment de la rencontre. Pour vous aider à surmonter vos éventuelles phobies, parcourez la section « Le traitement rapide des phobies par la PNL » plus loin dans ce chapitre.

Le traitement rapide des phobies par la PNL

Le traitement rapide des phobies vous permet de revivre un traumatisme ou une phobie sans la charge émotionnelle liée à l'événement ou l'élément qui déclenche normalement la phobie. Vous devez veiller à choisir un environnement où vous vous sentez parfaitement en sécurité et vous faire assister d'une personne qui puisse vous aider à vous faire revenir sur terre.

Cela signifie que vous étudiez une expérience en étant doublement dissocié du souvenir. Vous créez une séparation entre vous (dans le présent) et les émotions d'un traumatisme ou d'une phobie. Dans la liste suivante, la double dissociation est obtenue par le fait que vous vous voyez dans une salle de cinéma (dissociation): tout en vous voyant sur un écran de cinéma (double dissociation). La dissociation est traitée au chapitre 10 dans la section « Associer ou dissocier ».

1. Identifiez une phobie liée à un stimulus, un traumatisme ou un souvenir désagréable que vous souhaitez surmonter.

2. Souvenez-vous que vous étiez en sécurité avant et que vous l'êtes également une fois l'expérience désagréable vécue.

3. Imaginez-vous assis dans un cinéma, en train de vous regarder sur un petit écran en noir et blanc.

4. Maintenant, imaginez-vous en train de sortir du « vous » assis pour entrer dans la cabine de projection.

5. Vous pouvez maintenant vous voir dans la cabine de projection en train de vous observer assis à votre place en train de regarder le film sur vous qui passe à l'écran.

6. Passez le film en noir et blanc, sur le tout petit écran, en le démarrant avant l'épisode du souvenir que vous souhaitez surmonter, puis en le prolongeant après l'épisode, une fois que vous êtes en sécurité.

7. Maintenant, arrêtez le film ou imaginez l'écran tout blanc.

8. Ressortez de la cabine de projection, du siège et projetez-vous à la fin du film.

9. Faites défiler le film très rapidement en arrière, en une ou deux secondes, en couleur, comme si vous viviez ce qu'il y a dans le film, jusqu'au début, lorsque vous étiez en sécurité.

10. Répétez les étapes 8 et 9 jusqu'à ce que vous viviez sereinement l'épisode.

11. Maintenant, allez dans le futur et projetez-vous dans un épisode imaginaire où vous vivriez la phobie en question.

Les croyances et les valeurs font toute la différence

Vous avez peut-être déjà entendu dire que « les jeunes d'aujourd'hui n'ont aucune valeur ». Tout le monde a des valeurs, celles-ci varient simplement d'un individu et d'un groupe à l'autre. Vos valeurs et vos croyances sont des filtres inconscients que vous utilisez pour décider quels fragments de données perçus par vos sens vous allez laisser entrer ou empêcher d'entrer. Vous savez ce que cela signifie, n'est-ce pas ? Les neuf dixièmes inconscients de votre cerveau sont là, au calme, à créer toutes sortes de croyances et à prendre toutes sortes de décisions sur vous et votre environnement et… vous n'avez même pas conscience de leur présence.

Le pouvoir des croyances

Poussées à l'extrême, vos croyances peuvent avoir un pouvoir de vie et de mort sur vous. Elles peuvent vous aider à être en bonne santé, riche et heureux ou vous laisser dans le mal-être, la pauvreté et le malheur.

Les croyances dont nous parlons sont différentes des croyances religieuses. Il s'agit de généralisations que vous faites à propos des expériences que vous vivez. Elles forment la base de votre réalité et influent sur votre comportement. Par exemple, vous pouvez utiliser une croyance destinée à vous aider à vous assumer afin de développer une autre croyance. Ainsi, « je suis très bon en orthographe » peut vous aider à développer la croyance selon laquelle vous aimez le français et vous vous exprimez très bien. Cela peut vous amener à penser que vous êtes capable de raconter des histoires. Soudain, vous vous trouvez le courage de proposer une petite histoire à un magazine et… hop, vous devenez un auteur publié !

S'il existe des croyances positives vous permettant de vous assumer, il en existe également des négatives qui vous font fuir vos responsabilités. Si vous avez eu le malheur d'être la tête de Turc de l'école, vous avez peut-être fini par penser qu'en général, les gens ne sont pas très gentils. Vous avez ainsi peut-être tendance à être agressif lorsque vous rencontrez des personnes pour la première fois. Si certaines font preuve en retour de la même agressivité, leur comportement pourrait très bien renforcer votre croyance selon laquelle « les gens ne sont pas très gentils ». Vous ne prêterez peut-être même pas attention à une personne vous répondant aimablement car vos filtres de croyances ne sont pas paramétrés pour remarquer les individus sympathiques.

Sachez qu'une croyance limitante est peut-être tapie dans l'ombre si vous vous surprenez à utiliser des expressions telles que : impossible, devrais, ne devrais pas, pourrais, ne pourrais pas, il faudrait ou il ne faudrait pas. Comme disait Henry Ford, « que vous vous sentiez capable de faire quelque chose ou que vous vous en sentiez incapable, vous avez raison ».

Les répercussions des croyances des autres sur vous

Il est une pensée vraiment effrayante : les idées préconçues des autres sont à l'origine de réserves erronées sur votre compte, surtout si les autres sont des professeurs, des supérieurs, la famille ou les amis.

Une étude très intéressante sur un groupe d'enfants, à base de tests ayant conclu à une intelligence moyenne des sujets, illustre la façon dont la croyance d'un professeur peut améliorer ou diminuer les capacités d'apprentissage d'un enfant.

Les élèves étaient répartis au hasard dans deux groupes. Dans un groupe, on a indiqué au professeur que les élèves étaient doués, tandis que dans l'autre, on a dit au professeur que les élèves avaient des difficultés à apprendre. Les deux groupes ont repassé les tests d'intelligence un an plus tard. Dans le premier groupe, les scores étaient meilleurs que la première fois alors que dans le second groupe, ils étaient moins bons.

Malheureusement, ces réserves ne sont pas l'apanage des écoles surchargées et se retrouvent dans les milieux familiaux, certains parents attribuant à leurs enfants un niveau « passable ». Vous avez également des amis qui vous rappellent de bien réfléchir avant de quitter un emploi sûr pour réaliser votre rêve ou un patron dont le style de communication différent du vôtre a un effet néfaste sur votre évolution professionnelle. Certaines de ces personnes sont persuadées d'en savoir plus que vous, et en plus, le risque existe que vous les mettiez sur un piédestal.

Il peut s'avérer difficile pour un enfant de surmonter les défauts d'un professeur sans l'aide des parents et encore plus les réserves d'un parent ou de la famille. En tant qu'adulte, vous pouvez peser le pour et le contre du conseil reçu en le considérant du point de vue de l'interlocuteur. La section

« Explorer les modes de perception » du chapitre 7 vous en dit plus sur l'établissement du rapport. Une fois que vous avez compris les raisons figurant derrière l'opinion de l'autre personne, libre à vous de choisir ou non de suivre son conseil. Enfin et surtout, vous pouvez toujours apprendre à utiliser le style de communication de votre patron afin de faire passer votre message et vous faire ainsi évoluer professionnellement.

Modifier vos croyances

Certaines de vos croyances peuvent vous permettre de vous assumer, tandis que d'autres auront tendance à restreindre votre mode de pensée et à vous bloquer. Bonne nouvelle, les croyances peuvent évoluer. Prenez l'exemple de la barrière des quatre minutes au mile. Pendant des années, les athlètes ont pensé qu'il n'était pas possible de courir le mile en quatre minutes. Roger Bannister y est parvenu en 1954. Peu de temps après, ce record a même été battu à plusieurs reprises.

Je vous entends dire : « Pourquoi changer quelque chose qui cimente mon univers ? » En effet, vos croyances représentent les fondations de votre monde, mais... pour le meilleur ou pour le pire ? Si une croyance entrave votre progression, modifiez-la. Si vous ressentez ensuite le besoin de retrouver l'aspect sécurisant de votre ancienne croyance, vous pourrez la reprendre.

Si je vous demande de penser à une de vos croyances, vous pouvez visualiser une image, avoir une sensation, entendre quelque chose, associer plusieurs de ces actions ou les intégrer toutes. Nous pouvons donc en conclure que vos croyances présentent certaines qualités, visuelles (images), auditives (sons) et kinesthésiques (sensations) que l'on appelle des *modalités*. Il est possible d'affiner ces modalités à l'aide de sous-modalités, la luminosité, la taille et la distance pour les images, le volume et la hauteur pour les sons, l'intensité, la température et la localisation pour les sensations.

Pour modifier une croyance, vous pouvez notamment ajuster ses sous-modalités. Cette méthode est très utile car elle peut contribuer à desserrer l'étreinte d'une croyance qui vous bloque et à renforcer les effets d'une croyance positive en laquelle vous avez moins confiance et qui permette de mieux vous assumer. Imaginons que vous ne pouviez vous empêcher d'aller vers les autres mais que l'on vous ait toujours dit qu'il n'était pas bien d'être subjectif. Modifier votre croyance en « je suis bon avec les autres » peut accroître considérablement votre confiance lorsque vous avez affaire aux autres. De même, si vous savez que vous êtes bon dans le domaine artistique, cette croyance peut vous aider à embrasser une carrière plus technique à connotation artistique, dans l'infographie par exemple.

Pour vous entraîner à modifier vos croyances, procédez comme suit :

1. **Pensez à une croyance dont vous savez qu'elle est exacte, par exemple « je suis un conducteur très prudent ».**

   Si aucune croyance ne vous vient à l'esprit, demandez-vous si vous croyez que le soleil va se lever demain matin, même avec tous ces nuages.

2. **Avez-vous visualisé une image, eu une sensation et/ou entendu un son ? Quelles étaient les qualités de l'image, de la sensation ou du son ?**

3. **Pensez maintenant à une croyance que vous souhaiteriez modifier car elle ne vous convient pas : « Je ne peux pas me garer droit ! »**

4. **Superposez les qualités de la croyance que vous savez vraie et celles de la croyance à modifier.**

   Disons que l'image de la croyance que vous savez vraie est brillante, grande, en 3D, proche et bien en face de vous et que l'image de la croyance à modifier est petite, sombre, en 2D et éloignée. Transformez l'image de la croyance à modifier en une image brillante, grande, en 3D, proche et bien en face de vous.

   De même, pensez aux qualités des éventuels sons et sensations associés à la croyance que vous savez vraie. Les qualités des sons et des sensations de la croyance à modifier sont-elles différentes ?

En tant que représentant de la race humaine, quelles sont vos croyances en matière d'« ismes » (sexisme, âgisme, racisme) et quels sont les « ismes » dans lesquels vous voulez bien être enfermé ?

On appelle système de croyances un groupe de croyances. Une croyance ou un système de croyances peuvent soutenir une valeur en particulier. Les valeurs correspondent au pourquoi d'une action. Les croyances orientent votre comportement, lequel vous aide ensuite à respecter une valeur, à condition bien sûr que votre inconscient ne crée aucun conflit. La section suivante va vous en dire plus sur les valeurs.

Les valeurs

Les valeurs sont les éléments clés qui conditionnent vos comportements et constituent vos facteurs de motivation et de démotivation inconscients. C'est à cause ou grâce à vos valeurs que vous agissez. Une fois que vous avez agi, vous utilisez ces valeurs pour juger si cette action est bonne ou mauvaise. Par exemple, si vous appréciez l'honnêteté, vous pouvez décider de ramasser un portefeuille trouvé dans la rue et vous sentir bien en le remettant à la police.

Les valeurs ont des répercussions sur le choix de vos amis et de vos partenaires, des types de produits que vous achetez, des intérêts que vous poursuivez et sur la façon dont vous passez votre temps libre. À l'instar de vos croyances, vos valeurs influent également sur les filtres actionnés par la formation réticulée (voir plus haut dans ce chapitre la section intitulée « La formation réticulée : votre système de suivi » pour découvrir le mode de fonctionnement de la formation réticulée).

Votre vie comporte de multiples facettes. Vous avez probablement une famille, vous faites partie d'une équipe à votre travail et vous appartenez peut-être à un club dans lequel vous pratiquez une activité, pour ne donner que quelques exemples. Les différents pans de votre vie, la famille, le travail, les loisirs, etc. présentent chacun une hiérarchie de ces valeurs, la plus importante étant située au sommet. Les valeurs figurant en haut de l'échelle sont généralement plus abstraites que celles situées plus bas et exercent la plus grande influence sur votre vie. Par exemple, sur la figure 4.2, la famille et les amis sont une notion assez concrète tandis que le bonheur est moins palpable.

Figure 4.2 :
Une échelle
de valeurs.

Valeurs de processus pour des valeurs de but

On distingue les valeurs de *but* et les valeurs de *processus*,
les valeurs de processus figurant plus bas dans la hiérarchie
car elles correspondent aux barreaux d'une échelle qui vous
permettent d'atteindre vos valeurs de but. Dans la figure 4.3,
la liberté est une valeur de but et toutes les autres valeurs
sont des valeurs de processus. Ces dernières doivent être
respectées afin de vous permettre d'atteindre vos valeurs
finales, de buts. La liberté est plus difficile à quantifier que
l'argent par exemple. Vous pouvez avoir de l'argent sans
être libre, mais, pour être libre il vous faut de l'argent. Par
conséquent, la liberté, valeur de but, est tributaire de l'argent,
valeur de processus.

Vos valeurs peuvent vous conduire vers le plaisir ou vous
éloigner de la souffrance.

Valeurs de rapprochement	*Valeurs d'éloignement*
Amour	Culpabilité
Liberté	Tristesse
Santé	Solitude
Bonheur	Colère
Richesse	Pauvreté

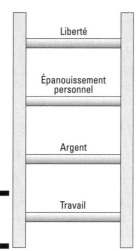

Liberté

Épanouissement personnel

Argent

Figure 4.3 : Une échelle du bonheur.

Travail

Les valeurs d'*éloignement* sont révélatrices d'émotions et de décisions négatives ou de traumatismes psychiques susceptibles d'influer sur votre vie. Des techniques, telles que la thérapie de la ligne du temps, permettent de les libérer. Leur objectif principal est d'apprendre à tirer les leçons des événements négatifs pour que l'inconscient puisse libérer les émotions emprisonnées. La thérapie de la ligne du temps repose essentiellement sur le principe selon lequel vos souvenirs sont organisés chronologiquement. Le fait de déplacer un souvenir sur la ligne du temps peut en libérer d'autres et vous aider ainsi à mieux contrôler vos réactions face à des événements et avoir plus de choix à votre disposition. Pour de plus amples informations sur cette technique, rendez-vous au chapitre 13.

La création de valeurs

La création de vos valeurs intervient essentiellement pendant trois périodes de votre vie.

- ✔ La période d'**empreinte** va de la naissance à l'âge de 7 ans environ. L'apprentissage se fait en grande partie incons- ciemment au contact des parents.

- ✔ La période de **modelage** se situe entre 8 et 13 ans. Vous apprenez consciemment et inconsciemment en copiant les amis. Vous créez les valeurs parmi les plus importan- tes, les valeurs fondamentales, vers l'âge de 10 ans.

- ✔ La période de **socialisation** intervient entre 14 et 21 ans. C'est là que vous apprenez les valeurs qui affectent vos rapports avec les autres.

Révéler vos valeurs

1. **Choisissez un domaine (ou une situation) de votre vie qui ne vous satisfait pas ou que vous souhaitez améliorer.**

   Par exemple, vivez-vous ou travaillez-vous dans un environnement que vous n'aimez pas et que vous souhaiteriez plus enrichissant ?

2. **Faites une liste de ce qui est important dans cette situation.**

   Vous remarquerez que les premières valeurs vous viennent très vite à l'esprit. Persistez et vous verrez qu'un autre groupe de valeurs va faire surface.

3. **Classez ces valeurs par ordre d'importance, la plus importante en premier.**

   Si vous avez du mal à classer les valeurs, posez-vous simplement la question : « Si je disposais de A mais pas de B, est-ce que cela me conviendrait ? » Si vous répondez oui, A est plus important que B. Si vous répondez non, mettez B au-dessus de A. Par exemple, dans la liste des valeurs ci-dessous, qui peut s'appliquer à votre travail, vous pouvez décider que la sécurité est bien plus importante que l'aventure :

- Succès
- Pouvoir
- Performance
- Aventure
- Sécurité

Une fois ces valeurs classées, vous trouverez probablement que celles qui vous sont apparues en dernier ont plus d'importance pour vous.

4. **Ensuite, demandez-vous s'il ne manque pas dans cette liste une valeur qui vous serait utile dans le domaine ou la situation choisie. Où la placeriez-vous dans la liste ?**

Par exemple, si vous appréciez votre travail mais sans obtenir la réussite souhaitée, c'est peut-être parce que vous ne vous sentez pas épanoui au sein de votre hiérarchie. En fait, si l'on reprend la liste ci-dessus, vous pouvez décider que les valeurs suivantes sont plus importantes pour vous :

- Succès
- Épanouissement
- Performance
- Aventure
- Sécurité

Le conflit de valeurs

Une fois vos valeurs de processus définies (voir section précédente), il est bien plus facile de respecter vos valeurs de but. Malheureusement, cela peut aboutir à des conflits de valeurs. Vous pensez vouloir obtenir un résultat mais votre inconscient a d'autres idées en tête qui font que vous vous éloignez de votre objectif.

Par exemple, vous avez vécu une enfance très pauvre et vous avez une valeur d'*éloignement de la pauvreté* qui entre directement en conflit avec une valeur de *rapprochement de la richesse*. Ainsi, vous voulez être riche mais vous pensez « je ne veux pas être pauvre » et c'est justement ce vers quoi tend votre inconscient.

Il peut également y avoir un conflit lorsque vous voulez obtenir deux résultats simultanément alors que vous pensez ne pouvoir atteindre que l'un ou l'autre des objectifs, par exemple maigrir et apprécier les bons plats.

Existe-t-il une valeur prépondérante qui vous empêche d'avoir des satisfactions dans d'autres domaines de votre vie ? Par exemple, mettre en première position la valeur « avoir de l'argent » peut vous faire devenir incroyablement riche, mais également vous empêcher d'entretenir une liaison épanouissante.

Veillez à ne pas passer trop de temps à obtenir vos valeurs de processus au point de ne pouvoir atteindre votre valeur de but !

Changer de valeurs

Lorsque vous pensez à vos valeurs, vous créez une image, comme pour vos croyances (voir plus haut la section « Le pouvoir des croyances » pour en savoir plus sur les croyances). Pour bouleverser la hiérarchie de vos valeurs, modifiez les caractéristiques de l'image créée par la valeur. Supposons par exemple que vous ayez les valeurs suivantes :

- – Liberté
- – Performance
- – Sécurité financière
- – Amusement
- – Famille
- – Santé

Vous êtes cependant en mauvaise santé. Vous pouvez décider qu'il est plus important pour vous d'avoir la santé que de vous amuser. Il est donc nécessaire d'interchanger les deux valeurs dans votre classement. Pour ce faire, vous pouvez utiliser la technique suivante :

1. Lorsque vous pensez à l'amusement, prêtez attention aux caractéristiques suivantes de l'image qui vous vient à l'esprit :
   - – Taille
   - – Couleur/noir et blanc

– Position

– Mouvement

– Netteté

2. Prêtez attention à l'image qui se forme lorsque vous pensez à la santé.

3. Modifiez les qualités des images.

Comme pour les croyances, la modification des qualités de l'image de la santé pour qu'elle soit identique à celle de l'amusement va la faire remonter au niveau de cette dernière. Maintenant, modifiez l'image de l'amusement de façon à ce qu'elle présente les mêmes qualités que celles de la santé. Cela a pour conséquence de faire descendre l'amusement au niveau où se trouve la santé.

Imaginer votre réalité future

Contrairement à ce que vos professeurs vous ont peut-être dit lorsqu'ils vous surprenaient à regarder fixement par la fenêtre lorsque vous étiez en cours, laisser votre esprit vagabonder peut constituer une première étape essentielle pour atteindre vos objectifs. Les techniques décrites dans les précédentes sections de ce chapitre vous permettent de découvrir ce que vous désirez au fond de votre cœur et de prendre les mesures nécessaires pour que cela devienne réalité, le tout en rêvant éveillé !

Accordez-vous donc des moments pour rêver et jouer. Quel vœu demanderiez-vous à Cendrillon d'exaucer si elle venait vous rendre visite ? Elle s'assurerait que vous avez l'influence, les contacts et les ressources nécessaires pour que votre désir devienne réalité. Vous avez votre objectif en tête ? Voici la marche à suivre :

1. **Dressez une liste des éléments importants concernant votre objectif, des raisons pour lesquelles vous voulez l'atteindre, puis classez-les par ordre d'importance.**

Vos valeurs vous surprennent ? Vous êtes-vous rendu compte que des choses que vous jugiez importantes ne l'étaient pas tant que cela après tout ? Avez-vous pensé à une valeur qui manquait au départ ?

2. **Maintenant, toujours éveillé, imaginez-vous en train de flotter en dehors de votre corps et projetez-vous dans l'avenir, à l'époque où vous pourriez avoir atteint l'objectif fixé.**

3. **Prêtez attention aux images, sons et sensations et modifiez-les.**

   Parvenez-vous à les rendre plus puissants, vibrants, éclatants, et à aller encore au-delà ?

4. **Depuis l'avenir, retournez-vous sur le présent et laissez votre inconscient identifier ce qu'il a besoin de savoir et vous aider à en prendre conscience, pour vous permettre d'atteindre votre objectif.**

   N'oubliez pas de noter quelle serait la première mesure à prendre !

5. **Une fois le rêve bien savouré, revenez à la réalité et *prenez cette première mesure* !**

Vous vous surprendrez !

Chapitre 5

Appuyer sur les boutons de la communication

Dans ce chapitre :

▶ Apprendre le modèle de communication de la PNL

▶ Assumer l'entière responsabilité de tout échange

▶ Comprendre le mode de communication des autres

▶ Savoir comment communiquer avec efficacité

▶ Découvrir les techniques permettant de libérer vos émotions et de vous concentrer sur les résultats

Si je vous demandais : « Lors d'un dialogue, à quel hauteur, en pourcentage, êtes-vous responsable de la communication ? », me répondriez-vous 50 % ? Après tout, le dialogue met en scène deux personnes, donc logiquement, chacun partage la responsabilité de formuler des réponses et d'en obtenir. Si vous connaissez les présuppositions suivantes de la PNL (traitées au chapitre 2), vous allez répondre 100 % :

✔ La signification de la communication est la réponse qu'elle suscite ;

✔ Si votre façon de procéder ne fonctionne pas, essayez autre chose ;

✔ Dans un système, c'est la personne qui fait preuve de la plus grande flexibilité qui contrôle le système.

Ce chapitre vous montre comment assumer l'entière responsabilité de toute communication dans laquelle vous êtes acteur. Vous disposerez des outils nécessaires pour détecter les situations dans lesquelles votre interlocuteur ne reçoit pas votre message et modifier les termes employés et les actes entrepris afin d'obtenir la réponse souhaitée.

Le modèle de communication de la PNL

Le modèle de communication de la PNL repose sur la psychologie cognitive. Elle est l'œuvre de Richard Bandler et John Grinder.

Selon ce modèle, quand une personne se comporte d'une certaine manière (son *comportement extérieur*), une réaction en chaîne se produit en vous (votre *réponse intérieure*), vous conduisant à répondre d'une certaine façon (votre *comportement extérieur*), ce qui entraîne alors une réaction en chaîne chez l'autre personne (sa *réponse intérieure*), puis le cycle se poursuit. La figure 5.1 montre cette réaction en chaîne.

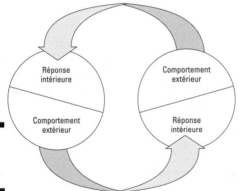

Figure 5.1 :
Le cercle
de la commu-
nication.

La *réponse intérieure* est constituée d'un *processus interne* et d'un *état interne*. Le processus interne comprend un dialogue intérieur, des images et des sons et l'état interne correspond aux sensations éprouvées.

Les sections suivantes présentent deux scénarios qui montrent le modèle de communication de la PNL à l'œuvre.

Scénario 1

Pour certains, c'était une superbe et chaude journée d'été.
Mais, au bureau, la climatisation ne fonctionnait pas et Dan
avait passé une journée épouvantable. Il monte dans sa
voiture, met en marche la climatisation dans un soupir de
soulagement, puis rentre chez lui épuisé. Son fils Drew avait
promis qu'il tondrait la pelouse. Dan a hâte de déguster une
bière bien fraîche, tranquillement assis sur une belle pelouse
fraîchement tondue. En arrivant, il remarque que la pelouse
n'a pas été tondue.

Dan entre comme un ouragan dans la maison, si submergé
par ses émotions qu'il ressent uniquement le ressentiment
qui le gagne. Il commence à tempêter contre Drew, lequel
se protège en arguant dans un grommellement typiquement
adolescent que la tondeuse est en panne, mais Dan n'entend
pas. Finalement, Drew crie « t'as qu'à la tondre toi-même,
ta pelouse » en sortant comme une furie. Aucun des deux
ne veut plus communiquer et ils tombent dans la spirale
infernale des cris, des portes qui claquent, jusqu'au silence
final.

Dans cet exemple, lorsque Dan explose, la pelouse non tondue
est le déclencheur d'un *état interne* de colère, de ressentiment
et de frustration. Le *processus interne* sera par exemple un
monologue du genre « il avait promis. Je savais que je ne
pouvais pas compter sur lui. On fait toujours tout pour lui et à
chaque fois il nous déçoit… », associé à des images du passé
qui retracent les fois où Drew n'a pas répondu aux attentes
de Dan.

Le *comportement extérieur* de Dan, – s'en prendre à Drew
avec un certain ton ou une certaine expression faciale –,
a provoqué un *état interne* chez Drew. Ce dernier a peut-
être ressenti des sentiments de colère, de ressentiment et
de frustration très similaires à ceux de Dan. Des images de
précédentes altercations avec son père lui sont peut-être
revenues et il savait qu'il ne serait pas entendu, comme
à chaque fois. Le *comportement extérieur* de Drew, ses
traditionnels grommellements et bouderies attisent les
sentiments de son père et ainsi de suite.

Scénario 2

Imaginons maintenant un deuxième scénario. Dan arrive en voiture et voit que la pelouse n'est pas tondue. Au lieu d'exploser, il prend une profonde inspiration et demande à Drew pourquoi il n'a pas tondu la pelouse. Drew, s'attendant à des reproches, explique en étant sur la défensive que la tondeuse est tombée en panne. Sachant d'expérience que Drew est susceptible de s'enfermer dans sa coquille, Dan propose de lui montrer comment réparer la tondeuse. Il se détend avec un verre de bière avant d'aider Drew à effectuer la réparation. Ensuite, Drew tond la pelouse puis toute la famille se met à table dans une ambiance sympathique.

Dans ce scénario, le père modifie peut-être son processus interne et fait l'effort de se rappeler son adolescence, lorsqu'il avait besoin de conseils et de fermeté. Il décide du résultat qu'il veut obtenir de sa relation avec son adolescent de fils et, libéré de ses émotions, il est en mesure de poursuivre, canaux de communication ouverts, afin d'atteindre l'objectif fixé, à savoir que Drew tonde la pelouse.

Ce scénario montre comment, en mettant en pratique les présuppositions, Dan est capable d'obtenir le résultat souhaité, que Drew tonde la pelouse. La fraternisation masculine est un plus. La réponse qu'il obtient de Drew, ce dernier commençant à être sur la défensive, n'est bien évidemment pas celle que souhaitait Dan. Dan affiche la flexibilité nécessaire pour identifier les modèles de comportement de Drew et modifier ses propres réponses dans le but d'obtenir le résultat escompté. De cette façon, il contrôle le système.

Comprendre le processus de communication

John Grinder et Richard Bandler ont découvert que les as de la communication avaient trois aptitudes :

- ✔ ils savent ce qu'ils veulent ;
- ✔ ils savent parfaitement identifier les réponses qu'ils obtiennent ;

✔ ils font preuve de toute la flexibilité nécessaire pour modifier leur comportement jusqu'à ce qu'ils obtiennent ce qu'ils veulent.

(Kate) Un ami, Simon, m'a appris des choses très utiles sur les relations humaines. Il parvient toujours à garder son calme et obtient généralement le résultat recherché même dans les situations difficiles. Pour ce faire, il prend du recul par rapport à ses émotions et se concentre uniquement sur le résultat. Il essaie également de comprendre le point de vue de son interlocuteur afin qu'ils soient tous les deux gagnants dans l'affaire.

Nous avons chacun notre façon de traiter les informations et de réagir aux situations que nous vivons. Ne serait-il pas réellement utile de comprendre *comment* fonctionne l'autre ? Voici des indices.

La fourchette 2-7

Le professeur George Miller a mené des recherches sur le nombre de fragments d'information que nous sommes capables de conserver à un moment donné dans notre mémoire à court terme. Entre deux et sept selon ses conclusions, neuf si vous êtes en forme ou particulièrement intéressé par un sujet et seulement cinq si vous vous sentez un peu lent ou si vous n'êtes pas très intéressé par l'information dont vous essayez de vous souvenir. Si vous n'êtes pas capable de mener plusieurs tâches de front, vous aurez peut-être du mal à gérer plus d'un fragment d'information !

Vos cinq sens (vue, ouïe, toucher, odorat et goût) vous bombardent d'environ deux milliards de fragments d'informations à la seconde. Si vous essayiez de gérer ce flux de données, vous deviendriez fou. Pour préserver votre santé mentale, vous filtrez les informations entrantes avant que le cerveau ne procède à un traitement et n'en génère une représentation.

Les processus vous servant à produire les représentations internes des événements extérieurs perçus à travers vos sens subissent l'influence de vos nombreux filtres et expériences.

Persécuté par le chiffre sept

Mon problème ? Avoir été persécuté par un nombre entier ! Ce chiffre m'a poursuivi pendant sept ans, s'est infiltré dans mes données les plus intimes et m'a agressé dans les pages des journaux les plus populaires. Arborant divers déguisements, parfois plus grand ou plus petit que la normale, il ne change cependant pas au point d'être méconnaissable. Ce chiffre me harcèle au point que ce ne peut être le fruit du hasard. Pour reprendre les mots d'un célèbre sénateur, un dessein se cache derrière tout cela, un modèle régissant ses moindres apparences. Soit ce chiffre a quelque chose d'étrange, soit je souffre d'un délire de la persécution.

The Magical Number Seven Plus or Minus Two (Professeur George Miller, *Psychological Review*, 1956).

Trois processus entrent en jeu pour la conversion des stimuli externes de votre environnement en représentations internes : les omissions, les distorsions et les généralisations. Les sections suivantes vous donnent un aperçu de ces processus.

Les omissions

Ce phénomène consiste à prêter attention à des informations qui vous parviennent grâce à vos sens au détriment d'autres stimuli. Imaginez le professeur Tournesol, si absorbé par son travail qu'il sort de chez lui en chaussons.

(Kate) Une anecdote illustre parfaitement la façon dont notre inconscient se rend coupable d'omissions. Ma belle-mère avait l'habitude de prendre le bus de Kennington à Londres pour aller travailler dans une association caritative britannique, Children's Society. Généralement, elle sortait les poubelles, puis revenait à l'intérieur prendre son sac à main et sa serviette. Un matin, un peu retard, elle attrapa les trois sacs (sac à main, serviette et sac poubelle). Ce n'est qu'une fois assise dans le bus, dans lequel elle trouvait que ça sentait vraiment mauvais ce jour-là, qu'elle s'est aperçue qu'elle était montée son sac poubelle à la main !

Les distorsions

Les distorsions se produisent lorsque vous interprétez mal des informations vous parvenant par l'intermédiaire de vos sens.

Cyniquement, nous pourrions dire qu'être amoureux est une forme de distorsion au cours de laquelle vous êtes ébloui, voyant la vie en rose, complètement inconscient des défauts de votre partenaire « idéal ».

(Romilla) Je rentrais chez moi en voiture de Bristol un soir tard, parfaitement sobre, par une route à quatre voies, lorsqu'il s'est mis à pleuvoir, un crachin tout fin accompagné d'un peu de brume. J'ai vu au loin une silhouette blanche qui flottait au-dessus de la chaussée. Le cœur battant à tout rompre, j'ai eu une conversation avec moi-même du genre...

« Mon dieu, mais c'est un fantôme. Je suis la première dans la famille à voir un fantôme.

– Ne sois pas stupide, les fantômes, ça n'existe pas.

– Il n'y a personne sur la route. Est-ce que je peux faire demi-tour sans avoir d'accident ?

– T'es vraiment idiote, ce n'est pas un fantôme.

– Mais si ! Et si c'était vraiment un fantôme ?

– Mais non !

– Mais si ! » et ainsi de suite.

À mon grand soulagement mais également, je dois l'avouer, à ma grande déception, c'était en fait un clochard vêtu d'un sac plastique blanc à l'apparence réellement sinistre sous ce crachin brumeux. Je pense que j'aurais renoncé au fantôme même s'il avait été pour de vrai !

Vous pouvez déformer la signification des actes d'une autre personne.

Les généralisations

Vous faites une généralisation lorsque vous transférez les conclusions tirées d'une expérience sur d'autres situations ou événements similaires. Les généralisations peuvent être bénéfiques. Elles vous aident à bâtir une carte cognitive du monde. Si vous ne généralisiez pas, vous devriez réapprendre l'alphabet et apprendre à associer les lettres des mots (q+u+a+n+d) à chaque fois que vous lisez un livre. Les généralisations vous permettent de construire sur la base de ce que vous savez déjà, sans avoir à réinventer la poudre.

Vos croyances à propos du monde dans lequel vous vivez sont des généralisations et, si vous êtes comme les auteurs, vous allez procéder à des omissions et à des distorsions du mieux que vous pouvez pour maintenir ces croyances en place. En d'autres termes, vos généralisations peuvent devenir restrictives en ce sens qu'elles peuvent vous rendre moins à même d'accepter ou d'avoir confiance en des actions et événements qui ne correspondent pas à vos idées préconçues. Êtes-vous légèrement déçu lorsqu'une personne ou une situation ne répond pas à vos prévisions les plus pessimistes ? Vous sentez-vous un peu triomphant lorsque vous êtes réellement déçu ?

À chacun le sien

Les souvenirs et réactions diffèrent d'une personne à l'autre lorsque nous sommes exposés aux mêmes stimuli externes car chacun procède à ses propres omissions, distorsions et généralisations en fonction de ses propres métaprogrammes, valeurs, croyances, attitudes, souvenirs et décisions.

Les métaprogrammes

Les métaprogrammes, détaillés au chapitre 8, sont vos filtres les plus inconscients. Ils correspondent à la façon dont vous révélez vos modèles de comportements à travers le langage. Par exemple, une personne encline à prendre les choses en main (qui prend donc des initiatives) pourra dire : « Pas d'excuses, des résultats. » Par contre, une personne qui prend bien le temps de réfléchir avant d'agir (plutôt réactive) pourra dire : « Ne te précipite pas, étudie tous les paramètres et vérifie que les résultats escomptés sont satisfaisants. » Par exemple, « tu veux dire Tom, ce débile introverti ? » (distorsion) ou « ouais, comme tous les vendeurs, agressif » (généralisation). Cependant, il est essentiel d'avoir à l'esprit que nous pouvons changer de modèles de comportement, en fonction de l'environnement et de la situation rencontrée.

Voici un petit avant-goût des tendances à l'introversion et à l'extraversion et de la façon dont elles peuvent avoir des répercussions sur votre processus de filtrage. Ces deux tendances sont des métaprogrammes élémentaires.

Introverti	*Extraverti*
Souhaite être seul pour recharger ses accus	A besoin d'être entouré lorsqu'il a besoin de repos et de relaxation
N'a que quelques amis avec lesquels il entretient des liens forts	A beaucoup d'amis mais entretient des rapports superficiels
Peut prendre à cœur la moindre chose, fondée ou non	Ne remarque pas forcément la chose ou l'attribue à l'autre, qui est selon lui dans un mauvais jour
A seulement quelques domaines de prédilection mais les connaît très bien	Connaît beaucoup de choses, mais avec un degré de maîtrise inférieur à celui de l'introverti
A tendance à être plus solitaire	Est plus sociable

Une personne introvertie n'est pas « supérieure » à une personne extravertie et une personne extravertie peut être aussi « bonne » qu'une personne introvertie.

Les métaprogrammes utilisent une échelle mobile et ne reposent pas sur un choix exclusif entre deux options (voir figure 5.2). Par conséquent, au travail, vous pouvez très bien être extraverti car vous êtes en confiance et vous appréciez l'environnement. Vous utilisez ainsi vos antennes pour récupérer une plage d'informations plus importante, pour nouer des contacts et repérer les occasions à saisir, ce qui vous aidera dans votre travail. En revanche, côtoyer vos collègues en dehors du bureau peut vous rendre mal à l'aise et vous affichez peut-être des tendances à l'introversion plus marquées sur l'échelle mobile. Résultat, vous êtes susceptible d'omettre des messages subtils qui vous sauteraient aux yeux dans votre environnement de travail si familier.

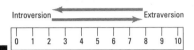

Figure 5.2 :
Les méta-
programmes
utilisent
une échelle
mobile.

Nous sommes parfaitement conscients que les personnes extraverties peuvent agacer leurs amis et connaissances introvertis. Par conséquent, chers amis extravertis, baissez d'un ton s'il vous plaît lorsque vous rencontrez une personne qui n'est peut-être pas aussi réceptive que vous et veillez à ne pas violer son cercle d'intimité !

En ayant à l'esprit que nous pouvons afficher différentes tendances en fonction des situations, quel côté de l'échelle occupez-vous plutôt ? Essayez de deviner où se situent vos amis et les membres de votre famille. Voici une astuce : la réponse à la question « lorsque vous devez recharger vos accus, préférez-vous avoir de la compagnie ou être tout seul ? » vous donnera un très sérieux indice sur les tendances de la personne sondée.

Certains extravertis peuvent avoir des liens très forts avec leur animal de compagnie et préférer leur compagnon à quatre pattes aux êtres humains lorsqu'ils se ressourcent !

Les valeurs

Les valeurs représentent un jeu de filtres, également inconscients mais à un degré moindre que les métaprogrammes. Vous faites l'acquisition de vos valeurs au contact de vos parents et de votre famille jusqu'à l'âge de sept ans environ, puis au contact de vos pairs et de vos amis. Les valeurs motivent vos actions, mais peuvent également jouer le rôle de frein pour vous empêcher de parvenir à vos fins. Ce sont des facteurs importants à vos yeux qui vous permettent de juger si ce que vous avez fait est bien ou mal. Elles influent sur la façon dont vous procédez à des omissions, des distorsions ou des généralisations, à partir des stimuli entrants. Les valeurs obéissent à une hiérarchie, la plus importante étant située au sommet de l'échelle. La santé, la richesse, le bonheur, l'honnêteté, l'amitié, le bonheur professionnel, etc. sont des exemples de valeurs. Le chapitre 4 vous en dit plus sur les valeurs.

James travaillait, dans une association caritative, à l'organisation d'un programme d'éducation en Afrique. Il avait de jeunes enfants et adorait son travail. Il était pauvre comme Job, et tous ses besoins quotidiens étaient pris en charge par l'association pour laquelle il travaillait. Sa hiérarchie des valeurs était comblée par son travail et ressemblait à peu près à ceci :

1. Bonheur
2. Enrichir la vie des autres
3. Être avec ma famille
4. Liberté
5. Diversité
6. Réseau d'entraide

L'échelle des valeurs de James correspondait aux réponses qu'il avait données à la question : « Qu'est-ce qui est important pour vous dans votre travail ? »

Ses valeurs étant satisfaites, il ne prêtait pas attention (omission) aux offres d'emploi qui lui auraient pourtant permis de gagner mieux sa vie, car il craignait que ces postes ne lui donnent moins de satisfaction dans les domaines valorisés que son emploi actuel. Il admet avoir cru que *tous* (généralisation) les intérêts occidentaux en Afrique étaient destinés à exploiter les autochtones. Mais il se rend compte par la suite que, dans certains, cas, c'était une excuse invoquée par certains éternels râleurs pour fuir la responsabilité de leur propre sort.

Les valeurs sont très contextuelles car certaines ne s'appliquent qu'à des domaines particuliers et leur place dans la hiérarchie varie également en fonction du pan de votre vie étudié. Dans l'exemple ci-dessus, les valeurs de James n'étaient pertinentes que dans le domaine professionnel.

Pour découvrir quelles sont les valeurs importantes à vos yeux dans un domaine donné de votre vie, vous devez vous arrêter, dérouler le film de votre vie et commencer à penser ! Pour ce faire, procédez comme suit :

1. **Choisissez un aspect de votre vie dans lequel vous ne réussissez pas comme vous le souhaiteriez.**

   Vous pouvez choisir le travail, comme l'a fait James (voir l'anecdote plus haut dans cette section), l'amour, l'éducation, l'environnement dans lequel vous vivez, etc. D'autres suggestions figurent dans le chapitre 3.

2. **Dressez la liste de ce qui est important pour vous dans ce domaine.**

3. **Reprenez la liste et réfléchissez de nouveau. Vous faut-il ajouter quelque chose d'important qui n'y figurerait pas ?**

4. **Classez les éléments par ordre d'importance.**

   Votre deuxième valeur est-elle vraiment plus importante que la troisième ou votre cinquième valeur devrait-elle figurer en deuxième position ?

5. **Pour chaque valeur, êtes-vous capable d'identifier une omission, une distorsion ou une généralisation susceptible de vous empêcher de satisfaire un désir ?**

   C'est la question à 1 000 000 € !

6. **Vérifiez également s'il n'existe pas de décisions contraignantes sous-jacentes ayant un impact sur vos valeurs.**

Les croyances

Les croyances sont vraiment effrayantes. Elles peuvent vous propulser vers les sommets du succès ou vous plonger dans les affres de l'échec car, pour paraphraser Henry Ford, « que vous vous sentiez capable de faire quelque chose ou que vous vous en sentiez incapable… vous avez raison ».

Vos croyances prennent forme de toutes sortes de façons inconscientes. Vous apprenez de vos parents que vous êtes doué, de votre professeur que vous ne savez pas dessiner, de vos pairs que vous devez aider vos amis, etc. Dans certains cas, si votre professeur vous a dit que vous ne saviez pas dessiner, vous omettrez toutes les occasions d'apprendre à dessiner qui pourraient se présenter. Après tout, un professeur vous a dit que vous n'étiez pas capable de dessiner.

Les croyances peuvent naître comme « un implant dans ton esprit » (souvenez-vous, c'est ce que dit Morpheus à Neo dans Matrix). Lorsque cela vous agace et vous travaille, vous commencez à trouver des exemples qui valident l'« implant » et, au bout d'un certain temps, vous développez une véritable croyance.

 Choisissez vos croyances avec soin car elles ont tendance à se transformer en prédictions qui se réalisent !

Les attitudes

Votre attitude correspond à votre opinion sur un thème ou un groupe de personnes. Votre attitude indique aux autres comment vous vous sentez ou quel est votre état d'esprit par rapport à quelqu'un ou à quelque chose. Il s'agit d'un filtre dont vous avez bien plus conscience, constitué d'une collection de valeurs, de croyances et d'opinions sur un sujet particulier. Il est bien plus difficile de modifier une attitude car votre conscience participe activement à sa naissance et à sa conservation.

Le discours et le comportement donnent des indications sur l'attitude d'une personne. Au travail, on considère l'employé qui fait volontiers des efforts supplémentaires et qui présente un état d'esprit positif comme ayant une bonne attitude, contrairement au tire-au-flanc ou au simulateur.

Étant basée sur vos valeurs et croyances, votre attitude influe sur vos capacités en vous faisant vous comporter d'une certaine manière. Celui qui a une attitude positive peut toujours s'attendre à obtenir un résultat positif. En faisant preuve d'un comportement agréable et solidaire, il incite les autres à se conduire pareillement.

 La prochaine fois que vous avez affaire à un éternel râleur, essayez de faire en sorte qu'il attrape votre virus de la *positive attitude*. Si quelqu'un se plaint de la pluie, demandez-lui d'attendre l'arrivée de l'arc-en-ciel lorsque le soleil se remettra à briller. Si vous entendez une personne en train de débiner quelqu'un, glissez quelque chose de positif à propos de la victime. Dites-leur à quel point les personnes positives sont moins stressées. Vous pourriez même surprendre votre éternel râleur en flagrant délit de bonne conduite et décider de lui dresser des louanges !

Les souvenirs

Vos souvenirs déterminent ce à quoi vous vous attendez, vos comportements et votre façon de communiquer avec les autres. Vos souvenirs peuvent influer sur votre présent et votre avenir. Le problème se pose lorsque vos souvenirs ne sont pas conservés dans l'ordre selon lequel ils ont été enregistrés. Lorsqu'ils sont confus, ils font ressortir toutes les émotions ressenties à l'époque. Nous voulons dire par là que votre expérience actuelle évoque d'anciens souvenirs et que vous réagissez à des souvenirs et à des émotions passés et non à la situation que vous vivez dans le présent.

 (Kate) Mon amie Tamara travaillait avec une femme répondant au prénom de Sheila. Les relations entre Tamara et Sheila n'étaient pas harmonieuses, c'est le moins que l'on puisse dire. Sheila était un tyran de la pire espèce qui se focalisait sur Tamara. C'était le superviseur de Tamara, ce qui n'aidait pas vraiment. Tamara fut extrêmement soulagée de trouver un autre emploi mais découvrit que sa nouvelle supérieure hiérarchique s'appelait aussi Sheila et qu'elle était également plus âgée qu'elle. Tamara eut beaucoup de mal à se persuader que la seconde Sheila était en fait adorable et, jusqu'à ce qu'elle y parvienne, elle s'en est beaucoup méfiée. Si ses souvenirs étaient restés dans le bon ordre, Tamara n'aurait pas vécu de nouveau les souvenirs et émotions négatifs du passé. Elle a procédé à des généralisations et à des distorsions à propos de la seconde Sheila sur la base de son expérience avec la première Sheila.

Les décisions

Vos décisions sont intimement liées à vos souvenirs et influent sur tous les domaines de votre vie. C'est plus particulièrement important lorsque cela touche des décisions qui limitent les choix qui s'offrent à vous dans votre vie – la PNL les appelle des *décisions limitantes*. Il s'agit par exemple de « je suis mauvais en orthographe », « l'argent est à la base de tous les maux, donc pour être bon, je ne dois pas être riche » et « si je fais un régime, je ne pourrai pas apprécier ma cuisine ».

Nombre de vos décisions limitantes ont été prises inconsciemment, certaines lorsque vous étiez tout petit, et vous les avez peut-être oubliées. Au fur et à mesure que vous grandissez, vos valeurs peuvent changer et vous devez identifier et évaluer de nouveau toute décision qui représente un obstacle.

De retour en Angleterre, après plusieurs années en Afrique, James était encore plus pauvre que Job car il devait subvenir aux besoins de sa famille, sans pouvoir bénéficier de l'aide que lui apportait l'association caritative pour laquelle il avait travaillé. En pensant aux circonstances, il a dressé une nouvelle liste de valeurs :

- Bonheur
- Enrichir la vie des autres
- Être avec ma famille
- Sécurité
- Liberté financière
- Variété

Ce fut quand il estima avoir besoin de liberté financière qu'il se rendit compte que la décision prise étant petit (riches = cupides = méchants) l'empêchait de subvenir aux besoins de sa famille. Il réfléchit à la façon dont il pourrait être riche, aider les autres et vivre avec sa famille. Aujourd'hui, James est parfaitement heureux, très riche et il enrichit la vie des autres. Comment ? Il a ajouté à sa maîtrise en gestion d'entreprise un doctorat en psychologie. Il organise des ateliers à travers le monde et voyage avec sa femme.

Essayer la communication efficace

Comme le montrent les sections précédentes, votre façon de penser et de vous comporter est en grande partie inconsciente. Vos réponses sont construites et influencées par vos valeurs, croyances, souvenirs, etc. Heureusement, vous n'avez pas à être à la merci de votre inconscient.

En fait, vous pouvez contrôler consciemment la façon dont vous communiquez avec les autres et c'est vraiment une idée salvatrice et responsabilisante ! Gardez ces principes à l'esprit :

- ✔ **Mobilisez votre cerveau avant votre langue**. Pensez au résultat souhaité lorsque vous dialoguez avec quelqu'un ;
- ✔ **Allez-y doucement**. Le fait de savoir cela vous donne du pouvoir et, comme chacun sait, le pouvoir corrompt. D'un autre côté, il peut vous ôter la peur et vous permettre de faire preuve de générosité et de gentillesse. Si vous connaissez le modèle de la réalité de l'autre, tout le monde peut y trouver son compte.

Troisième partie

Se faire des amis…
en influençant les autres

« *Et voilà, super !* Nous étions à deux doigts de décrocher la série Godzilla et il a fallu que tu perdes ta distance émotionnelle sur les droits de diffusion. »

Dans cette partie...

*V*ous constaterez que la vie n'est faite que de relations entre les gens. Vous découvrirez deux thèmes clés de la PNL : la représentation sensorielle et le rapport. Ils traitent tous deux de la perception du monde qui nous entoure et de la façon de vous y adapter. Et sans rapport, il est tout simplement impossible de se faire entendre.

Nous vous montrerons également l'utilité de prêter attention aux différents modes d'utilisation du langage et comment changer de perspective afin d'évaluer une situation en prenant un autre point de vue.

Chapitre 6

Voir, entendre et sentir à votre manière pour mieux communiquer

Dans ce chapitre :

▶ Explorer l'incroyable puissance de vos sens

▶ Être vraiment en phase avec le monde qui vous entoure

▶ Repérer les opinions différentes des autres par le langage adopté

▶ Observer les mouvements oculaires des autres et comprendre leur signification

Rappelez-vous. Au début de ce livre – si vous faites partie de ces personnes merveilleusement organisées qui commencent méthodiquement un livre par la première page au lieu de plonger directement en plein milieu –, nous vous avons brièvement présenté les quatre piliers de la PNL. L'un de ces éléments a été baptisé *représentation sensorielle* par la PNL. Il s'agit de la façon dont nous apportons une signification au monde qui nous entoure et dont nous créons notre propre réalité à l'aide de nos sens.

Imaginez un instant une créature extraordinaire dotée d'une antenne très sophistiquée. Eh bien, c'est vous ! Vous déboulez dans le monde sous la forme d'un bébé humain doté de sens incroyablement développés, fin prêt à découvrir les secrets de l'univers. À moins d'avoir connu quelques difficultés à la naissance, lorsque vous arrivez, vous êtes une minuscule machine à apprendre, avec des yeux, des oreilles, les sens de l'odorat, du goût et du toucher et cette qualité typiquement humaine : la faculté d'avoir un lien émotionnel avec les autres.

Bien entendu, la vie commence parfaitement puis les choses commencent à se gâter vers l'âge de neuf ou dix ans. Avez-vous déjà entendu l'expression « on s'en sert ou on le perd » ? Nous, les êtres humains, sommes souvent trop paresseux pour apprendre ou nous nous encroûtons. Quand nous avons découvert une façon de faire qui fonctionne, elle nous convient et les choses restent en l'état. Nous optons pour la facilité, ce qui restreint les choix. C'est ce qui peut se produire avec notre représentation sensorielle. Nous excellons dans un style de pensée et de traitement de l'information et laissons rouiller nos autres sens.

Léonard de Vinci pensait que l'homme « regarde sans voir, écoute sans entendre, touche sans sentir, mange sans goûter, se déplace sans le ressentir, respire sans avoir conscience des odeurs ou des parfums et parle sans réfléchir ».

Quelle invitation à devenir meilleur !

Par conséquent, avant de poursuivre, cher lecteur, permettez-nous de vous encourager à expérimenter de nouvelles manières de vous adapter à notre monde, de faire travailler vos incroyables sens et à constater toute la différence. Vous savez quoi ? Vous allez pouvoir vous amuser comme des fous tout en apprenant des choses.

Trois lettres pour des modalités : VAK

Le modèle de la PNL décrit la façon dont vous vous représentez le monde extérieur, appelé aussi réalité, à l'aide de vos cinq sens : la vue, l'ouïe, le toucher, l'odorat et le goût.

Par exemple, prêtez attention à ce qui se passe dans votre tête et votre corps lorsque je dis : « Pensez à un plat délicieux que vous avez apprécié. » Vous voyez peut-être l'image d'une table couverte de plats colorés, vous entendez le bruit des couteaux et des fourchettes, un serveur qui vous indique les plats du jour ou un ami en train de discuter dans la cuisine. Vous percevez peut-être une sensation agréable de chaleur à mesure que l'odeur des plats vous parvient, vous entendez le bruit que fait le bouchon d'une bouteille de vin que l'on débouche ou ressentez la fraîcheur du verre que vous tenez, puis vient le goût de la première gorgée. Hummmm… quelle expérience multisensorielle ! Et cela, rien que par la pensée, tout en restant assis dans votre fauteuil.

Jusqu'à présent, vous n'aviez peut-être pas réfléchi à la *façon* dont vous pensez (le processus), mais uniquement à *ce à quoi* vous pensez (le contenu). Pourtant, c'est la qualité de votre pensée qui détermine la qualité de votre expérience. Le processus est donc aussi important voire plus important que le contenu. Cette section vous présente certaines dimensions de vos processus de pensée auxquelles vous n'avez peut-être jamais songé. Lorsque vous prêtez attention à la façon dont vous pensez et percevez le monde, des choses intéressantes se produisent. Vous commencez à vous rendre compte que vous pouvez contrôler votre façon de penser à une personne ou à une situation. Vous vous apercevez également que tout le monde ne pense pas comme vous, même lorsqu'il s'agit d'événements de la vie quotidienne qui vous paraissent si limpides et évidents. Ce faisant, vous pouvez décider que la vie peut être plus enrichissante si vous pensez différemment en prêtant attention à vos sens.

Filtrer la réalité

Lorsque vous percevez la réalité, vous filtrez certaines informations provenant de votre environnement à l'aide de trois systèmes que la PNL appelle visuel, auditif et kinesthésique (VAK en abrégé et VAKOG si vous incluez les informations olfactives et gustatives).

- ✔ Certains *voient* les *images*. Ils perçoivent nettement la dimension *visuelle*.
- ✔ D'autres *entendent* les *sons*. Ils sont axés sur la dimension *auditive*.
- ✔ Un troisième groupe *perçoit* les aspects *émotionnels* ou le *toucher*. C'est la dimension *kinesthésique*, comme la *conscience du corps*. Cela comprend également le goût et l'odorat.

Arrêtons-nous un moment sur la façon dont vous percevez votre utilisation de ce livre *Pour les Nuls*. Tous ceux qui le prennent en main remarquent chacun à leur manière son aspect, le bruit qu'il fait et les sensations qu'ils ont quand ils le manipulent. Prenons trois lecteurs. Le premier choisit le livre pour les images sympas, la mise en page et les dessins humoristiques. Le deuxième aime le ton employé. Le troisième apprécie le toucher ou l'odeur du papier ou sent instinctivement qu'il faut absolument se le procurer car il est intéressant. Quant à vous, lecteur averti, vous affichez peut-être les motivations de ces trois lecteurs ! À vous de vérifier. Commencez par noter la façon dont vous préférez accéder aux informations, quelles sont les pages qui vous interpellent et mobilisent votre attention. Qu'est-ce qui fonctionne le mieux pour vous ? Êtes-vous plus sensible aux mots, aux images ou à la sensation générale ?

Dans la vie quotidienne, vous utilisez vos sens VAK de façon naturelle. Mais, quel que soit le contexte, vous avez peut-être tendance à privilégier un sens. Nous vous promettons que si vous devenez plus sensible aux trois grands systèmes de représentation sensorielle (visuel, auditif et kinesthésique), cela portera ses fruits. Imaginons par exemple que vous souhaitiez refaire une pièce chez vous. Vous y avez peut-être songé de façon purement *visuelle*, en imaginant la couleur de la peinture ou les motifs de la tapisserie. Si vous commencez à entrer dans la dimension *auditive*, vous pouvez penser aux sons émis par les objets dans la pièce, comme le plancher qui craque, à la façon de diminuer le bruit de la circulation ou, soyons mélomanes, à la musique ou aux conversations que vous voudriez écouter en ces lieux. Que se passerait-il si vous pensiez cette pièce en termes de textures et d'odeurs, *via* les dimensions *kinesthésique* et *olfactive* ? Vous choisiriez peut-être une moquette bouclée velouteuse ou une natte de jonc. Vous pourriez choisir des murs en brique ou opter pour un revêtement en plâtre, en fonction des sensations qui vous plaisent.

À des fins d'apprentissage, si vous connaissez le VAK, vous pouvez commencer à vous exercer à recueillir les informations de différentes manières. Vous avez peut-être déjà appris une langue en écoutant des cassettes audio dans votre voiture. Vous trouverez peut-être plus rapide d'apprendre une langue en regardant des films en VO ou des pièces de théâtre, en pratiquant un sport, en partageant un repas ou en apprenant à danser avec des personnes dont c'est la langue maternelle. Les personnes qui développent leurs capacités à accéder aux images, mots et sensations, se découvrent souvent des talents cachés.

Dans le jargon de la PNL, les différents canaux nous permettant de coder les informations en interne à l'aide de nos sens sont des *systèmes de représentation sensorielle*. Les principaux systèmes sont visuel, auditif et kinesthésique. Les termes liés au sens (tels que « image », « mot », « sensation », « odeur » ou « goût ») que nous employons, qu'il s'agisse de noms, de verbes ou d'adjectifs, sont appelés *prédicats*. Le tableau 6.1 vous donne plus d'exemples dans la section « Établir le rapport avec des mots », plus loin dans ce chapitre.

Entendre comment ils pensent

En tant qu'êtres humains, nous organisons un riche mélange de ces trois dimensions principales, même si nous avons tendance à en privilégier une au détriment des autres.

Alors, comment savoir si vous avez ou si les autres ont une préférence pour le système visuel, auditif ou kinesthésique ? Voici pour vous un petit questionnaire amusant qui n'a rien de scientifique. Répondez-y et soumettez-le à vos amis et collègues afin de découvrir votre système de représentation sensorielle primaire. Cela vous prendra deux minutes.

1. Pour chacune des affirmations suivantes, entourez l'option qui vous correspond le mieux.

   1. Je prends les décisions importantes :

   a) En suivant mon instinct

   b) En choisissant les options qui sonnent le mieux

   c) En fonction de ce que je sens

   2. Lorsque vous assistez à une réunion ou présentation, pour vous, celle-ci est réussie si :

   a) Les points essentiels sont énoncés clairement

   b) Un argumentaire valable est apporté

   c) Les vrais problèmes sont abordés

3. Les autres savent si je suis dans un bon ou mauvais jour :

a) À la façon dont je suis habillé et à mon allure

b) Aux pensées et sentiments que je partage

c) Au ton de ma voix

4. Lorsque je suis en désaccord avec quelqu'un, je suis le plus influencé par :

a) La voix de mon interlocuteur

b) La façon dont mon interlocuteur me regarde

c) L'impression que j'ai de ses sentiments

5. J'ai parfaitement conscience :

a) Des sons et des bruits qui m'entourent

b) De la sensation de mes vêtements sur la peau

c) Des couleurs et des formes présentes dans mon environnement

2. Reportez vos réponses sur la grille ci-dessous :

1a	K	4a	A
1b	A	4b	V
1c	V	4c	K
2a	V	5a	A
2b	A	5b	K
2c	K	5c	V
3a	V		
3b	K		
3c	A		

3. Comptez le nombre de V, de A et de K obtenus.

4. Voyez ce que cela donne !

Avez-vous surtout des V ou des A ou des K ou un nombre égal de chaque ? Lisez l'analyse fournie pour le système qui vous concerne et vérifiez si cela vous correspond.

📌 **V – visuel** – Une préférence pour le système visuel peut signifier que vous êtes capable de trouver votre voie facilement, de garder un œil sur les choses et de vous projeter sur le long terme. Vous aimez peut-être les images, les symboles, le design, regarder du sport, la physique, les maths et la chimie. Vous avez peut-être besoin de vivre dans un environnement au style attrayant.

✔ **A – auditif –** Une préférence pour le système auditif peut signifier que vous êtes capable d'explorer de nouvelles idées, d'entretenir des relations harmonieuses et de faire parler les gens. Vous aimez peut-être la musique, le théâtre, la littérature, écrire et parler. Vous avez peut-être besoin de contrôler le niveau sonore de votre environne-ment.

✔ **K – kinesthésique –** Une préférence pour le système kinesthésique peut signifier que vous êtes capable de suivre les nouvelles tendances, de rester en phase avec la réalité. Vous aimez peut-être les sports de contact, l'athlé-tisme, l'alpinisme, utiliser ou fabriquer des appareils – par exemple dans l'électronique. Vous avez peut-être besoin d'un environnement confortable.

En Grande-Bretagne et aux États-Unis, environ 60 % de la population présentent un système dominant visuel. Ce n'est guère surprenant si on pense à la façon dont notre vue est bombardée de messages.

Gardez-vous de cataloguer les gens en visuels, auditifs ou kin-esthésiques, il s'agit là d'une généralisation grossière. Parlez de préférences ou de comportements et non d'identités. Soyez également attentif au fait qu'il n'existe pas de système meil-leur ou moins bon qu'un autre. (Il est impossible de ne pas fonctionner selon les différents modes, même si cela est inconscient.) C'est simplement une façon différente de recueil-lir et de stocker les informations au cours de votre expérience subjective de la réalité. Après tout, chacun est unique.

Écouter le monde des mots

Dans les débuts de la PNL, les fondateurs Richard Bandler et John Grinder ont été fascinés par les divers modes d'utilisation du langage. La notion de *systèmes de représentation sensorielle* est issue de leurs séminaires et groupes d'étude au cours desquels ils ont identifié les modèles de discours liés au VAK. Nous nous représentons notre expérience grâce à nos sens et la PNL appelle cela des systèmes de représentation.

Le langage que vous utilisez dans la vie de tous les jours donne des indices sur votre système de représentation préféré. Pour améliorer vos propres capacités de communicant, prêtez attention aux types de mots utilisés par les autres. Vous allez trouver des indices pertinents sur ce qui se passe dans leur tête et découvrir s'ils sont plus réceptifs aux images, aux mots ou aux sons.

Établir le rapport avec des mots

Dans les séances de formation que nous organisons, nous procédons souvent à des expériences en la matière et observons comme il est facile pour un groupe dont les membres affichent la même préférence d'établir rapidement un rapport. Il leur est naturellement simple de parler à ceux qui « parlent leur langage ».

Par conséquent, que pouvez-vous faire lorsque vous avez le sentiment de parler un langage « différent » et que la conversation est plus difficile à entretenir ? Commencez par écouter plus attentivement et repérez la préférence des autres en termes de langage. Vous êtes alors en position idéale pour ajuster votre modèle de langage sur celui de vos interlocuteurs et établir ainsi un rapport basé sur un modèle commun.

Le tableau 6.1 dresse la liste de certains mots et phrases en rapport avec les sens - les prédicats VAK - que vous entendrez les autres prononcer. Vous pouvez commencer à établir votre propre liste et découvrir les mots que vous prononcez ou écrivez fréquemment. Si vous éprouvez des difficultés à communiquer avec certaines personnes, vérifiez si votre langage n'est pas un peu rouillé.

Tableau 6.1 Mots et phrases VAK

Visuel	*Auditif*	*Kinesthésique*
Vif, blanc, clair, couleur, sombre, lumineux, illuminer, perspective, vision	Entendre, sourd, dire, fort, harmonie, mélodie, faire écho, résonner, dire, crier, aigu, chanter, ton, prononcer, vocal, hurler	Froid, rebond, excitant, sentir, couler, poigne, mouvement, contact, solide, claquement, toucher, piétiner, poids
Il paraît que	La question importante que nous nous posons tous est…	Avoir les pieds sur terre
Un aperçu de la réalité	Comme vous dites	Prendre un projet à cœur
Illustrer ses propos	Je l'ai entendu de sa propre bouche	Éprouver du chagrin
C'est une nouvelle façon de voir le monde	Elle s'est mise à entendre des voix	C'est du bon sens
Jette un œil là-dessus	Il a fait la sourde oreille	Elle a beaucoup de flair
C'est tout à fait clair	Tout cela sonne faux	Il a la mainmise sur le club
Cela crève les yeux	Mot pour mot	Il est casse-pieds
Montre-moi ce que cela signifie	Nous sommes sur la même longueur d'onde	Solide comme un roc
Avoir des œillères	Orchestré de main de maître	Elle est jolie à croquer

Il existe également des termes olfactifs et gustatifs : amer, parfum, frais, juteux, odeur, piquant, salé, enfumé, aigre, doux.

Dans notre vocabulaire, de nombreux mots n'ont aucun lien avec nos sens. Étant « neutres », vous n'avez pas à vous connecter ou déconnecter du système de représentation de votre interlocuteur. Parmi les mots neutres figurent : analyser, répondre, demander, choisir, communiquer, complexe, éduquer, expérience, favori, imaginer, apprendre, question, se souvenir, transformer, penser, comprendre, utiliser et s'étonner.

Lorsque les pensées et les mots employés sont très logiques, conceptuels et dépourvus de notions sensorielles, la PNL parle de traitement digital. Les documents des compagnies d'assurance sont un parfait exemple de langage digital, comme le montrent la phrase qui suit : « L'obligation de soumission desdites informations prévaut jusqu'au terme du contrat d'assurance, faute de quoi l'Assureur sera en droit, s'il le souhaite, d'annuler le contrat à compter de la date de souscription, ce qui l'autorisera à rejeter toute responsabilité. »

Faites entrer les traducteurs !

Il arrive que deux personnes se démènent pour communiquer parce qu'elles n'emploient pas le même style de langage, même si elles partagent le même point de vue. L'une peut utiliser un style auditif, par exemple, et l'autre un style visuel ou kinesthésique. Pour communiquer avec efficacité, vous devez être capable de faire deux choses : connaître votre style ou système de représentation préféré et vous entraîner à utiliser les autres.

Avez-vous déjà entendu une discussion comme celle qui suit entre la directrice et un membre de son équipe ? Pour démontrer les différents styles de langage, les prédicats (les mots et expressions en rapport avec les sens) apparaissent en italique.

La directrice (Betty) : « Je ne *vois* pas bien votre point de vue sur votre évaluation » (visuel).

Un employé (Bill) : « Eh bien, on peut en *parler* plus en détail ? » (auditif).

Betty : « C'est parfaitement *clair* pour moi - c'est écrit *noir sur blanc* » (visuel).

Bill : « Si vous vouliez bien en *discuter*, il y aurait un peu plus d'*harmonie* dans l'entreprise » (auditif).

Betty : « Jetez-y un *œil* d'un peu plus près. Je suis certaine que vous aurez une meilleure *perspective* » (visuel).

Bill : « Vous n'*écoutez* jamais, n'est-ce pas ? Fin de la *conversation* » (auditif).

Avez-vous remarqué comme Betty, la directrice, reste sur un langage visuel et l'employé, Bill, s'en tient au mode auditif ? Ils ne sont pas en phase et n'avancent pas.

Voici comment une troisième personne, Bob, par exemple, des ressources humaines ou d'un autre département, peut aider à faire évoluer la discussion.

1. Bob résume la situation à Betty en mode visuel et à Bill en mode *auditif*. La conversation pourrait se poursuivre de la manière suivante :

« Donc, Betty, il semble que la situation soit parfaitement *claire* pour vous (visuel). Bill, il reste des questions essentielles dont vous voudriez *parler* (auditif). (Les deux acquiescent d'un signe de la tête.)

2. Bob bascule ensuite dans le troisième système (kinesthésique), qui est neutre pour les deux parties en désaccord.

« Vous souhaitez tous les deux que les choses *avancent*. Pourquoi ne pas *tourner et retourner* les idées qui posent problème pendant une heure dans mon bureau, *refaçonner* le projet puis le *boucler* ? »

Tout dans les yeux

Le langage corporel offre de merveilleux indices sur les systèmes de représentation sensorielle préférés. Notre façon de respirer, notre posture, notre type corporel, le ton de notre voix et notre rythme d'élocution ont tendance à varier en fonction des styles (visuel, auditif et kinesthésique). Dans les débuts de la PNL, Bandler et Grinder ont observé que l'être humain bougeait les yeux dans des directions précises en fonction du système de représentation utilisé.

Ces mouvements sont connus sont le nom de clés d'accès visuelles.

Ainsi, lorsque votre interlocuteur bouge les yeux à la suite d'une question, vous pouvez parfaitement deviner s'il se représente des images, des sons ou des sensations. En quoi est-ce utile, me direz-vous ? Eh bien, vous avez de fortes chances de découvrir le système utilisé, même si aucun mot n'est prononcé, et de savoir comment lui parler de façon à ce que l'échange soit positif. Le tableau 6.2 indique les mouvements oculaires associés à chaque système de représentation sensorielle.

Tableau 6.2 Clés d'accès

Système	*Mouvement oculaire du sujet*	*Ce qui se passe dans l'esprit du sujet*	*Langage*
Visuel créé	En haut à droite	Il voit des images nouvelles ou différentes	Penser à un éléphant recouvert d'un glaçage rose
Visuel évoqué	En haut à gauche	Il voit des images connues	Penser au visage de votre partenaire
Visuel	Fixe droit devant	Il voit des images nouvelles ou différentes	Voir ce qui est important
Auditif créé	Latéralement à droite	Il entend des sons nouveaux ou différents	Écouter votre nom prononcé à l'envers
Auditif évoqué	Latéralement à gauche	Il se souvient de sons	Entendre votre sonnette
Auditif dialogue intérieur	En bas à gauche	Se parle	Se demander ce que l'on veut
Kinesthésique	En bas à droite	Sensations, émotions, sens du toucher	Remarquer la température de ses doigts de pied

Les signes révélateurs d'un menteur

Comment repérer un menteur ? Vous pensez peut-être tout savoir en la matière et être capable d'instinct de démasquer quelqu'un en train de raconter des bobards, mais de nombreuses études menées sur les trente dernières années ont montré que nous ne pouvons généralement déceler que les pieux mensonges. Nous pouvons même être trompés par les mensonges les plus énormes.

Les années de recherche de Paul Ekman, mondialement connu pour ses études sur les émotions, ont révélé que nos secrets résident dans nos microexpressions. Notre visage ne compte pas moins de quarante-deux muscles permettant de créer des milliers de microexpressions différentes, lesquelles changent tout le temps, de toute sorte de manières et très discrètement. Si vous apprenez à repérer ces mouvements ultrarapides, vous disposez de toutes les informations nécessaires pour confondre les menteurs.

Mais, avec un nombre si élevé de combinaisons, il est difficile de déceler les différences d'expression permettant d'afficher une fausse émotion, un mensonge. Même les dernières générations de machines n'y parviennent pas systématiquement. Qui peut donc repérer avec fiabilité les vilains petits filous ? Une étude d'Ekman (*New Scientist*, 29 mars 2033) classe dans le peloton de tête les agents du Secret Service américain, les détenus et les moines bouddhistes tibétains.

Il n'est pas surprenant que les agents du Secret Service soient parfaitement formés pour repérer les individus dangereux. Les détenus vivent dans un environnement peuplé de spécialistes du crime et de la fraude et doivent donc apprendre, pour une question de survie, à savoir à qui ils peuvent faire confiance. Les moines bouddhistes, quant à eux, n'ont pas le profil des deux autres catégories de personnes mais ils ont passé des milliers d'heures à méditer et semblent avoir une sensibilité qui leur permet de découvrir avec une grande précision les émotions à partir des expressions faciales.

Le dessin suivant montre les différents traitements accomplis par la plupart d'entre nous en fonction des mouvements oculaires. Pour un petit pourcentage de la population, dont la moitié des gauchers, le schéma est inversé.

Le dessin de la figure 6.1 correspond à la situation où vous regardez votre interlocuteur. Par exemple, si ce dernier bouge les yeux vers le haut et à votre droite, en position *Visuel évoqué*, si vous reproduisez ce mouvement devant un miroir, vous bougerez les yeux vers le haut et la gauche.

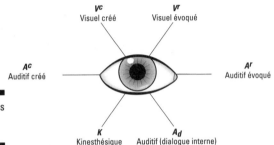

Figure 6.1 : Les clés d'accès visuelles.

Le fait de développer votre représentation sensorielle, en observant les détails, vous permet de déceler l'état d'esprit de votre interlocuteur dans diverses situations. Lorsque vous maîtrisez cette technique, vous pouvez choisir vos mots de façon à ce que vos interlocuteurs vous écoutent. Dans l'exercice suivant, l'objectif est de remarquer le mouvement des yeux de la personne en face de vous, afin de la calibrer et de savoir si elle pense à des images, à des sons ou à des sensations. Trouvez un ami consentant, puis utilisez les questions et les dessins du jeu des mouvements oculaires de la figure 6.2. Chaque question est formulée de façon à mobiliser les sens, dans le passé ou dans le futur. Voici la marche à suivre :

1. **Dites à votre ami de penser à quelque chose de neutre afin de voir son expression faciale.**

   La vaisselle ou le tri de chaussettes sont des sujets banals et qui ne présentent aucun danger.

2. **Posez une par une les questions figurant dans la liste. Prêtez attention aux mouvements des yeux de votre ami.**

3. **Sur les dessins correspondants, dessinez les flèches qui traduisent la direction dans laquelle les yeux du cobaye ont bougé.**

Vos flèches doivent reprendre les positions des clés d'accès visuelles de la figure 6.1, plus haut dans ce chapitre (vers le haut, le bas, latéralement, à droite et à gauche). Une fois les mouvements oculaires de votre ami enregistrés, vérifiez s'il bouge les yeux vers la direction escomptée en vous basant sur le modèle de clés d'accès visuelles du tableau 6.2.

Jeu des mouvements oculaires

1. Quelle vision as-tu de la Reine d'Angleterre lorsqu'elle passe à la télévision ?

2. Que vois-tu quand tu te réveilles le matin ?

3. Imagine un éléphant rose par temps clair.

4. Un cercle est coincé dans un triangle, combien de formes peux-tu compter ?

5. Pense au son que fait un Klaxon de voiture.

6. Quels sont les premiers mots que tu as prononcés aujourd'hui ?

7. Imagine Donald Duck en train de dire ton nom et ton adresse.

8. Qu'est-ce que tu te dis lorsque tu as fait une erreur idiote ?

9. Quelle est la température de l'eau lorsque tu prends une douche ?

10. Quelle sensation cela fait-il d'avoir le lit plein de miettes de pain ?

Figure 6.2 :
Le jeu des mouvements oculaires.

Utiliser le système VAK

Le VAK rend votre vie plus intéressante. Voici des idées pour le sortir de votre nouvelle trousse à outils et en tirer parti.

✓ **Influer sur une réunion, une formation ou une présentation.** Rappelez-vous que lorsque vous vous adressez à une salle pleine, chacune des personnes présentes a un mode favori de collection des informations et que vous ignorez celui dont il s'agit. Malheureusement, les choses qu'elles veulent apprendre et la façon dont elles veulent s'approprier l'information ne sont pas inscrites sur leur front : dressez-moi le tableau de la situation, énoncez les notions essentielles, partagez vos sentiments sur le sujet. Vous devez donc veiller à être en phase avec chaque personne de l'assistance en présentant vos idées selon divers modes. Optez pour un style de présentation pluriel afin de permettre aux adeptes du style visuel de visualiser les images, à ceux du style auditif d'entendre fort et clair et à ceux du style kinesthésique d'avoir toutes leurs sensations.

✓ **Rendez les projets domestiques amusants pour tout le monde.** Admettez que chaque membre de la famille a sa propre conception d'un projet important. Vous souhaiteriez peut-être agrandir la maison, refaire une pièce ou redessiner le jardin. Tout le monde ne tient pas à passer des heures sur le sujet avec des discussions qui vont jusqu'au bout de la nuit. Votre conjoint veut peut-être étudier les plans de près, alors que vos enfants souhaiteront plutôt mettre la main à la pâte.

✓ **Développez vos objectifs de façon à les rendre plus concrets.** Lorsque vous vous fixez des objectifs professionnels ou personnels, ils ne prennent vie que si vous utilisez vraiment tous vos sens. Pensez aux images, aux sons et aux sensations associés lorsque vous les aurez atteints, ainsi qu'à chaque étape. Les fanas de PNL savent très bien imaginer les moindres détails de leur future expérience. Ils parlent de « dérouler l'écran de cinéma » pour décrire la création des rêves. Par conséquent, si vous voulez pousser quelqu'un (ou vous-même) à sortir de sa zone de confort, aidez-le à imaginer la situation une fois la tâche achevée et le dur labeur effectué.

Un sens par jour

En lisant ce chapitre, vous devenez peut-être de plus en plus curieux de vous découvrir vous-même et ceux que vous fréquentez, de découvrir comment vous concevez et vivez la vie dans votre environnement. Pour développer encore plus vos capacités, vous pouvez explorer vos sens de différentes manières. Choisissez un sens par jour.

Il peut s'agir d'un jour *olfactif* : vous prêtez alors attention à tous les parfums, odeurs et arômes ; ou d'un jour *visuel* : vous coupez la musique et vous vous concentrez sur les visions, formes et images – regardez ce qui vous entoure. Un jour orienté vers le *toucher* peut être amusant. Vous sentez les textures ou prêtez régulièrement attention dans la journée à vos sensations.

Si vous avez vos habitudes, si vous sortez votre chien tous les matins ou si vous prenez tous les jours le même itinéraire en voiture, notez les changements ressentis lorsque vous utilisez un seul sens à la fois.

✔ **Aider les enfants à mieux apprendre**. Dieu merci l'éducation a radicalement changé depuis notre époque et les enseignants admettent aujourd'hui que les élèves ont tous leur façon d'apprendre. Comme les parents et les enseignants, vous devez aider les enfants à identifier le mode d'apprentissage qui leur convient le mieux et être conscient que ce dernier peut différer de celui que vous employiez lorsque vous étiez à leur place ou que vous souhaiteriez utiliser. Ceux qui privilégient le système visuel tireront le meilleur parti des images, des affiches et des schémas. Les adeptes du système auditif ont besoin d'entendre les contenus à apprendre, à travers des discussions, des lectures et de la musique. Ceux qui sont plus orientés vers le système kinesthésique exploiteront mieux les séances pratiques et les jeux de rôle. Ils aiment l'approche par la pratique. Les enseignants doivent offrir une approche multisensorielle pour satisfaire tous les styles. Certains enfants sont parfois qualifiés de « lents » alors que le style d'enseignement dominant ne convient tout simplement pas à leur mode d'apprentissage préféré.

Tous ces principes s'appliquent également aux apprenants adultes.

✔ **Accroître l'impact des mots écrits.** Lorsque vous prenez la plume ou mettez des mots à l'écran, de la description d'un poste à un article pour la communauté locale, en passant par un devis, une lettre à une association caritative ou une publicité pour un produit, vous devez élargir votre vocabulaire afin de couvrir tous les systèmes de représentation sensorielle. Pour intéresser chaque lecteur, choisissez des mots appartenant aux trois systèmes.

✔ **Communiquer au téléphone avec des clients et des collègues.** De nos jours, les affaires se traitent de plus en plus souvent au téléphone et par courriel plutôt qu'en entretien. Il peut vous arriver de ne jamais rencontrer certains clients ou collègues. Placez un bloc-notes à côté de votre téléphone et notez le type de langage qu'ils utilisent (visuel, auditif ou kinesthésique ?). Écoutez-les et lorsque vous leur répondez, tournez vos phrases en fonction de leur système de représentation préféré.

Chapitre 7

Établir le rapport

Dans ce chapitre :

▶ Apprendre à faire en sorte que les personnes vous écoutent dans des situations difficiles

▶ Faire face à des personnes difficiles

▶ Améliorer votre faculté de dire « non »

▶ Enrichir votre arsenal de réponses

▶ Se familiariser avec le point de vue des autres

*L*e rapport, c'est comme l'argent, seul en manquer pose problème. Le rapport n'est pas une commande qu'il suffit d'activer ou de désactiver, ce doit être un flux continu. Règle numéro un de la communication : établir le rapport avant d'espérer que l'on vous écoute, quels que soient l'interlocuteur et la situation : avec un professeur, un élève, son conjoint, un ami, un serveur, un chauffeur de taxi, un entraîneur, un médecin, un thérapeute ou un dirigeant d'entreprise.

Le rapport est au cœur de la PNL et constitue un de ses piliers, aboutissant à une communication satisfaisante entre deux individus ou groupes de personnes. Vous n'avez pas besoin d'aimer quelqu'un pour établir un rapport avec lui. Il s'agit d'une manière de se comporter avec les autres fondée sur le respect mutuel et d'échanger à tout moment.

Ne vous imaginez pas pouvoir le sortir de votre sac lors d'une réunion ou d'une séance de résolution de problèmes. Le véritable rapport repose instinctivement sur la confiance et l'intégrité. Ce chapitre va vous aider à repérer les situations où le rapport est ou n'est pas établi avec votre interlocuteur. Nous vous encourageons à établir un rapport avec les personnes susceptibles de vous être utiles. Nous allons partager avec vous des idées et des outils de PNL qui vous permettront d'établir un rapport.

Pourquoi le rapport est-il important ?

Le mot *rapport* appartient à la même famille étymologique que le verbe *rapporter*. Le dictionnaire donne la définition suivante : « relations entre des personnes, des groupes, des pays ». Il s'agit d'établir une relation bilatérale. Vous savez qu'une telle relation existe lorsque vous ressentez une véritable confiance, un vrai respect envers l'autre personne, lorsque vous nouez un lien avec quelqu'un en étant à l'aise quelles que soient les différences existant entre vous et lorsque vous sentez que vous écoutez l'autre et que vous êtes écouté.

Bien que vous appréciiez passer du temps avec des gens qui vous ressemblent, le monde regorge d'êtres humains merveilleusement divers qui ont leurs propres compétences, opinions et parcours. Dans votre vie personnelle et professionnelle, le rapport est la clé du succès et de l'influence. Il s'agit d'apprécier et de côtoyer les différences. Grâce au rapport, les choses se font bien plus facilement. Cela signifie que vous pouvez fournir un bon service clientèle aux autres et que vous appréciez également de pouvoir en bénéficier. Enfin, il vous fait économiser du temps, de l'argent et de l'énergie. C'est un mode de vie sans stress tout simplement génial !

Identifier le rapport

Il n'existe pas de pilule miracle pour apprendre à établir un rapport. C'est quelque chose qui s'apprend intuitivement, sinon, les robots et autres Aliens auraient l'avantage sur nous, les humains. Donc, pour que vous compreniez comment établir personnellement un rapport et que vous sachiez ce qui est important pour vous dans différents types de relations, nous allons faire quelques comparaisons.

1. Tout d'abord, pensez à une personne avec laquelle vous avez établi un rapport. Quels sont les signaux que vous

envoyez et que vous recevez vous permettant de dire que vous êtes sur la même longueur d'ondes ? Comment établissez-vous et entretenez-vous ce rapport ?

2. Maintenant, par contre, pensez à une personne avec laquelle vous n'avez pas établi de rapport, à votre grand regret. Quels sont les signaux que vous envoyez et que vous recevez vous permettant de dire que vous n'êtes pas sur la même longueur d'ondes ? Quel serait le moyen d'établir et d'entretenir un rapport avec cette personne ?

3. En vous basant sur l'expérience faite avec la première personne, quelles modifications pourriez-vous apporter à votre comportement afin de bâtir une relation plus solide avec la seconde personne ?

Vous pourriez penser qu'il est facile de se lier avec la première personne (celle avec qui vous avez établi un rapport) et que la seconde personne (celle avec qui vous n'avez pas encore établi de rapport) est tout simplement une personne difficile. Pourtant, en faisant preuve de plus de souplesse dans votre comportement et dans vos opinions, vous pourrez très facilement vous apercevoir qu'il suffit de prendre quelques mesures simples pour établir ce rapport. Il se peut qu'il vous faille un peu plus de temps pour connaître cette personne et découvrir ce qui est important pour elle, plutôt que d'attendre qu'elle s'adapte à vous et à votre style. Vous trouverez d'autres conseils adaptés dans ce chapitre.

Savoir avec qui établir un rapport

Vous avez maintenant peut-être plus envie de connaître les gens qui vous entourent, ceux avec qui vous travaillez, avec qui vous vivez ou que vous côtoyez. Il est peut-être des personnes clés que vous aimeriez mieux cerner, le responsable d'un projet ou la famille de votre conjoint. Vous souhaiteriez peut-être influencer votre banquier !

Voici un formulaire concernant tous ceux avec qui vous voulez améliorer le rapport établi. Nous vous demandons de tout consigner par écrit, premièrement pour vous faire réfléchir et, deuxièmement, pour que vous puissiez consulter ces fiches par la suite à tout moment. Les bonnes relations demandent un sérieux investissement, du temps pour les construire et les cultiver. Vous verrez que les questions vous forcent à réfléchir à vos besoins et à vous pencher sur l'autre personne. Le rapport est une rue à double sens.

Nom : ————————————————————————

Société/groupe : ————————————————————

Quelle relation entretenez-vous avec cette personne ?
_____

Quel changement souhaiteriez-vous apporter aux relations entretenues avec cette personne ?
_____
_____

Quel impact cela aurait-il sur vous ? ————————
_____
_____

Quel impact cela aurait-il sur l'autre personne ?————————
_____
_____

Cela vaut-il la peine d'y consacrer du temps et de l'énergie ?
_____
_____

Quelles sont les pressions auxquelles est confrontée cette personne ?
_____
_____

Quelle est la chose la plus importante pour elle en ce moment ?
_____
_____

Connaissez-vous quelqu'un ayant réussi à établir un rapport avec cette personne ? Et que pourriez-vous apprendre de lui ?
_____
_____

De quelle autre aide pourriez-vous avoir besoin pour établir le rapport ?

_____

_____

Quelles sont vos idées pour faire évoluer cette relation ?

_____

Quelle est la première étape ? _____

_____

Techniques de base pour établir le rapport

En fondant toute relation sur un rapport correctement établi, il est plus facile de trouver des solutions et d'avancer en cas de sujets épineux à aborder. Heureusement, établir un rapport s'apprend. Le rapport comprend plusieurs niveaux. Vous pouvez l'établir par le biais des éléments suivants :

- les lieux et les personnes que vous fréquentez ;
- votre apparence, votre discours et votre comportement ;
- les compétences acquises ;
- les valeurs sur lesquelles vous vous appuyez ;
- vos croyances ;
- votre but dans la vie ;
- en étant vous-même.

Sept moyens pour façonner rapidement votre rapport

Pour commencer, essayez des moyens instantanés d'établir un rapport ; pour découvrir des techniques plus évoluées, lisez ce qui suit :

- Intéressez-vous à ce qui est important pour l'autre personne. Commencez par comprendre l'autre plutôt que d'attendre que l'autre vous comprenne.
- Repérez les mots, les phrases favorites et la façon de parler de l'autre et reprenez-les subtilement à votre compte.

✔ Remarquez son mode préféré d'exploitation de l'information. Aime-t-il entrer dans le détail ou simplement prendre la situation dans son ensemble ? Reproduisez cette tendance lorsque vous parlez.

✔ Respirez selon le même rythme.

✔ Essayez de repérer ses intentions, son but sous-jacent, plutôt que de vous en tenir à ce qu'il dit ou fait. Il peut parfois se tromper, mais comptez sur son bon cœur.

✔ Accordez-vous à son langage corporel, à ses gestes, à son ton et à son rythme.

✔ Respectez le temps, l'énergie, les préférences en termes de fréquentation et la situation financière de l'autre.

La roue de la communication et l'établissement du rapport

Le professeur Mehrabian de l'université de Californie de Los Angeles (UCLA) a étudié l'impact et les réponses à une communication en face à face. Ses conclusions laissent penser que votre influence dépend de trois facteurs : votre attitude, votre voix et votre discours. Ses recherches ont permis de définir l'impact de la communication, illustré par la roue de la communication de la figure 7.1 : 55 % le langage corporel, 38 % la qualité de la voix et 7 % les mots utilisés.

Il est indéniable que la première impression compte. Lorsque vous allez en réunion ou à un rendez-vous, êtes-vous nerveux et stressé ou détendu et serein ? Lorsque vous commencez à parler, marmonnez-vous dans un murmure les yeux sur vos chaussures ou regardez-vous bien en face et l'air confiant votre auditoire avant de parler distinctement ?

En termes d'établissement de rapport, vous êtes le message. Et il faut que toutes les parties de vous-même fonctionnent en totale harmonie : les mots, les images et les sons. Si vous n'avez pas l'air d'avoir confiance, comme si vous ne croyiez pas en votre message, les autres ne vont pas écouter ce que vous dites.

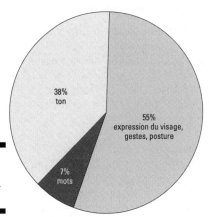

38%
ton

55%
expression du visage,
gestes, posture

7%
mots

Figure 7.1 :
L'impact de
votre commu-
nication.

Le rapport suppose d'être en mesure de regarder les autres,
de se connecter sur leur longueur d'ondes. Par conséquent, la
majeure partie (93 %) de la perception de votre sincérité ne
vient pas de ce que vous dites mais de la façon dont vous le
dites et dont vous témoignez votre appréciation des pensées
et sentiments de l'autre.

Lorsque vous avez établi un rapport avec quelqu'un, vous
pouvez ne pas être d'accord avec ce qu'il dit tout en
entretenant des rapports empreints de respect. L'important
est de garder à l'esprit le caractère unique des personnes. Par
exemple, vous pouvez très bien avoir des opinions politiques
ou religieuses différentes de celles de vos collègues ou clients,
sans pour autant vous fâcher avec eux. Il est également probable que vous ayez des désaccords sur le menu du souper avec
vos proches, mais il est normal que vos goûts diffèrent.

N'oubliez pas que c'est juste une divergence d'opinion et non
une critique qui vise la personne. Si vous parcourez la section
du chapitre 11 consacrée aux niveaux logiques, vous verrez
que la PNL distingue les croyances et les valeurs, situées à un
certain niveau, et l'identité, à un autre niveau. La personne est
plus que ce qu'elle dit ou croit.

Lorsque le rapport vous aide à dire « non »

Vous avez un comportement de type béni-oui-oui ? Vous êtes peut-être de ce genre de personne qui préfère dire « oui » à tout, être serviable et agréable avec le patron, les clients et la famille. Vous serez le premier à proposer vos services en réunion, à organiser la vente ou le dîner de charité de l'école, à conduire les enfants en voiture. Au final, c'est toujours à vous que revient la charge de faire les choses. Pour éviter la surcharge, il est parfois essentiel de savoir dire « non ». Prenez l'exemple de James :

Au travail, il est tentant pour le responsable de demander à l'employé de bonne volonté d'en faire plus. Professeur de maths qui adore son métier, James trouvait de plus en plus difficile de dire : « Je ne vais pas me charger de ça. » En disant « non », il avait l'impression de laisser tomber les gens, mais il courait le danger de tomber sérieusement malade à cause d'un surcroît de travail. Il apprit qu'en imitant simplement le langage corporel de son chef de département il était bien plus facile de sourire et de répondre très poliment : « J'aimerais le faire mais je suis déjà très occupé. Si vous souhaitez que je m'occupe également de ça, il faudrait me dire de quelle tâche vous souhaiteriez que je me décharge. » Cette méthode lui permit de refuser d'accroître sa charge de travail au-delà du raisonnable.

La synchronisation et le mimétisme comportemental

Dans les bars et les restaurants, voire à la cantine de votre entreprise (si vous avez la possibilité de prendre vos repas sur votre lieu de travail), avez-vous remarqué l'attitude de deux personnes ayant établi un rapport ? Sans entendre ce qu'elles se disent, vous pouvez assister à une sorte de danse entre elles. Elles bougent naturellement en toute harmonie. Langages corporels et échanges verbaux sont à l'unisson, discours et mouvements concordent avec élégance. La PNL appelle cela *la synchronisation et le mimétisme comportemental*.

La synchronisation et le mimétisme comportemental sont le fait de s'approprier le style de comportement et les compétences, valeurs ou croyances de votre interlocuteur afin d'établir le rapport avec lui.

En revanche, souvenez-vous d'une dispute au sein d'un couple ou entre un parent et son enfant dont vous avez été le témoin gêné dans la rue ou au supermarché. Pas une bagarre mais presque. Même sans le son, vous sentez très vite, à leur posture et à leurs gestes, que les deux interlocuteurs ne sont pas du tout en phase. En PNL, on parle de *désaccord*.

La synchronisation et le mimétisme comportemental sont des moyens de se mettre parfaitement en phase avec le mode de pensée et de représentation du monde de quelqu'un. Ils permettent d'écouter avec tout votre corps. Le mimétisme simple se produit naturellement lorsque le rapport est établi.

La PNL indique que vous pouvez délibérément vous mettre en accord et mimer votre interlocuteur afin que le rapport établi devienne naturel. Pour ce faire, il vous faudra vous mettre en accord avec :

- ✒ le ton ou le rythme de la voix ;
- ✒ le rythme de la respiration ;
- ✒ le rythme des mouvements et les niveaux d'énergie,
- ✒ la posture et les gestes.

Prenez garde à la frontière entre imitation et synchronisation. Les gens savent instinctivement si vous vous moquez d'eux ou si vous n'êtes pas sincère. Si vous décidez de tester le mimétisme, allez-y progressivement et choisissez des situations sans risque ou… des étrangers que vous ne reverrez jamais. Mais ne soyez pas surpris si cela marche et si ces étrangers veulent devenir vos amis !

En phase pour conduire

Pour bâtir des relations fructueuses, il faut se mettre en phase avec les autres. Pour illustrer ce principe, la PNL utilise la métaphore de la course à côté d'un train. Si vous essayez de sauter directement dans un train en marche alors que vous êtes à l'arrêt, vous avez de fortes chances de vous retrouver par terre. Pour réussir, il faut engranger de la vitesse en courant le long du train à la même vitesse que ce dernier avant de tenter de sauter dedans. (Mais merci de ne jamais essayer de monter dans un train en marche !)

Pour conduire quelqu'un, l'influencer avec votre point de vue, souvenez-vous qu'il faut d'abord accorder votre allure. Cela signifie l'écouter vraiment, lui répondre scrupuleusement et comprendre d'où il vient - et être patient.

Pour établir le rapport, la PNL donne un autre conseil essentiel : se mettre en phase avant de... conduire. Se mettre en phase consiste à faire preuve de flexibilité pour repérer et s'accorder avec respect aux comportements et au vocabulaire de l'autre personne, tout en l'écoutant attentivement. Conduire consiste à essayer de faire changer l'autre personne en l'amenant subtilement dans une autre direction.

Dans le monde des affaires, les entreprises qui parviennent à mettre en place des programmes de mutation profonde s'y prennent avec précaution et progressivement. Ainsi, les employés acceptent petit à petit les changements. Les gens ne souhaitent pas expérimenter de nouvelles méthodes de travail tant qu'ils n'ont pas été mis en phase, à savoir été écoutés et reconnus. Les leaders les plus efficaces sont ceux qui se mettent d'abord en phase avec la réalité de leurs interlocuteurs.

Regardez de bons vendeurs à l'œuvre et vous constaterez comme ils maîtrisent l'art de se mettre en phase avec le client et de manifester un intérêt réel. (Par bons vendeurs, nous entendons ceux qui vendent en faisant preuve d'intégrité et non les adeptes de la méthode « agressive ».) Ils écoutent, écoutent et écoutent encore les besoins et les désirs du client avant d'essayer de vendre quoi que ce soit. Les gens n'apprécient pas de se faire avoir mais adorent qu'on les écoute et qu'on leur parle de ce qui est important pour eux. Un ami antiquaire cultive cet art depuis de nombreuses années, partageant son expertise et guidant ses clients avec gentillesse grâce à sa réelle affection pour les articles qu'il vend chez lui.

Établir un rapport dans une communication virtuelle

Il y a quinze ans, Internet et les outils de messagerie électronique n'existaient que dans les laboratoires de recherche et chez les fanas d'ordinateurs. Les transactions commerciales généraient des tonnes de lettres et de télécopies, la plupart au format papier : on sautait dans sa voiture pour rendre visite aux fournisseurs et collègues d'autres bureaux. Aujourd'hui, la vie a changé. Bien entendu, nous écrivons et téléphonons toujours, l'objectif « zéro papier » demeure difficile à atteindre mais le pourcentage de transactions électroniques a crevé le plafond. Si l'ordinateur tombe en panne et nous prive de messagerie électronique pendant une heure, nous sommes perdus et désemparés.

Les équipes virtuelles qui tiennent des réunions virtuelles ont investi les entreprises. S'est également développé le phénomène du management virtuel, des équipes de projets multiculturelles qui opèrent à travers des réseaux mondiaux et travaillent à distance grâce à la technologie : conférences téléphoniques, courriel et visioconférences. En fait, une récente enquête menée auprès de 371 cadres par Roffey Park, une école de management britannique, a montré que 46 % faisaient partie d'équipes virtuelles, 80 % ayant indiqué que le management virtuel était en augmentation.

Dans cet environnement où les rencontres tendent à diminuer, nous perdons les nuances des expressions faciales, du langage corporel et de la découverte des collègues de bureau. Si les atouts de l'équipe virtuelle sont la liberté et la flexibilité des méthodes de travail, la diversité et la richesse des compétences, ses inconvénients sont la solitude, l'isolement et l'inefficacité.

Malgré tout, l'établissement du rapport dans le monde virtuel représente un défi plus ardu qu'auparavant. Peu de personnes s'étonnent que l'on recherche plus les qualités humaines, les facultés à influencer et à négocier, que les compétences techniques. Voici dix moyens de développer un rapport par téléphone et téléconférence :

- ✔ Veillez à ce que tous les sites soient connectés et puissent écouter chacun des participants. Accueillez tout le monde en faisant l'appel.

- ✔ Basez-vous sur un ordre du jour clairement établi. Définissez les objectifs de la communication en accord avec tous les participants.

- ✔ Veillez à ce que tout le monde participe. Invitez si nécessaire les plus discrets à donner leur opinion en disant par exemple : « Mike, qu'en pensez-vous ? »

- ✔ Déconseillez les apartés sur les différents sites. Un thème, une réunion, un ordre du jour.

- ✔ Parlez plus lentement et plus distinctement que lors des réunions classiques. Rappelez-vous que vous ne disposez d'aucun indice sur le langage corporel.

- ✔ Prêtez attention au style de langage. Vérifiez si vos interlocuteurs préfèrent le système visuel, auditif ou kinesthésique et adaptez votre style au leur, comme nous l'avons vu dans le chapitre 6 « Voir, entendre et sentir à votre manière pour mieux communiquer ».

- ✔ Obtenez l'attention des participants avant d'exposer votre point de vue (sinon, la première partie de votre message sera perdue). Commencez par des phrases telles que « je voudrais souligner quelque chose, à propos de… ».

- ✔ Citez plus souvent les noms des participants que lors des réunions classiques. Posez les questions aux personnes concernées en précisant le nom des destinataires et remerciez-les également de leur contribution en indiquant leur nom.

- ✔ Lorsque vous écoutez la conversation, visualisez la personne à l'autre bout du téléphone (vous pouvez même disposer d'une photo des participants en face de vous).

- ✔ Résumez très régulièrement les débats et vérifiez que tous les points et décisions ont bien été compris.

Comment rompre le rapport et pourquoi

Vous choisirez parfois de vous *désynchroniser* momentanément des autres et de rompre le rapport. C'est le contraire du mimétisme en ce sens que votre objectif est de faire quelque chose de différent de l'autre. Il peut s'agir de s'habiller dans un style complètement différent, de parler avec un ton ou à une vitesse différente, d'adopter une posture différente ou de se comporter très différemment.

Trois changements permettent de rompre très vite le rapport :

- ✔ **Votre apparence et votre façon d'évoluer dans l'espace**. Vous pouvez souhaiter vous éloigner de quelqu'un, rompre le contact visuel ou utiliser une certaine expression du visage afin de communiquer votre message. Hausser les sourcils est fort de sens et tourner le dos est encore plus chargé de sens. Alors, prenez garde de ne pas le faire par inadvertance !

- ✔ **Votre voix**. Modifiez le ton ou le volume de votre voix. Parlez plus fort, moins fort, avec une voix plus grave ou plus aiguë. N'oubliez pas le pouvoir du silence.

- ✔ **Les mots que vous prononcez**. Souvenez-vous de cette petite phrase très utile : « Non, merci. » C'est parfois la phrase la plus difficile à dire, entraînez-vous donc à la prononcer pour les situations où vous en aurez besoin. Dans les réunions multiculturelles, basculer dans sa langue natale lorsque vous avez travaillé dans une langue étrangère est une autre façon de dire : « J'ai besoin d'une pause. »

Nombreuses sont les occasions où vous avez envie de dire « merci » et « à bientôt ». Repérez laquelle de ces expressions vous vient la plus facilement et dans quelle situation vous pouvez vous entraîner.

- ✔ **Vous concluez une affaire**. Les vendeurs rompent momentanément le lien avec leur client au moment de la signature du contrat. Ils s'éloignent et laissent le client lire tranquillement le document plutôt que d'attendre en le regardant dans les yeux. Cela permet de préserver le rapport à long terme si l'acheteur se met à avoir des remords.

- ✔ **Vous disposez de suffisamment d'informations**. Vous avez peut-être la tête farcie et la surcharge sensorielle vous guette. Il vous faut du temps pour réfléchir et digérer ce que vous avez entendu, avant de passer au prochain épisode.

✔**Vous voyez quelqu'un à qui vous voudriez parler.** Vous
êtes dans un cocktail, coincé à bavarder avec une personne d'un ennui mortel, et vous apercevez quelqu'un de
plus intéressant à l'autre bout de la salle.

✔**Vous êtes fatigué.** Toutes les bonnes choses ont une fin
et il est bon de savoir quand quitter la fête et rentrer chez
soi.

✔**Vous êtes occupé.** À un moment ou à un autre, les
nombreuses sollicitations vous demanderont beaucoup
d'énergie. Tenez-vous en à votre objectif plutôt que de
satisfaire ceux de quelqu'un d'autre.

✔**Vous êtes embarqué dans des sujets épineux.** Le sexe, la
politique et la religion sont autant de sujets à éviter dans
une négociation professionnelle. Ils alimentent également
des conversations animées lors de dîners et vous souhaiteriez siffler la fin des débats, demander un temps mort et
en rester là lorsque les esprits commencent à s'échauffer.

Rompre le rapport et mettre fin à la conversation s'apprend,
surtout si votre meilleur ami ou votre mère veut bavarder. Ayez
un peu d'égards. Dites clairement que vous adoreriez parler si
c'était le bon moment, le bon endroit et si vous aviez le temps.
Vous vous souciez d'eux, alors essayez de trouver un moment
pour parler qui vous convienne lorsque vous avez fini de travailler.

Le pouvoir du mot « mais »

Parfois, un tout petit mot fait la différence et constitue la
frontière entre entretenir et rompre un rapport. La PNL prête
attention à ce genre de détails pour les conversations et vous
offre des indices très utiles pour avoir de l'influence grâce
à votre façon de communiquer. Les travaux de personnages
éminents de la PNL tels que Robert Dilts ont démontré que de
simples mots tels que « et » ou « mais » modifient votre façon
de prêter attention. Lorsque vous prononcez le mot « mais »,
votre interlocuteur se souvient de ce que vous dites après. Avec
le mot « et », il se souvient de ce que vous avez dit avant et de
ce que vous dites après.

Attention, si vous faites un commentaire à quelqu'un, il se peut qu'il n'en retienne qu'une partie. Prenez l'exemple suivant : « L'entreprise a dégagé un bénéfice de 5 millions de livres cette année, mais nous fermons le site de San Francisco. » Si vous faites votre annonce de la sorte, vos interlocuteurs ne retiendront que les mots se trouvant après le « mais ». Maintenant, prenez la phrase suivante : « L'entreprise a dégagé un bénéfice de 5 millions de livres cette année et nous fermons le site de San Francisco. » Dans une phrase de ce type, vos interlocuteurs retiendront ce que vous avez dit avant et après le mot « et ».

Découvrez combien les petits mots peuvent faire la différence dans vos conversations quotidiennes, grâce au jeu du « oui, mais... », qui nécessite au minimum trois joueurs.

1. **Dites à vos amis de former un cercle.**

2. **La personne A lance le *premier tour* en soumettant une « bonne idée ».** (Par exemple, « il fait beau, et si nous prenions notre après-midi pour aller à la plage ? ».)

3. **La personne B répond « oui, mais... » et soumet sa « bonne idée ».**

4. **La personne C puis toutes les autres soumettent leur bonne idée chacune à leur tour, en commençant à chaque fois par « oui, mais... ».**

5. **Le *deuxième tour* débute avec la personne A qui soumet une bonne idée.**

6. **La personne B répond « oui, et si... » et soumet sa « bonne idée ».**

7. **La personne C puis toutes les autres soumettent leur bonne idée chacune à leur tour, en commençant à chaque fois par « oui, et si... ».**

Vous remarquez la différence ?

Comprendre les autres points de vue

Les personnes qui ont du succès affichent la flexibilité nécessaire pour percevoir le monde de différentes manières. Elles prennent plusieurs perspectives, ce qui leur permet d'explorer de nouvelles idées. La PNL offre diverses techniques visant à aider les personnes à établir un rapport dans le cadre de relations très difficiles, surtout lorsqu'un conflit émotionnel se produit. Ces techniques servent également à explorer de nouvelles manières d'établir un rapport, même dans des relations plus simples ou peu déroutantes.

Explorer des positions perceptuelles

L'un des moyens offerts par la PNL pour vous aider à établir un rapport avec les autres est de distinguer trois points de vue, appelés *positions perceptuelles*. Cela revient à regarder un bâtiment sous tous les angles, la façade, l'arrière du bâtiment et le toit (vue aérienne depuis un hélicoptère).

- ✔ **La première position** correspond à votre perspective naturelle, avec laquelle vous avez pleinement conscience de ce que vous pensez et ressentez sans vous soucier des personnes qui vous entourent. Ce peut être une position de force, lorsque vous savez parfaitement ce que vous voulez et êtes certain de vos croyances et valeurs. C'est également incroyablement égoïste, jusqu'à ce que vous soyez conscient de ce que veulent les autres.

- ✔ **La deuxième position** consiste à se mettre dans la peau de quelqu'un d'autre, à imaginer ce que cela représente pour lui. Peut-être parvenez-vous toujours parfaitement à prendre en compte les besoins de l'autre. Ainsi, les mères réussissent rapidement à développer la compétence consistant à élever leur progéniture. Vous accordez la priorité au point de vue de l'autre.

- ✔ **La troisième position** consiste à adopter une position indépendante, en tant qu'observateur qui note ce qui se produit dans la relation. Il s'agit, sous son meilleur aspect, d'une position aboutie qui vous fait apprécier la situation à partir des deux points de vue. Cela signifie parfois que vous êtes peu enclin à vous engager pleinement dans une situation. Vous ménagez simplement la chèvre et le chou.

Le fait de maîtriser ces trois perspectives vous place en parfaite position pour apprécier pleinement la vie.

Le méta-miroir de la PNL

Le méta-miroir est un exercice développé par Robert Dilts en 1988 afin de rassembler plusieurs perspectives ou positions perceptuelles. Le méta-miroir repose sur l'idée que le problème auquel vous êtes confronté est plus lié au reflet de votre personne, à la relation que vous entretenez avec vous-même, qu'à l'autre personne. Cet exercice vous permet de prendre du recul et d'étudier le problème qui se présente sous un nouveau jour.

Le méta-miroir va vous aider à vous préparer à différents scénarios :

- ✔ une conversation difficile avec un adolescent ou un membre de votre famille ;
- ✔ une présentation dans votre milieu professionnel ;
- ✔ une réunion ;
- ✔ la négociation d'un contrat ;
- ✔ une discussion sensible avec votre conjoint ou un ami ;
- ✔ vos relations avec votre patron ou un collègue ;
- ✔ la gestion des clients difficiles.

Cet exercice est basé sur le travail de Robert Dilts et met en scène quatre positions perceptuelles. Pour cet exercice, vous pouvez vous faire assister d'un coach ou d'un ami qui prendra en charge le processus et vous permettra ainsi de vous concentrer sur l'exercice.

Choisissez d'abord une relation que vous souhaiteriez approfondir. Il peut s'agir de plonger dans une conversation ou une confrontation difficile passée ou à venir. Matérialisez ensuite sur le sol quatre espaces qui représentent quatre positions (voir figure 7.2). Des morceaux de papier ou des post-it feront l'affaire. Notez qu'il est important de « rompre l'état » entre chaque position en bougeant un peu.

1. **Placez-vous en *première position*, votre point de vue, et imaginez que vous regardez l'autre personne en deuxième position. Demandez-vous : « Qu'est-ce que je vis, je pense et je ressens lorsque je regarde cette personne ? »**

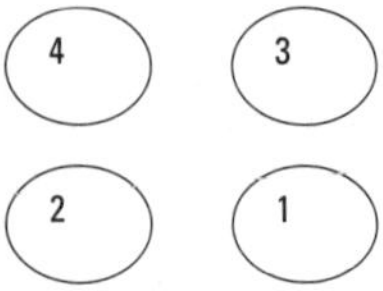

Figure 7.2 :
L'exercice du
méta-miroir.

2. **Évacuez cela et allez ensuite vous placer en *deuxième position*.** Imaginez que vous êtes cette deuxième personne et regardez-vous lorsque vous étiez en première position. Demandez-vous : « Qu'est-ce que je vis, je pense et je ressens lorsque je regarde cette personne ? »

3. **Évacuez cela et allez ensuite vous placer en *troisième position*,** celle de l'observateur qui regarde les deux personnes avec un œil neutre. Lorsque vous vous regardez en première position, quelle est votre réaction face à ce « vous » ?

4. **Évacuez cela et allez ensuite vous placer en *quatrième position*,** dans un espace encore plus extérieur. Comparez vos pensées en troisième position par rapport à celles que vous aviez en première position, puis permutez-les. Par exemple, en première position, vous avez peut-être été désorienté alors qu'en troisième position, vous étiez peut-être triste. Quelles qu'aient été vos réactions, attribuez-leur la position opposée.

5. **Revenez en *deuxième position*.** Demandez-vous : « En quoi est-ce différent maintenant, qu'est-ce qui a changé ? »

6. **Terminez en revenant en *première position*.** Demandez-vous : « En quoi est-ce différent maintenant, qu'est-ce qui a changé ? »

Chapitre 8

Comprendre pour être compris : les métaprogrammes

Dans ce chapitre :

▶ Découvrir les métaprogrammes, vos filtres mentaux les plus inconscients

▶ Identifier les métaprogrammes des autres personnes

▶ Reproduire les traits de personnalité d'une personne que vous admirez

*L*es recherches menées par George Miller en 1956 ont montré que, sur les millions de fragments d'informations qui bombardent vos sens, votre conscience ne peut en gérer que cinq à neuf simultanément. Cela signifie qu'une quantité folle d'informations est filtrée.

On appelle *métaprogrammes* les filtres inconscients qui orientent vers l'objet de votre attention la façon dont vous traitez n'importe quelle information reçue puis dont vous la communiquez.

Si vous souhaitez établir rapidement un rapport avec quelqu'un, vous pouvez choisir de vous habiller, de vous comporter ou au moins de parler comme lui. Et il ne s'agit pas d'imiter son accent, mais plutôt d'utiliser son vocabulaire. Lorsque vous commencez à entendre les métaprogrammes des autres, vous pouvez choisir d'utiliser les mêmes mots et phrases que votre interlocuteur. L'utilisation des métaprogrammes étant la plupart du temps inconscients, votre discours vous permettra de vous adresser non seulement à sa conscience mais également à son inconscient.

Dans ce chapitre, nous vous présentons six métaprogrammes. Nous espérons qu'ils vous permettront de communiquer plus efficacement et plus rapidement. Et lorsque vous aurez découvert les avantages d'une meilleure communication, nous espérons que vous souhaiterez découvrir d'autres métaprogrammes.

Les notions de base d'un métaprogramme

Enfant, vous apprenez les métaprogrammes auprès de vos parents, de vos enseignants et de l'environnement dans lequel vous êtes élevé. Les expériences vécues peuvent modifier ces programmes acquis au fur et à mesure que vous grandissez. Par exemple, si, enfant, on vous réprimande parce que vous êtes trop subjectif, vous commencerez peut-être à vous détacher des choses et apprendrez à refouler vos sentiments. Vous pourriez estimer que cela nuit au choix d'un métier. Au lieu d'opter pour une profession à vocation sociale, vous vous tournerez peut-être vers un métier plus intellectuel. Cela peut également influer sur votre style d'apprentissage, vous apprendrez à plus vous concentrer sur les faits et les chiffres. Si vous êtes formateur, vous privilégierez peut-être un mode d'enseignement magistral basé sur le tableau noir et non sur des méthodes où les apprenants sont plus sollicités, avec des expériences mettant en scène les sensations.

Nous avons choisi six métaprogrammes parmi la grande quantité créée. Nous estimons qu'il s'agit des plus utiles pour vos débuts. Nous avons sélectionné le métaprogramme global/spécifique car nous pensons qu'il est très adapté aux conflits et peut vous permettre d'éviter d'éventuels problèmes. En découvrant le mécanisme des cinq autres métaprogrammes, vous serez en mesure d'apprendre à vous motiver vous-même mais également à motiver les personnes avec qui vous êtes en contact.

Le chapitre 5 traite les métaprogrammes Introversion et Extraversion. Les métaprogrammes traités dans ce chapitre sont les suivants :

> ✔ Proactif/Réactif
> ✔ Options/Procédures

- Rapprochement/Éloignement
- Interne/Externe
- Global/Spécifique
- Similitude/Différence

En termes de métaprogrammes, gardez ceci à l'esprit :

- Les métaprogrammes utilisent une échelle mobile et ne reposent pas sur un choix exclusif entre deux options ;
- Les métaprogrammes ne sont pas des outils pour les personnes qui ont tendance à cataloguer les autres.

Il n'y a pas de bon ou de mauvais métaprogramme. Vous exécutez simplement plusieurs combinaisons de métaprogrammes en fonction du contexte et de l'environnement dans lequel vous vous trouvez.

Les métaprogrammes et les structures de langage

Chacun possède des modèles de comportement décelables à travers son langage, bien avant que le comportement ne devienne apparent. Leslie Cameron-Bandler, comme d'autres chercheurs, a approfondi les travaux menés par Richard Bandler sur les métaprogrammes. Avec son étudiant Rodger Bailey, elle a établi que les personnes utilisant les mêmes structures de langage présentaient les mêmes modèles de comportement. Par exemple, les personnes ayant le sens de l'initiative présentent parfois des modèles similaires : elles sont extraverties, persuasives, elles croient beaucoup en elles, etc., même si elles travaillent dans des secteurs d'activité très différents.

Imaginez une réunion des responsables des Nations unies sans interprète. Il y aurait très peu de communication. Des difficultés semblables peuvent se produire si vous ne savez pas quels métaprogrammes met en œuvre la personne avec laquelle vous essayez de communiquer. Maîtriser les métaprogrammes vous permet d'interpréter les cartes mentales employées par les autres pour vivre leurs expériences.

Petit historique des métaprogrammes

Nous essayons de comprendre les types de personnalité depuis les temps immémoriaux. Hippocrate a défini quatre « tempéraments » sur la base de l'observation des liquides à l'intérieur du corps humain, en 400 av. J.-C. Il donnait à ces tempéraments les noms suivants : mélancolique, sanguin, colérique et flegmatique. Bien que la classification d'Hippocrate ait été abandonnée, d'autres servent encore beaucoup.

En 1921, Carl Jung a publié *Psychological Types*. Ce livre était basé sur ses travaux avec des centaines de patients d'hôpitaux psychiatriques, l'objectif étant d'essayer de classer ses patients afin de pouvoir prédire leur comportement à partir de leur personnalité. Jung a défini trois couples de catégories au sein desquels l'un des éléments était utilisé de préférence à l'autre.

✔ L'**extraverti** puise son énergie dans les échanges avec le monde extérieur alors qu'un **introverti** recharge ses accus en prenant le temps d'être tout seul.

✔ Le **sensible** recueille des informations via ses cinq sens tandis que l'**intuitif** compte plus sur son instinct et son intuition.

✔ Le **logique** prend des décisions en se basant sur une opinion objective, alors qu'un **sentimental** s'appuie sur des valeurs subjectives.

Les types de personnalité de Jung constituent la base de l'*indicateur de types psychologiques Myers-Briggs*, l'un des instruments d'évaluation de la personnalité les plus utilisés aujourd'hui. Au début des années 1940, une équipe constituée d'une mère (Katherine Briggs) et de sa fille (Isabel Briggs Myers) a créé une quatrième catégorie : le **proactif** (qui préfère le jugement) tente d'adapter son environnement à lui-même, tandis que le **réactif** (qui préfère la perception) va essayer de comprendre le monde extérieur et de s'y adapter.

Comme l'a dit George Bernard Shaw, « l'homme raisonnable s'adapte au monde. L'homme déraisonnable s'obstine à essayer d'adapter le monde à lui-même. Tout progrès dépend donc de l'homme déraisonnable. ».

Bandler et Grinder ont découvert que les personnes qui utilisaient des structures de langage similaires développaient des relations plus profondes que celles aux structures dissemblables. Vous avez sûrement déjà entendu des Anglais qui ne parlent pas le français se plaindre de l'hostilité des Français. D'autres, parlant français, ne sont pas d'accord. Les métaprogrammes sont un moyen puissant d'établir verbalement le rapport. Vous entendez les structures utilisées par votre interlocuteur puis vous lui répondez en employant un langage qu'il sera en mesure de comprendre facilement.

Pour vous aider à comprendre le type de langage inhérent aux différents métaprogrammes, nous avons inclus dans les sections suivantes des expressions que vous êtes susceptible de retrouver dans chaque métaprogramme.

Les métaprogrammes et le comportement

Dans l'*Encyclopedia of Systemic NLP and NLP New Coding*, Robert Dilts et Judith DeLozier expliquent les métaprogrammes à travers deux personnes dotées des mêmes stratégies de prise de décision et qui obtiennent des résultats différents lorsqu'on leur présente les mêmes informations. Par exemple, bien que ces personnes créent toutes deux une image de ces données dans leur tête, l'une sera peut-être complètement submergée par la quantité d'informations tandis que l'autre parviendra à prendre rapidement une décision à partir des sensations produites par l'image. Cette différence provient de l'influence des métaprogrammes mis en place sur leur stratégie décisionnelle.

Imaginons que vous souhaitiez imiter Richard Branson, fondateur du groupe de sociétés Virgin. Vous pourriez opter pour la difficulté en essayant de mettre en œuvre les procédures qu'il utilise selon vous. Mais, avec son concours, vous pourriez y parvenir plus rapidement en l'imitant. Une partie du processus d'imitation consisterait à comprendre et utiliser ses métaprogrammes.

Les prochaines sections du présent chapitre décrivent les comportements et préférences associés aux différents métaprogrammes. En sachant quel métaprogramme une personne a tendance à utiliser dans une situation donnée, vous pouvez commencer à vous accorder de façon à lui ressembler et à mieux faire passer votre message. Essayez le modèle de représentation du monde d'une autre personne et vous découvrirez peut-être une perspective différente, ce qui vous permettra d'enrichir la palette d'options à votre disposition.

Proactif/Réactif

Si vous êtes plus enclin à agir et à faire avancer les choses, vous vous situez sur le barreau proactif de l'échelle. Par contre, si vous êtes du genre à faire le point et à attendre que les choses se produisent, vous êtes probablement plus réactif. Voici une description plus détaillée de ces deux types :

- ✔ **Proactif** : si vous êtes proactif, vous prenez les choses en main. Vous savez trouver des solutions dans des situations où tous les problèmes sont traités dans l'urgence. Vous pouvez être attirés par des postes dans la vente ou par le statut de travailleur indépendant. Vous énervez certaines personnes, surtout si elles sont plutôt du genre réactives car elles vous comparent à un bulldozer.

- ✔ **Réactif** : si vous êtes plus réactif, vous êtes peut-être très fataliste. Vous attendez que les autres prennent les initiatives ou vous agissez uniquement lorsque vous estimez que c'est le bon moment. Attention à la paralysie si vous faites votre autoanalyse.

Le langage corporel donne des indications sur la différence entre une personne proactive et une personne réactive. Une personne proactive fera probablement des mouvements plus rapides, montrera des signes d'impatience. Elle se tiendra souvent bien droit, épaules en arrière et poitrine gonflée, prête à affronter le monde. Une personne réactive fera des mouvements plus lents, gardera la tête basse et aura le dos voûté.

Selon Shelle Rose Charvet, dans son livre *Words that Change Minds*, lorsque vous cherchez à recruter une personne proactive, demandez aux candidats d'appeler plutôt que d'envoyer un CV. En règle générale, une personne réactive n'appellera pas.

Pour savoir si une personne est proactive ou réactive, posez la question suivante : « Lorsque vous vous trouvez dans une situation nouvelle, agissez-vous facilement ou éprouvez-vous le besoin d'étudier et de comprendre d'abord ce qui se passe ? »

- ✔ Une personne proactive utilise des expressions du style « oser ! », « et plus vite que ça ! », « allons-y », « foncer ! », « prendre le contrôle » ou « il faut s'y mettre ».

- ✔ Vous entendrez certainement plus souvent les expressions suivantes dans la bouche d'une personne réactive : « il faut y réfléchir », « prends ton temps », « étudier les données », « vous souhaitez peut-être peser le pour et le contre » ou « il faut réfléchir avant d'agir ».

Rapprochement/Éloignement

Nous consacrons du temps, de l'énergie et des ressources à nous « rapprocher » de quelque chose que nous trouvons agréable ou à nous « éloigner » de quelque chose que nous cherchons à éviter. Ce « quelque chose » correspond aux valeurs que nous utilisons pour juger si une action est bonne ou mauvaise.

Vous rappelez-vous la dernière fois que vous avez commencé un programme de remise en forme ou un régime ? Étiez-vous enthousiaste et pressé de commencer ? Voilà pourquoi vous avez accompli des progrès stupéfiants. Vous avez commencé à maigrir. Vous vous êtes senti beaucoup mieux grâce à l'exercice. Mais soudain, vous avez perdu votre dynamique, vous avez cessé de maigrir ou pire, vous avez commencé à reprendre du poids. Vous êtes allé de moins en moins souvent à la salle de sport. Quand la situation a commencé à empirer, l'enthousiasme est revenu jusqu'à ce que… De vraies montagnes russes ! Vous étiez motivé, puis vous avez perdu votre objectif de vue. « Que s'est-il passé ? », hurlez-vous désespéré. Il y a de fortes chances qu'en matière de santé, vous ayez un métaprogramme de type *éloignement*. Cela signifie que vous étiez poussé à agir afin d'échapper à quelque chose, en l'occurrence le poids ou peut-être la léthargie. La figure 8.1 illustre la façon dont la motivation d'une personne en matière de santé est surtout associée à la notion d'*éloignement*, ce qui peut conduire à un mouvement de « Yo-Yo pondéral » sur une certaine durée.

Par contre, si votre esprit est tourné vers un objectif dans une situation donnée et si vous êtes capable de rester concentré, vous exécutez un métaprogramme de *rapprochement*.

En règle générale, soit *vous vous rapprochez*, soit *vous vous éloignez* de quelque chose. Selon Sigmund Freud, votre ça, qui représente vos envies instinctives, vous rapproche du plaisir ou vous éloigne de la douleur.

Il est intéressant de noter que, selon les professions et les cultures, on identifie des métaprogrammes de *rapprochement* ou d'*éloignement*. Prenez l'exemple de la médecine traditionnelle par rapport à la médecine douce. Selon vous, quelles sont les préférences affichées par les praticiens des deux camps ? Pour vous donner un indice, les médecins traditionnels emploient le terme de « médecine préventive » pour faire référence à la médecine holistique. (Romilla) Je pense que la médecine traditionnelle est plus encline à avoir un type d'*éloignement* en matière de santé, car elle s'attelle plus à traiter les maladies, une fois celles-ci déclenchées, qu'à favoriser et maintenir une santé satisfaisante.

Les personnes affichant des modèles d'*éloignement* sont jugées très négatives pour celles présentant des modèles de *rapprochement*.

Les personnes aux modèles d'*éloignement* ont tendance à remarquer ce qui ne va pas et s'avèrent très utiles pour la maintenance des sites de production et des avions, la gestion de crises ou la conduite d'une analyse critique. Elles sont motivées par le « bâton ». Vous pouvez motiver les adeptes des modèles d'*éloignement* avec des menaces de licenciement et les conséquences néfastes du non respect des objectifs financiers.

Les personnes aux modèles de *rapprochement* peuvent sembler naïves aux yeux de celles aux modèles d'*éloignement* car elles ne réfléchissent pas toujours aux problèmes potentiels dans la poursuite de leurs objectifs.

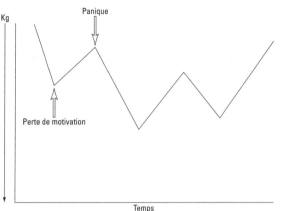

Figure 8.1 :
Un exemple
de la façon
dont un méta-
programme
d'éloignement
en matière
de santé peut
influer sur
vos projets de
perte de poids.

Les personnes aux modèles de *rapprochement* sont motivées par la « carotte ». Parlez-leur d'une augmentation de salaire et d'une prime et vous verrez leur regard s'illuminer. Ce n'est pas qu'elles soient avides, mais l'idée de bénéficier d'avantages les fait saliver.

Une série de questions telles que les suivantes vous permet de savoir si votre interlocuteur a un profil de rapprochement ou d'éloignement.

Personne A : « Qu'y a-t-il d'important pour vous dans votre travail ? »

Personne B : « Je sais que j'ai la sécurité de l'emploi. »

Personne A : « Qu'est-ce qui est important par rapport à la sécurité ? »

Personne B : « Je ne me demande pas si je vais pouvoir payer mes factures. »

Personne A : « Et en quoi est-ce important pour vous de payer vos factures ? »

Personne B : « Cela veut dire que je n'ai pas de dettes. »

Il est utile de poser trois niveaux de question car, au départ, les personnes ont tendance à répondre quelque chose de positif qui pourrait dissimuler des modèles d'éloignement. Dans l'exemple ci-dessus, la première réponse se rapproche de la sécurité, mais les réponses suivantes révèlent une préférence pour les modèles d'éloignement.

Lorsque vous vendez un produit, recherchez les structures de langage des clients. Vous serez ensuite à même de savoir s'ils veulent acheter le produit pour obtenir un bienfait, comme lorsque vous procédez à un investissement, ou pour éviter un problème, par exemple lorsque vous achetez une assurance. Modifiez votre langage en conséquence afin de gagner du temps et d'obtenir des résultats.

Nous nous *éloignons* ou nous nous *rapprochons* de nos valeurs. Si le fait de vous *éloigner* de vos valeurs ne vous sert pas, vous pouvez décider d'en changer. Si vous avez très mal vécu le sport à l'école, vous sentant humiliés les jours où il y avait sport, vous aurez peut-être du mal à faire de l'exercice régulièrement. Il existe une méthode pour libérer les émotions liées aux mauvais souvenirs : la *thérapie de la ligne du temps*.

Vous entendrez peut-être une personne dotée de métaprogrammes de *rapprochement* utiliser des mots tels que « accomplir », « obtenir », « avoir », « atteindre » ou « inclure ».

Une personne dotée de métaprogrammes d'*éloignement* aura tendance à utiliser des mots tels que « éviter », « enlever », « empêcher », « se débarrasser » ou « solution ».

Options/Procédures

Si vous êtes plus une personne orientée *options*, vous aimez essayer de nouvelles façons de procéder. La personne orientée *procédures* affichera une préférence pour les méthodologies éprouvées.

Une personne orientée *options* aime la variété. L'image qui vient à l'esprit est celle d'un gourmet devant un smorgasbord ou un dim sum. Il fait son choix et se régale de la myriade de mets délicats qui lui sont proposés.

Si vous avez une préférence pour les métaprogrammes de type *options*, vous excellez dans le démarrage de projets, bien que vous ne les meniez pas toujours à bonne fin.

Vous êtes performant lorsqu'il s'agit de mettre en place des procédures, mais on ne s'attend pas à ce que vous les suiviez.

De par votre penchant pour l'innovation, vous ne résistez pas à l'envie d'améliorer les méthodes les plus éprouvées ou de trouver un moyen de faire des entorses au règlement de l'entreprise.

Je vous souhaite bien de la chance si vous demandez en mariage une personne orientée *options* ! Même si cette dernière vous aime à la folie, vous aurez peut-être du mal à obtenir son accord car elle aura peur de se sentir oppressée, de passer à côté d'expériences, etc. Pour qu'une personne orientée *options* consente à dire « oui », il faut lui montrer toutes les perspectives qui vont s'offrir à elle.

Si vous êtes plus orienté *procédures*, vous aimez suivre les règles et procédures, mais vous préférez qu'on les établisse pour vous plutôt que les mettre en place vous-même.

Une fois que la procédure fonctionne, vous la respectez toujours, sans la modifier. Vous pouvez éprouver une envie irrésistible de suivre chaque étape d'une procédure jusqu'à la fin et vous vous sentez trahi si les circonstances vous en empêchent.

Vous respectez les limites de vitesse et vous êtes ulcéré par les automobilistes qui conduisent le portable rivé à l'oreille ou qui ne tiennent leur volant que d'une main.

Pour savoir si une personne est orientée *options* ou *procédures* dans une situation donnée, il suffit de poser la question « pourquoi avez-vous choisi cet emploi ? » ou « pourquoi avez-vous décidé de venir à cette fête ? » ou « pourquoi avez-vous opté pour cette voiture ? ».

Une personne orientée *options* vous fournira une liste des valeurs satisfaites en choisissant cet emploi, en assistant à la fête ou en achetant la voiture. Vous l'entendrez évoquer les raisons de son choix et les perspectives offertes.

Une personne orientée *procédures* se lancera dans une histoire ou décrira toutes les étapes pour obtenir cet emploi, se rendre à la fête ou choisir la voiture. Par exemple, « ma Ford Puma avait sept ans et il fallait que je la change. J'ai acheté des revues automobiles pendant quelques mois, j'ai étudié les comparatifs, et finalement, je me suis décidé pour cette voiture car la révision n'intervient que tous les 15 000 kilomètres. ».

Si votre chat est victime d'un choc insulinique un dimanche après-midi et doit être transporté d'urgence chez le vétérinaire, ne demandez pas à une personne orientée *procédures* de vous y conduire. Elle ne dépassera pas la vitesse autorisée même si les routes sont désertes, le pauvre matou risquera de passer l'arme à gauche et vous serez au bord de l'hystérie.

Une personne affichant principalement des métaprogrammes orientés options aura tendance à utiliser des mots et des expressions tels que « j'improviserai le moment venu », « faire une entorse au règlement », « éventualités », « jouons là-dessus » ou « essaie autrement ».

Une personne plutôt située sur le barreau *procédures* de l'échelle utilisera plutôt des expressions telles que « suivre les étapes », « respecter les règles », « pas à pas » et des mots tels que « premièrement », « deuxièmement » et « finalement ».

Interne/Externe

Si vous faites confiance à votre jugement pour prendre des décisions ou savoir si vous avez réalisé du bon boulot, vous êtes plutôt sur le versant *interne* de ce métaprogramme.

Si vous avez besoin de l'avis d'autres personnes pour savoir si vous avez réussi quelque chose, vous êtes probablement plus orienté *externe*.

Le point clé de ce métaprogramme est le suivant : pour vous motiver, juger vos actions et prendre des décisions, vous appuyez-vous sur vous-même ou sur l'avis des autres ?

Les enfants ont un cadre de référence externe car ils absorbent les enseignements conscients et inconscients de leurs parents et enseignants. Cependant, la maturité internalise la source de référence car vous vous compreniez mieux et vous affichez une plus grande confiance en votre jugement et vos décisions.

Un glissement similaire peut intervenir lorsque vous apprenez quelque chose de nouveau. Vous avez peut-être une orientation plus externe, besoin de l'avis des autres pour connaître le niveau de vos performances. L'expérience et la connaissance peuvent alors internaliser la référence.

Vous avez une propension à vous situer sur le barreau interne de l'échelle de ce métaprogramme, dans une situation donnée, lorsque vous remettez en cause les réactions négatives des autres, même si plusieurs personnes ont émis plus ou moins le même avis.

Vous n'avez pas besoin d'entendre des louanges parce que vous savez déjà que vous avez fait du bon travail. Vous réussirez en tant qu'entrepreneur car vous n'avez pas besoin d'attendre que quelqu'un vous dise quoi faire ou si vous faites bien les choses.

 Chers chefs, si vous avez un cadre de référence plutôt interne, n'oubliez pas le feedback à vos employés. Ils peuvent avoir une orientation externe, avoir réellement besoin d'éloges et souhaiter qu'on leur dise s'ils donnent satisfaction.

Si vous êtes plutôt orienté externe, vous aurez besoin de l'avis des autres pour savoir si ce que vous faites convient et conserver votre motivation.

Tant que vous n'aurez pas expliqué les résultats que vous attendez, les employés *internes* éprouveront peut-être des difficultés à se débrouiller, surtout si vous avez un style de management « minimaliste ». Ils voudront faire les choses à leur manière et se fixeront leurs propres normes. Les employés externes, par contre, sont plus faciles à gérer si vous avez conscience de leur besoin d'être orientés et complimentés.

Pour savoir où se situe une personne sur l'échelle de ce métaprogramme, vous pouvez poser la question suivante : « Comment savez-vous que vous avez fait du bon travail, acheté la voiture qui vous convient, pris la bonne décision… ? » Une personne *interne* pourrait vous répondre « quand j'ai fait du bon travail, je le sais, c'est tout » alors qu'une personne *externe* pourrait dire « ma famille adore cette voiture ».

Lorsque vous parlez à une personne dont le cadre de référence est *interne*, vous aurez plus d'influence en utilisant des expressions du genre « tu es le seul juge », « c'est à vous de décider », « voyez vous-même » ou « examinez les faits, cela vous aidera à décider ».

Lorsque vous parlez à une personne orientée *externe*, vous obtiendrez des réponses plus satisfaisantes si vous employez des expressions telles que « les statistiques/les études montrent… », « ils approuveront », « l'expert pense que » ou « ça s'est très bien vendu ».

Global/Spécifique

Certains trouvent plus facile d'avoir une vue d'ensemble lorsqu'ils démarrent un projet ou fixent un objectif, alors que pour d'autres, cette globalité pose problème ; ils préfèrent étudier les différentes étapes nécessaires pour atteindre les objectifs et entrer directement dans les détails.

La dimension du fractionnement (*chunk size* en anglais) correspond à la taille de tâche préférée d'un individu. Une personne présentant une orientation *globale* subdivisera les tâches en plus gros fragments qu'une personne présentant une orientation *spécifique*. Cette dernière aura besoin de diviser une tâche en étapes plus petites et réalisables. L'échelle en question est appelée *dimension du fractionnement*.

Lorsque vous apprenez quelque chose de nouveau, si vous êtes de ceux qui préfèrent travailler au niveau global ou conceptuel et ont du mal à traiter les détails, vous souhaitez sans doute disposer d'une vue d'ensemble de ce qui va vous être enseigné. Si le formateur entre directement dans les détails, vous éprouverez peut-être des difficultés à comprendre le nouveau thème abordé. Il vous est plus facile de regarder la forêt dans son ensemble mais vous êtes déconcerté par la quantité d'arbres. Si vous préférez une vue d'ensemble, vous pourriez décrocher ou vous impatienter à cause de la quantité d'informations fournie par une personne orientée *spécifique*.

Par contre, si vous préférez manger l'éléphant morceau par morceau, vous avez une prédisposition pour les détails. Vous aurez peut-être du mal à partager la vision d'une personne qui raisonne globalement. Les personnes orientées *spécifique* effectuent un traitement séquentiel de l'information et peuvent avoir des difficultés à définir un ordre de priorités car elles sont incapables d'établir des connexions plus générales avec d'autres domaines dans lesquels elles travaillent. Elles excellent dans les emplois nécessitant le respect des détails, surtout sur une durée précise, par exemple sur une chaîne de montage ou dans un laboratoire pour la réalisation de tests.

 Les personnes orientées *spécifique* ont tendance à entrer tout de suite dans le vif du sujet sans analyser l'impact des différentes étapes sur le résultat final, à savoir l'objectif fixé. Résultat, elles n'atteindront peut-être pas l'objectif fixé ou ne le verront qu'après avoir consacré beaucoup d'énergie et de temps à suivre des étapes qui ne mènent pas au bon objectif.

 Si vous enseignez, faites un tour d'horizon des notions traitées dans le cours avant d'entrer dans le détail, sinon vous allez perdre les personnes ayant besoin d'une *vue d'ensemble* avant même de démarrer.

 Avez-vous déjà tergiversé en accomplissant une tâche ? Vous pouvez vous sentir submergé par la taille de la tâche à effectuer. Utilisez cet exercice pour diviser la tâche en plusieurs morceaux de taille raisonnable :

1. **Stop !**

   Enfin, si vous n'êtes pas déjà en pleine inaction.

2. **Prenez de quoi écrire.**

3. **Asseyez-vous et dressez une liste.**

   Inscrivez ce qui est réellement important pour vous.

4. **Classez les éléments de la liste par ordre d'importance. Vous pouvez très bien transvaser certains points dans une autre liste d'actions.**

5. **Soyez bon !**

Pour savoir où se situe une personne sur l'échelle *global/ spécifique*, posez-lui des questions sur un projet sur lequel elle travaille. Une personne orientée *spécifique* vous fera un compte rendu détaillé de ce genre :

« J'ai déjeuné avec Jim le deuxième mardi de juillet dernier. Je me souviens avoir dû poser plein de questions car il n'arrêtait pas de partir dans tous les sens et je devais faire en sorte qu'il se concentre sur chaque étape. Au départ, j'étais très nerveux mais je me suis senti beaucoup mieux après avoir passé du temps à réunir toutes les informations dans un plan d'action. »

Une personne privilégiant la *vue d'ensemble* présentera les choses sans structurer, en résumant l'objectif :

« J'ai déjeuné avec Tom l'an dernier et nous avons décidé de travailler sur la construction du refuge pour animaux. Il est essentiel de se concentrer sur la biodiversité. Je suis persuadé que les gens ont besoin qu'on les aide à gérer leur budget, tu ne penses pas ? »

Une personne ayant tendance à privilégier la perspective *globale* préférera entendre des expressions telles que « vue d'ensemble », « en un mot », « généralement » ou « essentiellement ».

Une personne se situant plutôt sur le versant *spécifique* du spectre écoutera plus attentivement un interlocuteur employant des mots tels que « plan », « précisément », « programme », « particulièrement », « premier », « deuxième » ou « avant ».

Combat, fuite, prostration et tergiversation

Avec le combat et la fuite, la prostration fait partie du phénomène de stress. Un impala capturé par un guépard va entrer dans un état d'hyperactivation et de prostration. La réponse donnée par son instinct de survie a pour objectif de faire croire au guépard qu'il est mort. Ce dernier a donc une chance de s'échapper si le guépard le met à l'abri pour une dégustation ultérieure. Cette réponse a une seconde raison : l'impala ne ressentira pas la douleur du dépeçage si le guépard décide de se mettre immédiatement à table.

Chez l'homme, la tergiversation est l'équivalent de la prostration de l'impala. Avez-vous l'habitude de tergiverser ? Cela pourrait être dû au fait que vous acceptez trop de tâches et que vous ne savez pas par où commencer.

Similitude/Similitude avec Différence/Différence

Si, lorsque vous apprenez ou vivez quelque chose de nouveau, vous essayez de rapprocher les informations de ce que vous savez déjà, vous avez une préférence pour la *similitude*.

Vous pouvez également être du genre à remarquer d'abord les similitudes, puis à prendre conscience des différences. Dans ce cas, vous affichez un profil de *similitude* avec *différence*.

Si, par contre, vous remarquez ce qui est différent de ce que vous connaissez, vous préférez trier les informations en fonction des *différences*.

En tant que personne orientée *similitude*, vous êtes avantagé dès le départ en matière de rapport car le rapport consiste à s'accorder à la physiologie et au mode de pensée de l'autre, ce que vous faites probablement de manière automatique. Vous avez tendance à éliminer de nombreuses informations qui vous parviennent si vous n'arrivez pas à repérer des similitudes avec des situations antérieures. Vous avez peut-être des difficultés à apprendre des choses nouvelles car vous ne disposez pas des crochets auxquels suspendre les informations entrantes. Vous êtes de ceux qui n'aiment pas le changement, se sentent peut-être même menacés par les nouveautés et ont du mal à s'adapter aux bouleversements dans leur vie professionnelle et personnelle. En règle générale, vous entreprenez des changements majeurs uniquement entre les âges de 15 et 25 ans. Cela signifie que vous déménagez ou changez de travail peu souvent.

En tant que personne orientée *similitude avec différence*, vous recherchez d'abord les similitudes, puis vous repérez les différences. Vous aimez l'approche évolutive en matière de changement, préférant un changement important tous les cinq à sept ans et vous pouvez vous opposer aux changements brutaux.

Si vous utilisez un métaprogramme de type *différence*, le changement vous réussit. Vous adorez faire la révolution dans votre vie au moins tous les dix-huit mois et provoquer des changements pour le plaisir. À l'instar des personnes orientées *similitude*, vous avez tendance à supprimer des tas d'informations, sauf que dans votre cas il s'agit d'informations dans lesquelles vous ne repérez aucune différence. Certains peuvent vous juger comme une personne difficile car vous avez tendance à toujours voir le revers de la médaille.

Un proche de l'un des auteurs (Romilla) repère les différences. Avant qu'elle n'apprenne la PNL, la communication entre Romilla et cette personne était difficile, c'était le moins que l'on puisse dire. Romilla peut désormais apprécier sa contribution. Lorsqu'un nouveau projet est en chantier, toutes les séances de remue-méninges se font avec les amis et les membres de la famille. Une fois l'idée clairement définie, elle sollicite le proche dont le profil est opposé au sien, lequel est capable de repérer les erreurs et les problèmes que les autres participants aux travaux de réflexion ont laissé passer. Ce processus offre un gain de temps énorme car il évite les tâtonnements.

Pour découvrir le métaprogramme préféré d'une personne dans un contexte donné, vous pouvez poser la question : « Quel est le lien entre votre nouvel emploi et le précédent ? »

Une personne orientée *similitude* pourra répondre : « Il n'y a aucune différence, j'écris toujours des programmes. »

Une personne qui utilise un métaprogramme *similitude avec différence* pourra répondre : « J'écris toujours des programmes pour la suite logicielle de comptabilité, mais j'ai maintenant trois programmeurs sous mes ordres. »

La personne orientée *différence* pourra répondre : « J'ai eu une promotion, je dirige des programmeurs et mon travail est complètement différent. »

Un petit jeu consiste à demander à quelqu'un la relation entre les rectangles de la figure 8.2. Chaque rectangle a une taille identique, mais ne le dites surtout pas au candidat.

Une personne utilisant un métaprogramme *similitude* pourra dire « ce sont tous des rectangles » ou « tous les rectangles ont la même taille ».

Une personne utilisant un métaprogramme *similitude avec différence* pourra répondre : « Ce sont tous des rectangles mais il y en a un qui est positionné verticalement. »

Une personne utilisant un métaprogramme *différence* dira probablement : « Ils sont disposés différemment. »

Si vous n'avez pas de rectangles ni de dessous de verre, prenez trois pièces de deux euros, deux avec le chiffre à l'endroit et une avec le chiffre à l'envers et demandez la relation entre les trois pièces.

Figure 8.2 :
Le jeu des similitudes/ différences.

Les personnes ayant une préférence pour la *similitude* utiliseront des mots tels que « pareil », « similaire », « en commun », « comme toujours », « statique », « inchangé », « aussi bon que » ou « identique ».

Les personnes orientées *similitude avec différence* emploieront des mots et des expressions tels que « pareil sauf que », « mieux », « améliorer », « progressif », « augmenter », « évolutif », « moins », « bien que », « c'est la même chose à la différence près que ». Afin d'établir un meilleur rapport avec elles, vous devez mettre l'accent sur les similitudes puis enchaîner sur ce qui est différent. Par exemple, « le travail sera assez similaire à ce que vous avez fait mais vous devrez mettre en œuvre de nouvelles solutions ».

Pour influencer quelqu'un se situant sur le versant *différence* du spectre, utilisez des mots et des expressions tels que « c'est le jour et la nuit », « différent », « transformé »,

« modifié », « révolutionnaire », « complètement nouveau », « aucune comparaison », ou « je ne sais pas si vous serez d'accord ».

Combiner plusieurs métaprogrammes

Lorsque vous êtes dans votre zone de confort, vous préférez adopter une certaine combinaison de métaprogrammes. Vous devriez essayer d'avoir à l'esprit que cette combinaison peut changer en fonction des circonstances que vous rencontrez. Par exemple, un chef de projet peut associer les métaprogrammes *différence, proactif, spécifique* et *rapprochement* au travail tout en choisissant d'être orienté *similitude, réactif* et *global* chez lui.

Il est également important de se rendre compte que certaines combinaisons conviennent mieux que d'autres à certaines professions et que bien d'autres métaprogrammes peuvent vous être utiles.

Tiendriez-vous à ce que le pilote du 747 dans lequel vous voyagez présente une combinaison de métaprogrammes *options, global* et *différence* ? Je pense que je serais un peu nerveux à l'idée de confier ma vie à quelqu'un susceptible d'ignorer deux vérifications en vol parce que la procédure l'ennuie et que cela l'amuserait de voir ce qui se passe quand ce voyant rouge clignote.

Voudriez-vous qu'un pharmacien modifie votre ordonnance parce qu'il aimerait bien tester le résultat lorsqu'il ajoute deux gouttes de ce superbe liquide bleu sur votre médicament contre l'angine ?

Les exemples ci-dessus montrent que les tâches sont parfaitement accomplies quand le profil de la personne est adapté aux paramètres inhérents aux métiers en question.

Vous pourriez juger que pour un contrôleur qualité, l'idéal est une combinaison des métaprogrammes *spécifique, éloignement* et *procédures*.

Développer vos métaprogrammes

(Romilla) Les métaprogrammes sont l'un des thèmes qui suscitent le plus d'intérêt dans mes ateliers. C'est probablement dû au fait que les participants se rendent compte de la puissance associée à l'utilisation du « bon » langage. J'entends par là des mots et des expressions qui ont le plus de sens pour la personne avec qui vous communiquez. Cela vous permettra d'établir le rapport et de mieux faire passer votre message qu'une personne qui ne maîtrise pas l'art des métaprogrammes.

Ceci étant dit, nous vous invitons à développer vos capacités en réfléchissant à ceci :

✔ Êtes-vous capable d'identifier les métaprogrammes que vous utilisez dans différents domaines de votre vie ? C'est particulièrement utile lorsque vous voulez modéliser un pan satisfaisant de votre vie afin d'améliorer un autre aspect qui ne vous apporte pas les résultats escomptés. Si vous vous trouvez meilleur dans la planification de vos vacances que dans la gestion de votre carrière, est-ce parce que vous êtes plus orienté *proactif*, *rapprochement* et *procédures* en matière de vacances ? Cela peut signifier que vous sortez faire des recherches et planifiez ce que vous voulez faire. Maintenant que vous vous êtes fixé un objectif professionnel important, vous devriez peut-être être plus orienté *procédures* afin de définir et de franchir les étapes qui vous permettront d'atteindre l'objectif en question. Vous avez peut-être également besoin de vous concentrer sur l'objectif et de faire preuve de plus d'initiative pour le remplir.

✔ Si vous avez des problèmes avec une autre personne, est-ce en raison de vos positions respectives opposées sur l'échelle d'un métaprogramme ? Êtes-vous capable d'identifier les métaprogrammes utilisés par vous-même et cette autre personne ? Comme nous l'avons dit dans la section du métaprogramme *global/spécifique*, ce dernier peut être source d'ennuis. Si vous prenez une vue d'ensemble alors que votre interlocuteur est orienté *spécifique*, serrez les dents et avalez le morceau ! Les métaprogrammes désaccordés peuvent générer conflits et mauvaise communication, alors entraînez-vous à analyser le discours des autres.

✔ Si vous recrutez, mettez par écrit les traits de personnalité du candidat idéal une fois le rôle et les responsabilités du poste établis. Quelles sont les questions que vous aimeriez poser afin de savoir si un candidat fait l'affaire ? Recruter la « mauvaise » personne peut coûter très cher. Par conséquent, si vous recrutez un conseiller fiscal, vous pouvez rechercher une personne :

- *proactive* afin qu'elle se tienne au courant des changements en termes de lois fiscales ;

- orientée *procédures* et *spécifique* pour appliquer la loi à la lettre ;

- *externe* pour qu'elle soit réceptive aux mesures imposées par l'administration ;

- orientée *différence* afin qu'elle repère les incohérences dans les déclarations fiscales des clients.

Quatrième partie
Ouvrir la boîte à outils

Dans cette partie...

*V*ous êtes parvenu au cœur des techniques et des outils essentiels de la PNL qui vous permettent de faire face aux situations difficiles. En maîtrisant ces outils, vous serez capable d'adapter vos pensées et vos actes. De l'utilisation des techniques d'ancrage à l'exploration de votre chronologie personnelle, vous découvrirez les armes essentielles pour créer et modeler votre répertoire. Venez, venez, un avenir fascinant vous attend !

Chapitre 9

Jeter l'ancre

Dans ce chapitre :

➤ Comprendre les effets des sons, des visions, des odeurs et des sensations sur vous

➤ Contrôler la façon dont vous ressentez les choses

➤ Surmonter vos accès de nervosité

➤ Changer votre vision du passé et de l'avenir

« *J*e ne sais vraiment pas ce qui m'a pris ! » Cela vous rappelle quelque chose ? Avez-vous déjà eu l'impression que votre réaction à un événement était démesurée ? Vous avez peut-être été dépassé voire submergé par vos sentiments. Peut-être iriez-vous jusqu'à dire que vous n'étiez plus vous-même.

Nous produisons tous, en permanence, des réponses émotionnelles, certaines sont géniales, la naissance d'un sentiment amoureux, la joie et le plaisir, d'autres beaucoup moins, la disparition d'un sentiment amoureux, la tristesse et la douleur. C'est ce qui rend la vie intéressante et amusante mais aussi déroutante et imprévisible. Souvent, dans notre travail, nous parlons à des responsables qui aimeraient vraiment que leurs employés laissent leurs émotions chez eux. Et combien voudraient bien que leur conjoint ne ramène pas ses soucis professionnels à la maison ?

Vous avez peut-être déjà vu quelqu'un « péter un câble » subitement. Cela arrive souvent suite à ce qui nous apparaît, à première vue, comme une petite provocation. La plupart d'entre nous voyons très bien le malaise ou l'agitation que provoque un état second. En fait, dans le jargon de la PNL, le terme *état* traduit la façon dont vous vous sentez à n'importe quel instant.

Poussés à l'extrême, ces sentiments de submersion et de perte de contrôle peuvent faire peur. Ils peuvent avoir des répercussions sur votre carrière et votre vie sociale. On se demandera si l'on peut faire confiance à ce genre de personne dans des situations où elle aura des responsabilités ou si elle doit représenter l'entreprise.

Vous serez ravi d'apprendre que grâce à l'influence stabilisatrice de la boîte à outils PNL, vous disposez du nécessaire pour contrôler vos états à n'importe quel moment et l'effet que vous faites sur les autres. Une fois que vous savez comment vous y prendre, c'est tout simplement génial.

Commencer par les ancres

Les outils de PNL permettant de créer des états positifs sont appelés des techniques d'ancrage. La PNL définit une ancre comme un stimulus externe qui déclenche un état interne ou une réponse. Nous définissons et répondons à des ancres en permanence. Vous savez qu'il faut s'arrêter au feu rouge. La vue de certains plats vous fait saliver.

Vous vous demandez peut-être en quoi les ancres sont utiles. Lorsque vous savez les utiliser, vous pouvez prendre toutes vos expériences positives et difficiles et les exploiter afin de disposer de plus de ressources à l'avenir.

En PNL, la notion d'ancrage est née des techniques de l'hypnothérapeute Milton Erickson qui utilisait comme déclencheurs des clés pour aider une personne à modifier sont état interne en dehors de la sphère thérapeutique.

Les êtres humains apprennent les comportements en réponse à un stimulus : nous ne sommes pas de simples dauphins qui apprennent des tours étonnants. Dès la conception, les bébés sont programmés pour répondre à certains stimuli. Notre état évolue en permanence en réponse à notre environnement et nous faisons preuve d'une flexibilité comportementale incroyable.

La carte du monde d'un enfant

Les découvertes du psychologue russe Pavlov suite à ses célèbres expériences sur les chiens sont un premier exemple d'ancrage. Définissez un stimulus, la nourriture, et obtenez toujours la même réponse, la salivation. Associez le son d'une sonnette, le stimulus conditionné, avec l'action de placer la nourriture dans la gueule du chien et le chien apprend très vite à répondre à la cloche.

Twitmeyer, un collègue moins connu de Pavlov, étudiait le réflexe rotulien chez l'homme en 1902, avant même que Pavlov n'étudie la salivation chez les chiens. Twitmeyer tapait sur le genou avec un marteau et une sonnette retentissait au même instant. Comme souvent dans les découvertes scientifiques, c'est un changement accidentel qui produit les avancées les plus passionnantes. Un jour, il actionna la sonnette mais oublia d'utiliser le marteau. Et devinez quoi ?

Le genou du patient réagit à la seule sonnette.

Malheureusement pour lui, Twitmeyer était légèrement en avance sur son temps et les toubibs de l'époque ne croyaient pas du tout à sa contribution de béhavioriste. (À moins qu'avec un nom pareil, personne n'ait pu le prendre au sérieux.) Avancez de deux ans dans l'histoire et vous arrivez à 1904, année durant laquelle les travaux de Pavlov sur les chiens ont attiré l'attention du public et lui ont permis de recevoir le prix Nobel de physiologie.

Depuis lors, l'étude du comportement des animaux est devenue de plus en plus scientifique et sophistiquée. Chaque jour apporte son lot de nouvelles recherches sur le cerveau qui enrichissent notre connaissance de l'intelligence et du comportement humains.

Définir une ancre et créer soi-même un état de ressource

Nos souvenirs sont stockés sous forme d'associations à nos sens. Les odeurs sont des ancres particulièrement puissantes liées aux époques et aux événements. Par exemple, vous sentez un parfum et cela vous ramène à votre premier rendez-vous, pour lequel vous vous étiez aspergé d'eau de Cologne ou d'après-rasage. Ou, si vous avez déjà pris une cuite au whisky, une simple odeur de cet alcool peut vous donner la nausée. Nous créons en permanence des ancres positives ou négatives.

Comment définir une ancre ? Les formateurs de PNL proposent diverses techniques. Ian McDermott et Ian Shircore suggèrent la méthode suivante, en trois étapes, pour contrôler votre propre état en établissant des ancres pertinentes :

1. **Ayez une idée bien précise de l'état positif dans lequel vous souhaiteriez idéalement être.**

   Vous pouvez vouloir être audacieux, spirituel, énergique, prévoyant, enthousiaste. Décrivez cet état avec clarté et précision.

2. **Souvenez-vous d'un événement au cours duquel vous étiez dans cet état.**

   Vous recherchez ici une expérience comparable, même si le contexte peut être radicalement différent.

3. **Revivez-le aussi distinctement que possible.**

   Replongez-vous entièrement dans l'expérience vécue, les images, les sons, les odeurs, les sensations physiques et les sensations internes.

Une fois ces trois étapes franchies et l'état positif atteint au maximum, c'est le moment de définir une ancre. En ce qui concerne les ancres physiques (kinesthésiques), les mouvements des mains fonctionnent très bien. Prenez note de ce que font vos mains au moment où vous revivez l'expérience et retenez un mouvement bien précis, par exemple ce que vous serrez ou un cercle formé entre le pouce et l'index. (Une poignée de main ne convient pas parce que c'est un geste courant.) Vous pouvez également définir une ancre auditive, écouter un son. Pour ceux ayant une préférence pour le visuel, visualisez une image qui symbolise l'état positif.

Lorsque vous avez besoin de revenir dans cet état positif, il vous suffit de déclencher cette ancre, comme un stimulus pour modifier votre état. Pour en savoir plus sur l'utilisation des ancres pour changer d'état, reportez-vous à la section « Changer d'état grâce aux ancres », plus loin dans ce chapitre.

Les ancres doivent être :

- ✔ distinctives – différentes des mouvements, des sons et des images de la vie quotidienne ;
- ✔ uniques – spécialement pour vous ;
- ✔ intenses – définies lorsque l'état est à son apogée ;
- ✔ opportunes – au meilleur moment pour réaliser l'association ;
- ✔ renforcées – utilisez-les ou vous risquez de les perdre. L'ancrage est une technique qui nécessite de l'entraînement.

 Il est très facile de définir une *ancre négative* sans le vouloir. Prenez par exemple la situation d'un cadre très stressé qui rentre chez lui en voiture en fin de journée. Il arrive chez lui après avoir eu une conversation téléphonique à propos de problèmes professionnels pendant tout le trajet. Presque arrivé devant sa porte, ses sensations négatives concernant le bureau atteignent leur paroxysme. Et si, à ce moment précis, il passe le seuil de la porte et que sa femme l'accueille en l'embrassant ? Il pourrait très bien associer involontairement le baiser de sa femme à ses soucis professionnels. Voilà comment se forment les ancres. Et devinez quoi ? Ensuite, quand sa femme l'embrasse, il commence à se sentir anxieux sans savoir pourquoi.

Le bon sens veut que vous ne définissiez pas volontairement un ancrage négatif. Alors, comment éviter de le faire ? La clé réside dans l'identification de ce qui déclenche une réponse négative chez vous et la prise de conscience de l'existence du choix d'un type de réponse. Si vous avez l'habitude de répondre de façon négative dans certaines situations, lorsque vous en avez pris conscience, vous avez la faculté de décider si la réponse est appropriée et utile ou si vous souhaitez apporter quelques changements.

Susciter et calibrer les états

Pouvez-vous dire si une personne est heureuse, dans un état positif ? Quels sont les signes ? Lorsque vous rencontrez quelqu'un et commencez à nouer une relation, dans votre vie sociale ou professionnelle, il est utile de le *calibrer*.

La PNL définit le calibrage comme le processus consistant à apprendre à lire les réponses d'une autre personne. Les grands communicants ont appris à améliorer leurs capacités d'observation. Au lieu de deviner la pensée de l'autre, ils repèrent les petits signaux et expressions faciales des personnes qu'ils côtoient.

Par exemple, si vous savez que votre patron devient calme et que son visage se crispe lorsqu'il doit faire face à des délais serrés, vous seriez bien avisé de ne pas essayer de bavarder avec lui lorsque vous repérez ces signes. Si vous êtes en pleine négociation commerciale, prendre le temps de connaître votre interlocuteur peut également vous aider. Des questions amicales posées devant la machine à café ou dans l'ascenseur peuvent vous permettre de calibrer le langage corporel des personnes et d'apprendre à analyser leurs réponses.

Essayez ce petit jeu avec un ami afin de calibrer ses états. Ce faisant, notez ses modifications physiologiques, les mouvements au niveau de son visage, le changement de couleur ainsi que son langage corporel. Repérez les variations.

1. **Commencez par noter sa position de départ, afin de connaître son apparence dans une situation neutre.**

   Pour obtenir cet état neutre, vous pouvez poser une question idiote telle que « quelle est la couleur de tes chaussettes aujourd'hui ? » ou « combien y a-t-il de stylos dans le tiroir de ton bureau ? ».

2. **Ensuite, demandez-lui de penser pendant une minute à une personne qu'il aime beaucoup, dont il apprécie la compagnie, en prêtant attention à tous les sons, les images ou les sensations qui surgissent.**

   (Laissez-lui le temps de s'imprégner de l'expérience.)

3. **Dites-lui de se lever et de bouger un peu.**

   Il s'agit d'interrompre le processus.

4. **Demandez-lui de penser pendant une minute à une personne qu'il n'aime pas du tout, dont il n'apprécie pas la compagnie, en prêtant attention à tous les sons, les images ou les sensations qui surgissent.**

5. **Comparez les différences de réactions de votre ami entre une expérience positive et une expérience négative.**

Vous constaterez chez certaines personnes une modification spectaculaire du langage corporel. Chez d'autres, ce sera si léger que vous aurez du mal à la percevoir.

Une présupposition de la PNL dit : nous ne pouvons pas *ne pas* communiquer. Que cela vous plaise ou non, vous influencez en permanence les autres. Rien que par le regard ou un mot, vous avez la faculté de susciter des états chez d'autres personnes ainsi que vous-même. Rien de plus simple, il suffit d'être vous-même, de faire ce que vous avez l'habitude de faire, sans aucun effort conscient.

Créer votre propre palette d'ancres

Un excellent moyen de travailler sur les concepts de PNL est de trouver vos propres états optimaux, le meilleur moyen d'être vous-même, tout simplement. C'est un peu comme avoir une palette de coups au tennis ou au golf. Demandez-vous quel pourrait être le meilleur moyen :

- ✔ d'apprendre avec efficacité ;
- ✔ d'être à votre meilleur niveau dans l'action ;
- ✔ d'établir des rapports avec d'autres personnes.

Notez les fois où, dans le passé, vous avez été plus particulièrement bon dans ces domaines. Qu'est-ce qui se passait à l'époque ? Où étiez-vous, avec qui, que faisiez-vous à l'époque qui vous était utile ? Qu'est-ce qui était important pour vous ?

Créez une série d'ancres visuelles, auditives et kinesthésiques qui vous met en phase avec vous-même et les autres. Vous pouvez solliciter un ami et travailler tous les deux cette situation.

Identifier votre propres ancres

Quels sont les déclencheurs, les stimuli qui vous influencent le plus à la maison et au bureau ? Notez ces informations dans le tableau ci-dessous (figure 9.1) pour que vous commenciez à savoir quand vous vous sentez bien et moins bien. Votre objectif est de plus vous concentrer sur vos expériences positives et de modifier ou faire disparaître les expériences négatives.

	À LA MAISON		AU BUREAU	
	Bon	Mauvais	Bon	Mauvais
V-Images				
A-Sons				
K-Toucher/sensations				
O-Odeurs				
G-Goûts				

Figure 9.1 :
Un tableau
d'ancres
personnelles.

Prenez le temps de consigner les détails de différentes expériences heureuses ou malheureuses. Il peut s'agir d'événements de la vie quotidienne insignifiants en apparence et propres à chacun.

Vous pouvez vous sentir bien à la vue d'un feu de cheminée ou de tulipes dans un vase sur une table, au son de votre CD préféré ou de l'odeur d'un plat chaud posé sur la cuisinière. De même, la vue de votre ordinateur sur un bureau bien rangé, le brouhaha ou l'odeur d'une boisson fumante peut vous inciter à travailler de bon matin.

Par contre, si vous piquez une crise quand quelqu'un monte le son de la télévision, quand un courriel de plus arrive dans votre boîte de réception ou quand une feuille de papier tombe dans votre corbeille, il vous faut peut-être trouver des stratégies pour transformer les expériences négatives en positives. Ce n'est que lorsque vous aurez identifié ce que vous aimez et ce que vous n'aimez pas que vous pourrez commencer à orienter les moindres détails de votre quotidien dans la direction idéale pour vous.

Nous avons élaboré ce tableau en fonction des sens VAKOG (pour en savoir plus, rendez-vous au chapitre 6). Voici certaines ancres à prendre en compte :

 ✔ **Visuelles** : images, couleurs, décoration ;
 ✔ **Auditives** : musique, voix, chant des oiseaux ;

✔ **Kinesthésiques** : texture, sensation des éléments physiques et vibrations émotionnelles ;

✔ **Olfactives** : odeurs, produits chimiques, parfums ;

✔ **Gustatives** : goûts, nourriture et boisson.

Une saveur du passé : les ancres courantes

Repensez brièvement à votre tout premier jour d'école. Écoutez calmement les sons qui vous entourent et prêtez attention aux sensations que vous éprouvez dans ce nouvel environnement. Les sons et les odeurs permettent de faire ressurgir les images associées aux souvenirs d'enfance… bons et mauvais. Aujourd'hui, certains déclencheurs vous rappellent peut-être immédiatement l'école. Qu'est-ce qui fait vous souvenir de votre scolarité ? Peut-être l'odeur de certains aliments ou un parquet ciré, la vue d'un trophée gagné à l'école ou le son de la cloche signalant la fin des cours.

(Romilla) En ce qui me concerne, l'odeur de la cardamome me transporte immédiatement au temps de mon enfance idyllique et pittoresque en Inde. Mais, pour Kate, les simples mots « crème anglaise de l'école » font ressurgir avec force les images, les sons, les goûts désagréables et l'anxiété de la cantine solennelle.

Les personnes qui enseignent aux enfants ou aux adultes doivent avoir à l'esprit que certains de leurs élèves ont pu vivre des expériences malheureuses à l'école. Ils se heurteront donc à un sentiment de résistance naturel. Par chance, avec de bons enseignants ou formateurs, la plupart découvrent comme il peut être gratifiant et amusant de continuer à apprendre à l'âge adulte, même s'il en allait autrement pendant l'enfance.

Revenez sur cette structure toutes les deux ou trois semaines afin d'avoir une idée plus précise de ce qui est synonyme de plaisir pour vous. Si vous possédez un sens dominant, des ancres plus visuelles qu'auditives par exemple, vérifiez si vous omettez ou filtrez inutilement des informations.

Vos ancres vont changer avec le temps. En vous concentrant sur les choses qui vous procurent du plaisir, vous vous rendrez peut-être compte avec le temps que celles qui vous énervent de prime abord semblent moins importantes. Voici un exercice que vous pourriez transformer en saine habitude quotidienne.

Choisissez cinq événements qui vous font plaisir au quotidien. Tenez à jour un carnet de ce qui marche pour vous. Ce sont souvent des petites choses qui font la différence, une conversation agréable, un geste gentil, l'odeur d'une boulangerie ou le soleil qui perce les nuages. Lorsque vous vous sentez sous pression, repensez-y et veillez à consacrer une partie de chaque journée à des choses importantes pour vous.

À la découverte des émotions : les états séquentiels

Repensez à ce qui s'est passé hier. En revivant les événements associés, demandez-vous comment vous vous sentiez à différents moments. Avez-vous été dans le même état toute la journée ? C'est peu probable. À l'instar d'un thermomètre, vous avez peut-être soufflé le chaud et le froid ou vécu toutes les dimensions possibles : calme, chaleureux et intéressé, passionné et enthousiaste, plus n'importe quelle combinaison possible entre ces états.

En tant qu'êtres humains, nous avons le bonheur de pouvoir faire preuve de flexibilité comportementale et de posséder cette merveilleuse faculté de changer d'état. Nous avons besoin de changement. Si nous étions tout le temps au sommet, nous nous épuiserions très vite. Ceux qui fonctionnent au meilleur d'eux-mêmes doivent être capables de déconnecter et de se régénérer en rechargeant les accus au risque de se griller les ailes. Pendant une présentation par exemple, il est important de changer de rythme pour que votre auditoire ne s'ennuie pas. Vous voulez qu'il soit détendu et réceptif à certains moments et très attentifs aux détails ou curieux et intéressé à d'autres.

Régulièrement, lors de sessions de coaching individuel, lorsqu'ils sont face à des problèmes difficiles à résoudre, les clients affichent un large éventail d'émotions en très peu de temps, de la fureur au rire en passant par la frustration et l'inquiétude. Parfois, lorsque le démarrage est difficile, l'édifice ne cesse d'osciller jusqu'au point où quelqu'un s'exclame : « Je ne sais pas s'il vaut mieux en rire ou en pleurer ! »

L'humour est un moyen incroyablement efficace de changer d'état. Les personnages de dessin animé nous permettent souvent de voir notre expérience d'un point de vue diamétralement opposé, à savoir prendre un sujet sérieux et l'envisager sous un nouveau jour. Avoir l'étoffe d'un leader, en tant que parent ou supérieur hiérarchique, c'est être capable de canaliser l'autre dans ces différents états et le pousser à obtenir un résultat positif.

Changer d'état grâce aux ancres

Vos états peuvent constamment changer et les ancres présentent cet avantage de vous permettre de basculer vers un état plus adapté et efficace si besoin est. Supposons par exemple que vous deviez prendre une décision difficile, rencontrer une personne ou assister à un événement. Lors de mariages ou d'enterrements, vous vivez des émotions très fortes et vous aimeriez peut-être pouvoir gérer de près vos sentiments. Le fait d'afficher un état adapté va vous permettre de faire les meilleurs choix et d'agir pour obtenir un résultat optimal.

Procédons par analogie. Imaginez que vous naviguiez sur un dériveur dans une tempête et que vous souhaitiez rejoindre le port le plus proche pour vous mettre à l'abri. En développant la faculté d'activer des ancres, vous pouvez générer chez vous un état calme ou basculer dans un mode énergique ou de prise de risques. Par définition, une ancre est liée à une position stable : elle vous protège et vous empêche de partir à la dérive. Force et stabilité sont ici les notions essentielles.

À tout moment, lorsque vous pensez ne pas être dans un « état satisfaisant », un choix s'offre à vous : vous en tenir à cet état inconfortable car, pour une raison quelconque, vous en tirez un avantage ou préférer opter pour un « meilleur » état. Pour modifier votre état, vous pouvez activer une ancre afin de créer un état plus positif. (Reportez-vous à la section « Définir une ancre et créer soi-même un état de ressource », plus haut dans ce chapitre, pour vous remémorer comme il est facile d'y parvenir en trois simples étapes.)

Remplacer constamment des ancres négatives par des ancres positives peut poser problème. Les ancres négatives peuvent être un moyen pour l'inconscient d'indiquer à la personne l'existence d'un problème sous-jacent qu'il faut résoudre. La fatigue peut signifier que votre mode de travail est en train de vous épuiser. Si vous continuez de la substituer par une ancre énergique, vous courez à l'épuisement total.

Opter pour la musique baroque

Les Grecs de l'Antiquité le savaient, les premiers psychologues l'utilisaient et la science moderne le confirme : la musique influe à la fois sur le corps et sur l'esprit. Elle modifie nos ondes cérébrales, lesquelles traduisent l'activité électrique du cerveau. Lorsque nous sommes détendus, nos ondes cérébrales sont plus lentes. Elles s'accélèrent lorsque nous avons plus d'énergie. Quelle que soit la culture, une musique dont le tempo est d'environ 60 battements par minute semble être la plus agréable car cela correspond à notre rythme cardiaque au repos.

Les ondes cérébrales, d'alpha à delta

Il existe quatre types d'ondes cérébrales, qui se mesurent en cycles par seconde :

1. Ondes alpha (lucide, calme et détendu) : 8-12 cycles par seconde

2. Ondes bêta (alerte, résolution de problèmes) : 13-30 cycles par seconde

3. Ondes thêta (créatif et imaginatif) : 4-9 cycles par seconde

4. Ondes delta (sommeil profond) : moins de 6 cycles par seconde

---

La musique baroque est particulièrement adaptée à la création d'un état de relaxation en phase d'éveil connu sous le nom d'état alpha. Pour étudier ce type de musique, prenez les passages *largo* et *adagio* des morceaux composés entre

1600 et 1750. Bach, Mozart, Haendel et Vivaldi constituent tous d'excellentes sources.

Voici différentes façons de considérer la musique que vous écoutez. De par vos goûts, vous vous êtes peut-être encroûté en matière de musique.

- **Élargissez vos goûts musicaux** : du baroque au reggae, en passant par le classique, le jazz, le blues, la pop, le rock et l'opéra.

- **Variez les rythmes** : comparez les rythmes prévisibles aux rythmes variés et inconnus afin d'entretenir votre créativité. La musique du monde est excellente en ce sens.

- **Instruments ou chant ?** Les mots peuvent vous distraire - les solos d'instruments tendent à favoriser la relaxation.

- **Intuition** : faites confiance à vos goûts. Si vous n'aimez pas un morceau, ne vous obstinez pas, appuyez sur stop car il y a de fortes chances pour que vous ne vous sentiez pas bien.

- **Commencez la journée différemment** : lorsque vous vous sentez bien le matin, c'est que vous allez démarrer du bon pied. Essayez de troquer la chaîne d'informations agressive pour la radio et une musique stimulante et inspirante.

Voici un exercice pour assumer un problème avec l'aide de la musique :

1. **Pensez à un problème ou à une décision qui vous ennuie, donnez-lui une note de 1 à 10 que vous inscrivez sur un morceau de papier.**

2. **Choisissez trois morceaux de musique de différents styles.**

   Par exemple, essayez du baroque, de l'instrumental et un chant doux.

3. **Écoutez le premier morceau tout en pensant à votre problème, puis donnez une note à vos pensées entre 1 et 10. Notez comment vous voyez désormais votre problème et comment vous vous sentez désormais par rapport à lui.**

4. **Écoutez le deuxième morceau tout en pensant à votre problème, puis donnez une note à vos pensées entre 1 et 10. Notez comment vous voyez désormais votre problème et comment vous vous sentez désormais par rapport à lui.**

5. **Écoutez le troisième morceau tout en pensant à votre problème, puis donnez une note à vos pensées entre 1 et 10. Notez comment vous voyez désormais votre problème et comment vous vous sentez désormais par rapport à lui.**

Votre opinion a-t-elle évolué maintenant ? Quelle musique vous a permis de faire le plein de ressources ?

Se mettre dans la peau de quelqu'un d'autre

Une autre façon de développer vos compétences en matière de PNL, consiste à trouver un modèle positif, quelqu'un qui semble se comporter comme vous voudriez le faire. À vous ensuite d'essayer son langage corporel pour voir. Pour ce faire, vous pouvez copier sa façon de se tenir, droit ou détendu, souriant ou sérieux, puis essayez d'adopter sa démarche. Aux États-Unis, un proverbe indien (*moccasin walk*) dit que vous ne pouvez pas connaître la façon de penser de quelqu'un tant que vous n'avez pas marché avec ses mocassins. Imaginez donc que vous portez les chaussures de votre modèle et essayez de marcher dans une pièce ou dans la rue comme si vous marchiez dans ses pas.

En modifiant votre physiologie, vous changerez votre état interne, votre façon de penser et de réagir.

Si vous êtes petite et copiez un homme grand ou l'inverse, cela pourra vous ouvrir de nouvelles perspectives sur la façon dont votre morphologie vous permet d'influencer les autres. Gill, l'une de nos petites clientes, devait batailler pour qu'on lui prête attention lors des réunions de conseil d'administration. En s'habituant à la masse physique de ses homologues masculins, elle a opté pour un style plus expansif, se déplaçant d'un air décidé sur l'estrade pendant qu'elle parle. Désormais, elle étale également ses notes et prend plus de place sur la table de réunion. Ces deux ajustements visent à marquer son territoire et asseoir son autorité. De même, les hommes de forte corpulence qui travaillent avec des enfants trouvent souvent préférable de leur parler depuis une position assise, donc plus proche du sol, plutôt que de les dominer.

Approfondir les techniques d'ancrage

Cette section vous montre comment d'autres techniques d'ancrage peuvent vous aider à faire face à des situations difficiles et effrayantes. Vous luttez peut-être pour faire disparaître des mauvaises habitudes telles que le tabac ou une alimentation déséquilibrée. Vous souhaiteriez peut-être améliorer votre confiance pour vous exprimer dans un sport ou prononcer un discours en public.

Soyons réaliste, la PNL ne va pas faire de vous un chanteur d'opéra ou un athlète de niveau olympique du jour au lendemain. La PNL ne peut vous donner les compétences nécessaires pour utiliser un savoir que vous ne possédez pas, mais les techniques d'ancrage peuvent vous aider à accéder à vos ressources internes afin d'évoluer à votre meilleur niveau.

Modifier les ancres négatives

Il est parfois nécessaire de disposer d'un moyen pour changer une ancre négative. Prenons un exemple simple. Vous souhaitez modifier une habitude destructrice. Une personne au régime qui pioche dans la boîte à biscuits à chaque fois qu'elle prend un thé a créé une ancre négative : boisson = biscuit. Un employé de bureau qui est anxieux chaque matin avant d'aller travailler parce qu'il s'est disputé une fois avec son patron peut développer une maladie liée au stress.

Se désensibiliser

L'une des approches les plus courantes de la PNL pour désactiver une ancre est la *désensibilisation*. Pour ce faire, vous devez d'abord adopter un état neutre ou dissocié, puis introduire le problème à petites doses. Par conséquent, si le problème est le régime évoqué ci-dessus, vous devez d'abord faire preuve de force morale pour être capable de dire « non merci » aux aliments qui font grossir. Ensuite, entraînez-vous à la tentation tout en conservant un état de bonne force morale. Il s'agit avant tout de prendre de nouvelles habitudes.

Neutraliser l'ancre

Une autre stratégie consiste à *neutraliser l'ancre* en en activant deux simultanément, l'ancre négative indésirable et une ancre positive plus puissante. Vous êtes alors projeté dans un état de confusion et un nouvel état, différent, fait son apparition. Une rupture du modèle se produit, laissant la place à un nouveau modèle.

Allonger la chaîne d'ancres

Nous avons évoqué plus haut comment passer d'un état émotionnel à l'autre dans une journée. Les ancres fonctionnent souvent en chaîne, se déclenchant successivement. Il est parfois utile de créer une chaîne d'ancres, à l'image des maillons d'un bracelet. Chaque maillon d'une chaîne agit comme un stimulus vers le prochain maillon, créant ainsi une séquence d'états. Vous pouvez comparer cela à un chanteur d'opéra se préparant pour un grand concert. Il déroule une séquence d'états jusqu'à ce qu'il soit mentalement affûté, concentré et prêt à monter sur scène.

Vous pouvez également concevoir une chaîne d'ancres comme l'itinéraire à suivre afin de parvenir à l'état souhaité lorsque le passage de l'état actuel à l'état positif visé constitue un bond trop important à effectuer en une seule fois.

Par exemple, l'état actuel qui pose problème pourrait être « en colère » et l'état souhaité, « détendu ». C'est un saut énorme à réaliser en une seule fois. Cependant, si votre étape vous conduit de la colère à l'inquiétude, il existe des points communs entre les deux états. Votre seconde étape pourrait être de passer de l'inquiétude à la curiosité. Il existe là aussi des similitudes entre ces deux états. Enfin, la dernière étape pourrait vous transporter de la curiosité à la relaxation. Pour franchir les étapes, vous devez activer une nouvelle ancre, comme expliqué plus haut, jusqu'à ce que vous atteigniez l'état souhaité.

La confusion et la curiosité sont des étapes intermédiaires utiles afin d'obtenir un changement d'état pour vous-même et les autres. Elles désamorcent souvent des situations chargées émotionnellement. (Kate) J'ai travaillé une fois sur un projet de conseil au cours duquel l'un des cadres supérieurs interrompait souvent des téléconférences empreintes d'une grande tension en disant : « Je ne comprends pas ce point. Quelqu'un pourrait-il récapituler s'il vous plaît ? » À chaque fois, c'était une excellente stratégie pour désamorcer la situation et proposer de nouvelles idées. Une seule personne manifestant son incompréhension ralentissait tous les autres participants, les faisant douter de leur propre compréhension.

Les ancres pour la prise de parole en public

Pour nombre de personnes, parler en public est synonyme de grande pression. De nombreuses études, corroborées par nos propres expériences avec des clients, montrent que certains préféreraient mourir que de se lever et de prendre la parole en public ! Aux États-Unis, parler en public est la peur numéro un, tandis qu'au Royaume-Uni, elle occupe la deuxième place derrière la peur des araignées.

Nous travaillons régulièrement avec des clients souffrant de trac, qui suent à grosses gouttes, perdent leur voix, ont des crampes d'estomac et sont dérangés. Lorsqu'un convive doit prononcer un discours à la fin d'un dîner, souvent, il n'apprécie pas le repas à la perspective de devoir être spirituel pour divertir l'assemblée à l'heure du café, des mignardises et du cognac.

S'il devait y avoir une raison d'utiliser les techniques d'ancrage pour reprendre ses esprits, la voilà !

Utiliser le cercle d'excellence

Le *cercle d'excellence* de la PNL est une technique destinée à vous aider à accumuler de la confiance pour accomplir une action. Vous pouvez donc l'utiliser si vous avez peur de parler en public, si vous souhaitez accroître votre confiance pour jouer votre meilleur coup en sport et dans bien d'autres circonstances.

Le cercle d'excellence est une technique de PNL type à exécuter avec un partenaire si vous êtes celui qui doit assurer le spectacle à la fin du dîner. Vous obtiendrez une efficacité optimale en enrôlant un copain ou un praticien en PNL qui vous dirigera à travers les diverses étapes tout en maintenant le rapport avec vous et sans précipitation.

Pensez tout d'abord au décor dans lequel vous devrez intervenir et imaginez un cercle magique au sol devant vous, d'environ un mètre de diamètre. Ces instructions, suivies point par point, vous font entrer et sortir de votre cercle magique et vous indiquent quoi faire à chaque étape, avec l'aide de votre partenaire.

CERCLE   Action

DEHORS   Identifiez votre meilleur état et dites-le à votre partenaire.

Votre partenaire dit : « Souviens-toi d'une occasion où tu étais xxxxxxx » (utilisez ses mots)… immerge-toi de nouveau dans cette situation…vois ce que tu voyais cette fois-là, entends ce que tu entendais. »

DEDANS   Entrez dans le cercle et revivez l'expérience. (Faites en sorte de la revivre intensément.)

Ressentez les mouvements de vos mains ou ce que vous tenez ou ancrez cet état à l'aide d'un mouvement de la main.

DEHORS   Sortez du cercle et de cet état, puis répétez l'exercice avec une seconde expérience de votre meilleur état.

Pour vous préparer au futur événement, votre partenaire dit : « Pense à un moment pour lequel cet état te sera utile. »

DEDANS   Déplacez-vous dans le cercle avec votre main en position ancrée. Votre partenaire vous demande de voir, d'entendre et de ressentir la différence pour vous à l'instant présent.

DEHORS   Détendez-vous…vous avez réussi !

L'ancrage spatial

L'ancrage spatial est une méthode pour influencer votre auditoire par le biais des ancres. Lorsque vous faites sans cesse la même chose à un endroit donné, les autres s'attendent à un certain type de comportement de votre part, en fonction de l'emplacement que vous occupez sur scène. Un pupitre est une ancre bien précise. Lorsque vous êtes au pupitre, on s'attend à ce que vous parliez.

Lorsque vous faites une présentation, vous pouvez délibérément engendrer diverses attentes du public en différents endroits de la scène. Vous délivrerez peut-être les informations essentielles depuis le centre de la scène, puis vous vous déplacerez d'un côté pour raconter des anecdotes et de l'autre pour donner des éléments techniques. Très vite, l'auditoire apprendra à attendre un certain nombre d'informations en fonction de là où vous vous tenez.

Une dernière chose sur les ancres

Les ancres ne marchent pas forcément au premier essai. Comme avec tous les outils présentés dans ce livre, votre apprentissage sera plus rapide si vous suivez une formation en PNL et travaillez avec un praticien chevronné. Quelle que soit la méthode choisie pour développer vos compétences, seul ou avec d'autres personnes, lancez-vous. Nous vous encourageons à persévérer même si l'expérience vous semble étrange au départ. Une fois que vous contrôlez votre état, vous élargissez l'éventail des choix qui s'offrent à vous et le jeu en vaut la chandelle.

Chapitre 10

Actionner les commandes

Dans ce chapitre :

▶ Trouver comment se sentir bien puis encore mieux

▶ Découvrir comment ajuster les informations fournies par vos sens

▶ Apprendre à faire disparaître une croyance limitante et à créer une croyance qui permettra de vous responsabiliser

▶ Passer d'un état indésirable à un état souhaité

▶ Comprendre comment apaiser une expérience douloureuse

*E*ssayez ceci : pensez à une expérience très agréable que vous avez vécue. Vous n'allez pas nous faire part de cette expérience, vous pouvez donc vous laisser aller et vous plonger dedans. Pendant que vous la revivez, une image, une sensation ou un son vous viennent-ils à l'esprit ? Ce serait super si vous pouviez percevoir les trois à la fois, mais cela convient aussi si vous ne percevez qu'un ou deux éléments sur les trois. Nous allons vous aider à réunir les trois. Pouvez-vous commencer à vivre plus intensément l'expérience ? Génial ! Maintenant, pouvez-vous allez encore un peu plus loin ?

Bienvenue parmi nous ! Alors, comment avez-vous intensifié l'expérience vécue ? Avez-vous agrandi l'image, l'avez-vous rendu plus brillante, plus colorée ou l'avez-vous rapprochée de vous ? Vous avez peut-être monté le volume des sons entendus et, si des sensations étaient présentes, vous les avez peut-être diffusées dans tout votre corps. Eh bien, cela signifie que vous contrôlez la façon dont vous choisissez de vivre la réalité. Vous pouvez choisir d'intensifier un moment agréable ou de faire disparaître les émotions négatives d'un moment désagréable. Vous avez également la possibilité d'apprendre à vous extraire d'un état indésirable, tel que la confusion, pour entrer dans un meilleur état, tel que la compréhension. En bref, vous pouvez choisir la signification que vous donnez à ce qui vous arrive dans la vie. Ce chapitre vous dit comment procéder.

Sous-modalités : comment nous enregistrons nos expériences

Vous avez découvert dans le chapitre 6 « Voir, entendre et sentir à votre manière pour mieux communiquer » que vous vivez la réalité à travers vos cinq sens (six en fait mais nous verrons cela plus tard). En PNL, ces cinq sens sont appelés modalités. Les sous-modalités sont les moyens d'ajuster vos modalités afin d'en modifier les qualités.

La taille, la luminosité, la couleur, l'absence ou la présence d'un cadre autour d'une image sont des exemples de sous-modalités de la vue. Pour l'ouïe, il peut s'agir de la force, du tempo ou du timbre d'une voix et pour les sensations, d'un poids sur l'estomac ou du trac. Vous commencez à comprendre ?

L'**analyse contrastive** consiste à prendre deux expériences et à comparer et opposer leurs sous-modalités. Par exemple, nous vous demandons de comparer les sous-modalités d'une chose qui existe, un chien, et d'une chose imaginaire, une licorne. Vous remarquerez que chacune a ses propres sous-modalités.

Informations de base ou ce qu'il faut savoir avant de commencer

Les sous-modalités correspondent à la façon dont vous donnez un sens à vos expériences - quelque chose est vrai ou faux, bon ou mauvais, etc. Vous pouvez utiliser les sous-modalités pour modifier l'intensité de la signification. Dans l'exercice proposé en début de chapitre, vous avez donné une signification à votre expérience : elle était agréable. La modification des sous-modalités de l'expérience vous a permis d'intensifier l'expérience et par là même sa signification : elle est devenue encore plus agréable.

Vous savez donc désormais que vous pouvez contrôler vos souvenirs par le simple fait de modifier les sous-modalités des images, sons et sensations associés. Sachant que les modalités peuvent être divisées en sous-modalités, vous devez vous douter que les sous-modalités sont également déclinables. Par exemple, une photo peut être en *couleur* ou en *noir et blanc*, avoir un format *normal* ou *panoramique*. La notion de panoramique n'est pas très claire pour vous ? Imaginez-vous au sommet d'une montagne en train d'admirer le paysage en tournant doucement la tête sur 180 degrés. Vous avez une vue panoramique. Plus tard dans ce chapitre, vous verrez comment le fait d'être associé ou dissocié d'une image peut influer sur vos émotions. Les sons peuvent être dans votre tête ou en dehors. Les sensations peuvent avoir une texture.

Il est possible de modifier chacune des modalités. Pour ce faire, nous vous en proposons une liste à la fin de ce chapitre afin de vous aider à procéder aux modifications. Nous vous conseillons de remplir le questionnaire avant d'entamer les changements pour que vous puissiez revenir à la structure originale d'une modalité si votre modification génère des anxiétés.

Associer ou dissocier

Cette section va vous aider à entrer et sortir de vos souvenirs afin de vous offrir plus de choix pour « diminuer » et « accentuer » vos sensations. Dans notre expérience, il s'agit d'une sous-modalité très importante qui nécessite quelques éclaircissements supplémentaires.

 Vous visualiser dans une image revient à vous regarder dans une vidéo amateur. C'est la notion de *dissociation* (vous êtes spectateur). Vous pouvez également être dans l'image et voir la scène avec vos yeux. C'est la notion de d'*association* (vous êtes acteur). Le fait d'être associé ou dissocié d'une image peut constituer une sous-modalité extrêmement importante en cas d'émotions générées par l'image visualisée.

Les émotions sont généralement plus intenses lorsque vous êtes associé à l'image. On éprouve parfois des difficultés avec l'un ou l'autre des modes. Par exemple, quelqu'un ayant vécu une perte douloureuse ou un traumatisme peut avoir du mal avec l'association et devoir apprendre à l'utiliser.

Pour ressentir l'association ou la dissociation, créez une image de vous-même assis dans une voiture à la place du conducteur. Si vous êtes dissocié, vous vous verrez dans la voiture, comme si vous vous voyiez à la télévision ou sur une photo. Pour vous associer, imaginez-vous en train d'ouvrir la porte de la voiture et de vous installer à bord. Regardez maintenant la scène de vos propres yeux. Le tableau de bord est devant vous. Pouvez-vous voir sa texture et sa couleur ? Regardez maintenant le pare-brise. Y a-t-il des restes d'insectes suicidaires (ou d'Aliens, si vous avez vu *Men in black*) ?

Trouvez-vous difficile de dissocier ? Représentez-vous assis dans une voiture. Maintenant, imaginez-vous sortant de la voiture et vous tenant sur le trottoir. Retournez-vous et regardez la voiture, vous êtes assis à la place du conducteur. Si vous ne parvenez toujours pas à dissocier, dites-vous que vous regardez un film et que vous êtes à l'écran devant une voiture.

Si vous ne saisissez pas cet exercice ou n'importe quel autre, n'hésitez pas à le laisser provisoirement de côté. Vous pourrez toujours y revenir plus tard lorsque la PNL aura un peu plus investi votre corps et votre esprit. Vous pouvez également trouver un praticien en PNL ou un groupe de PNL afin de progresser (l'annexe A vous offre une liste de ressources en la matière).

Définir le niveau de détails de vos souvenirs

Si vous êtes assis en train de lire ce livre, vous ne ressentez probablement pas le contact de la chaise sur votre dos et vos jambes, enfin si, désormais, puisque nous venons d'en parler. De même, vous n'avez pas toujours conscience des qualités de vos souvenirs tant que l'on ne vous a pas demandé de vous remémorer un moment où vous vous brossiez les dents, jouiez, lisiez un livre ou cuisiniez. Vous vous rendez alors compte que ces souvenirs possèdent un éventail de qualités. Par exemple, lorsque vous lisez un livre, l'image que vous créez de vous-même, du livre ou de l'histoire peut être dotée d'un cadre. Elle peut être en noir et blanc. Vous entendez peut-être le bruit de la circulation au loin ou des pages que vous tournez. Le livre que vous lisiez vous a peut-être fait rire, inspiré et rendu heureux. Vous pouvez prendre conscience des qualités des sous-modalités en prêtant attention à ce que vous voyez, entendez ou ressentez lorsque vous pensez à une expérience. Les sections suivantes vous présentent des questions qui peuvent vous aider à mettre en lumière la qualité des sous-modalités visuelles, auditives et kinesthésiques.

Remarque : nous avons décidé de nous concentrer simplement sur les sous-modalités visuelles, auditives et kinesthésiques dans ce chapitre et de laisser les sous-modalités gustatives et olfactives de côté pour l'instant, ceci parce que nous pensons que culturellement, à moins que vous ne soyez œnologue, dégustateur de thé ou de café, ces deux sous-modalités ne sont pas autant mises à contribution. Ceci dit, les goûts et les odeurs affectent notre cerveau émotionnel et l'odeur des marrons grillés peut très bien vous transporter soudain vers un temps neigeux et les chants de Noël.

Susciter les sous-modalités visuelles

Vous pouvez définir la qualité d'une image en termes de positionnement dans l'espace. Par exemple, elle peut être directement devant vous, à votre gauche, à votre droite, ou légèrement en haut ou en bas. S'il s'agit d'une image panoramique, ce sera comme si vous vous vous teniez à un endroit et que vous tourniez la tête pour regarder la vue qui s'offre à vous. Elle aura d'autres qualités de luminosité, de forme, etc. Pour découvrir comment les images se forment dans votre esprit, réfléchissez aux qualités suivantes.

Sous-modalités visuelles	*Questions pour les découvrir*
Localisation	Où se situe-t-elle dans l'espace ? Prêtez attention à l'image. À quelle distance se situe-t-elle ?
Couleur/noir et blanc	Est-elle en couleur ou en noir et blanc ?
Association ou dissociation	Le sujet figurant dans l'image est-il associé ou dissocié ? Vous voyez-vous dans l'image ou regardez-vous la scène de vos propres yeux ?
Taille	L'image est-elle grande ou petite ? Combien diriez-vous qu'elle mesure ?
2D ou 3D	L'image est-elle en 2D ou 3D ?
Luminosité	L'image est-elle brillante ou terne ?
Mouvement	L'image est-elle fixe ou animée ? S'il s'agit d'un film, quelle est la vitesse des mouvements ?
Forme	L'image est-elle carrée, ronde ou rectangulaire ?
Format normal ou panoramique	L'image possède-t-elle un cadre ou est-elle panoramique ?
Netteté	L'image est-elle nette ou floue ?

Susciter les sous-modalités auditives

À l'instar des images qui se forment dans votre esprit, les sons que vous entendez possèdent des qualités. Vous n'avez peut-être pas conscience des attributs de ces sons tant que vous ne vous êtes pas concentré dessus en pensant aux questions suivantes.

Sous-modalités auditives	*Questions pour les découvrir*
Localisation	Où entendez-vous le son ? Le son est-il dans votre esprit ou en dehors ? Prêtez attention à la provenance du son.
Mots ou sons	Entendez-vous des mots ou des sons ? S'il s'agit de mots, est-ce la voix de quelqu'un de familier ?

Sous-modalités auditives	_Questions pour les découvrir_
Volume	Le son est-il fort ou faible ? S'agit-il d'un murmure ou d'un son clairement audible ?
Timbre	Si vous entendez une voix, quel est son timbre ? Est-elle grave, riche, nasale, râpeuse ?
Hauteur	Le son est-il grave ou aigu ?
Mono ou stéréo	Pouvez-vous écouter le son des deux côtés ou d'un seul ? Le son vous entoure-t-il ?
Constance	Le son est-il continu ou intermittent ?
Rythme	Quel est le rythme du son ?
Tempo	Le son est-il lent ou rapide ?
Accord	Le son est-il accordé ?

Susciter les sous-modalités kinesthésiques

Devinez quoi ? Les sous-modalités liées aux sensations présentent également des qualités qui aident à les définir.

Sous-modalités kinesthésiques	_Questions pour les découvrir_
Localisation	Où se situe la sensation ? Prêtez votre attention sur la partie de votre corps concernée.
Forme	La sensation a-t-elle une forme ?
Pression	La sensation exerce-t-elle une pression ?
Taille	La sensation a-t-elle une taille ? Est-elle grande ou petite ?
Qualité	Est-ce que la sensation vous fait frissonner ? Est-elle diffuse ou située à un endroit précis ?
Intensité	La sensation est-elle forte ou faible ?
Mouvement	Ressentez-vous la sensation en un seul point ou se déplace-t-elle dans votre corps ?

Sous-modalités kinesthésiques	Questions pour les découvrir
Température	La sensation est-elle chaude ou froide ?
Constance	La sensation est-elle continue ou intermittente ?
Texture	La sensation a-t-elle une texture ?

Avant de vous amuser à modifier les sous-modalités d'un souvenir, il est important de dresser une liste car, ainsi, si vous ressentez un malaise pendant la procédure, vous pouvez restaurer les images, sons et sensations d'origine. À la fin de chapitre, vous trouverez une fiche pour cela. Faites-en autant de copies que nécessaire.

N'oubliez jamais de vous demander si vous pouvez procéder à un changement, quel qu'il soit. Si vous percevez une résistance, une sensation qui vous rend mal à l'aise, prenez-la en compte et remerciez votre inconscient de vous avoir fait prendre conscience d'un conflit interne potentiel. (Romilla) Par exemple, je travaillais avec un client sur son chagrin et il refusait de se débarrasser de la douleur liée à la perte de son père car il pensait qu'ensuite il allait oublier ce dernier. En fait, le fait de libérer la douleur lui faisait se rappeler plus distinctement de son père. Vous pouvez simplement résoudre le problème par le recueillement ou en faisant appel à un praticien en PNL.

Un peu d'entraînement

Imaginez-vous avec une télécommande dotée de trois boutons coulissants : V pour visuel, A pour auditif et K pour kinesthésique. Vous pouvez modifier les qualités de n'importe quelle image visualisée dans votre esprit, de n'importe quel son perçu dans votre tête ou de n'importe quelle sensation corporelle en jouant sur les boutons V, A et K. (Pour en savoir plus sur les modalités VAK, reportez-vous au chapitre 6 « Voir, entendre et sentir à votre manière pour mieux communiquer ».)

Pourquoi vouloir modifier les qualités de vos souvenirs ? Supposons qu'il y a plusieurs années, vous répétiez une pièce de théâtre à l'école et que votre professeur, particulièrement stressé, vous ait hurlé : « Espèce d'idiot, tu t'es encore trompé ! » Aujourd'hui, dans votre métier, vous devez faire des présentations à des collègues ou clients. Mais, à chaque fois, au moment de démarrer, vous commencez à transpirer et à bégayer et la voix dans votre tête vous dit : « Espèce d'idiot, tu t'es encore trompé ! » Il vous faut peut-être modifier les qualités de vos souvenirs car ces derniers vous empêchent de réussir. Imaginez qu'à l'aide du bouton luminosité de la télécommande vous régliez l'image de façon à rendre le professeur plus sombre. Ensuite, à l'aide du bouton taille, vous rendez le professeur tout petit, insignifiant. Enfin, vous ajustez le volume et les hurlements se transforment en murmures. Vous êtes désormais en mesure de faire des présentations comme vous vous en saviez capable.

Pour vérifier l'efficacité que peut avoir la modification des sous-modalités, essayez cet exercice à l'aide de la fiche située à la fin du chapitre :

1. **Pensez à une personne que vous aimez.**

2. **Souvenez-vous de la dernière fois où vous avez passé un moment très agréable avec elle.**

3. **Enregistrez les qualités de l'image que vous voyez, des sons que vous entendez et des sensations que vous avez.**

4. **Modifiez l'image créée, _une sous-modalité visuelle à la fois_ ; prêtez attention à la façon dont chaque changement affecte votre souvenir.**

5. **Modifiez les sons que vous entendez, _une sous-modalité auditive à la fois_ ; prêtez attention à la façon dont chaque changement affecte votre souvenir.**

6. **Modifiez les sensations que vous ressentez, _une sous-modalité kinesthésique à la fois_ ; prêtez attention à la façon dont chaque changement affecte votre souvenir.**

Comprendre vos sous-modalités critiques

Certaines sous-modalités influent considérablement sur la réponse d'une personne. La taille ou la luminosité d'une image mentale en font partie. Vous pouvez découvrir qu'en agrandissant ou en augmentant la luminosité d'une image vous intensifiez l'expérience vécue. Il se peut également que le fait de déplacer l'image dans l'espace ou de s'associer ou de se dissocier peut influer sur les sons et sensations d'une expérience.

Une sous-modalité est *critique* lorsque sa modification entraîne des changements au niveau des autres sous-modalités d'une expérience. Elle affecte également les sous-modalités d'autres systèmes de représentation. Par exemple, en modifiant, admettons, la luminosité d'une image, non seulement les autres qualités de l'image changent automatiquement mais également les sons et les sensations associés à l'image, et ce, sans intervention consciente.

Vous vivez la réalité à travers vos cinq sens, visuel (yeux), auditif (oreilles), kinesthésique (sensations et toucher), olfactif (nez) et gustatif (goût). Vous utilisez très certainement un sens en priorité pour recueillir les données sur votre environnement, plus particulièrement dans les moments de stress. Il s'agit de votre *système de représentation sensorielle dominant* ou *primaire*, qui influe sur votre façon d'apprendre et de vous représenter le monde extérieur.

Effectuer des changements pour de vrai

Nous espérons que, grâce aux exercices que vous venez d'effectuer, vous commencez à avoir une idée bien précise des sous-modalités qui ont le plus d'impact sur vous, à savoir vos sous-modalités critiques, celles capables de modifier d'autres sous-modalités. Et nous espérons également que vous êtes convaincu du contrôle que vous exercez sur vos expériences et de votre faculté de les modifier afin de choisir votre état d'esprit. À la lumière de cette connaissance et de cette croyance, nous vous invitons à procéder à de véritables changements dans votre vie par l'intermédiaire des exercices présentés dans les sections suivantes.

Imaginez un peu. Vous pouvez programmer votre esprit assis dans le train, dans les embouteillages ou même au cours d'un repas ennuyeux avec vos beaux-parents. Et souvenez-vous, l'entraînement conduit à l'excellence, alors entraînez-vous, avec la certitude de ne pas être arrêté pour avoir joué avec vos sous-modalités, même en public.

Atténuer la portée d'une expérience

Avez-vous en tête une expérience désagréable que vous avez vécue ? Nous ne parlons pas de quelque chose de bouleversant mais plutôt d'un incident qui fait que vous vous sentez un peu moins bien lorsque vous y repensez. Alors, vous avez ça en magasin ? Parfait ! Utilisez la liste fournie en fin de chapitre et notez les sous-modalités de l'expérience. Commencez ensuite à modifier l'image, les sons et les sensations qui reviennent lorsque vous pensez à cette expérience désagréable. Que se passe-t-il ? Vous vous sentez mieux maintenant, n'est-ce pas ? Non ? Alors découvrez ce qui se produit lorsque vous échangez les sous-modalités de l'expérience désagréable avec celles de l'expérience agréable que nous vous avons demandé de revivre au début de ce chapitre.

Modifier une croyance limitante

Combien de fois vous êtes-vous entendu dire des choses du genre « je ne peux pas faire ça », « je ne suis pas bon en maths » ou « je devrais apprendre à cuisiner » ? Ce sont toutes des croyances limitantes. Au chapitre 2, nous avons expliqué que vos croyances sont des généralisations que vous formulez sur vous-même et votre réalité. Elles peuvent vous handicaper, vous freiner ou vous responsabiliser. Les croyances sont des prédictions qui peuvent naître simplement sous les traits d'une notion ou d'une ébauche d'idée. Ensuite, vos filtres (métaprogrammes, valeurs, croyances, attitudes, souvenirs et décisions, voir chapitre 5) commencent à s'aligner comme des portes et ne laissent entrer que les « faits » et expériences qui vont renforcer votre croyance. Imaginons par exemple que vous ayez décidé de commencer un régime parce que vous estimez faire un peu plus envie que vous ne le voudriez. Vous suivez votre régime pendant quelques jours puis la tentation reprend le pas sur vous. À ce stade, il vous vient à l'esprit que « les régimes ne sont pas mon fort ». Vous essayez une nouvelle fois, sans succès, puis finissez par intégrer la croyance limitante selon laquelle « je ne peux pas suivre un régime ».

1. **Pensez à une croyance limitante que vous avez actuellement et que vous aimeriez changer.**

2. **Pensez à une croyance que vous aviez mais qui, pour vous, n'est plus vraie.**

   Ce peut être une croyance du style « je ne suis plus adolescent ». Ce ne doit pas nécessairement être une croyance limitante surmontable.

3. **À l'aide de la page de référence située à la fin du présent chapitre, identifiez les sous-modalités de la croyance dont vous estimez qu'elles ne sont plus vraies.**

   Par exemple, lorsque vous pensez à un personnage imaginaire tel que la petite souris ou le père Noël, vous le voyez peut-être au loin sur votre droite, en couleur et très brillant. Vous ressentez peut-être une espèce de palpitation pleine de chaleur au niveau de la poitrine et entendez une voix douce.

4. **Pensez à la croyance limitante et placez-la dans les sous-modalités de la croyance que vous n'avez plus.**

5. **Lorsque vous pensez à votre croyance limitante, on imagine que les sous-modalités sont différentes.**

6. **Déplacez l'image liée à votre croyance limitante pour la disposer à la même distance et et à la même position que l'image de la petite souris et donnez-lui une couleur et une luminosité identiques. Reproduisez ensuite les mêmes sensations corporelles et la même voix.**

Regardez comme votre croyance négative a changé, pour ne pas dire disparu !

Créer une croyance dynamisante

Dans la mesure où les croyances sont des prédictions qui se réalisent, il est utile d'avoir à l'esprit que vous avez la faculté de les choisir ! Dans l'exercice précédent, vous avez appris à faire disparaître une croyance limitante. Ne serait-il pas réellement utile d'apprendre à faire plus de choix dans la vie

en créant une pléthore de croyances qui vous permettront de
« mener votre barque » ?

1. **Pensez à une croyance qui vous serait vraiment utile et
que nous appellerons croyance désirée.**

   Cela pourrait être par exemple : « Je mérite de réussir. »

2. **Pensez à une croyance qui, _pour vous_, est absolument
vraie.**

   Par exemple, le soleil va se lever ce matin (eh oui, même
   derrière tous ces nuages).

3. **À l'aide des pages de référence situées à la fin du
présent chapitre, identifiez les sous-modalités de cette
croyance irréfutable.**

   Par exemple, lorsque vous pensez au lever de soleil, vous
   le voyez peut-être à environ deux mètres devant vous,
   légèrement miroitant, très lumineux et avec des couleurs
   orange. Vous sentez peut-être la chaleur vous envahir et
   entendez le chant des oiseaux.

4. **Placez les sous-modalités de la croyance irréfutable sur
la croyance désirée.**

   Déplacez l'image créée par la croyance désirée de façon
   à obtenir la même position et distance que celle du lever
   de soleil et reprenez les mêmes couleurs et luminosité.
   Reproduisez ensuite les mêmes sensations de chaleur et
   écoutez le chant des oiseaux.

Se débarrasser de ce mal de dos

Ce processus peut également servir pour les sensations
désagréables.

1. **Évaluez votre mal de dos sur une échelle de 1 à 5.**

2. **Créez une image du mal de dos.**

3. **Notez les sous-modalités du mal de dos à l'aide de la
liste fournie à la fin du présent chapitre.**

4. **Modifiez un par un chaque attribut du mal de dos.**

   S'il a une couleur, que se passe-t-il lorsque vous la modifiez (par exemple en choisissant un bleu apaisant) ? Que
   se passe-t-il lorsque vous voyez une bande en acier trans-

formée en lambeaux flottant au vent ? S'il s'agit d'une douleur lancinante, pouvez-la transformer en picotement ?
Si vous avez une sensation de chaleur, pouvez-vous la
transformer en vent frais ? Ces changements devraient
déjà avoir atténué voire fait disparaître votre mal de dos.

5. **Maintenant, imaginez-vous assis devant un écran de
cinéma. Vous ôtez de votre corps le mal de dos et en
projetez une image sur l'écran.**

6. **Diminuez la taille de l'image jusqu'à ce qu'elle ait la
taille d'un ballon.**

7. **Maintenant, regardez le ballon s'envoler dans le ciel.
Plus il prend de l'altitude, plus votre mal de dos diminue.**

8. **Lorsqu'il a atteint les nuages, l'intensité de la douleur
est maintenant de 1 sur une échelle de 5.**

9. **Lorsque vous perdez de vue le ballon, votre mal de dos
diminue pour ne plus être qu'un lointain souvenir.**

Utiliser le bruissement

Il s'agit d'une technique très efficace pour changer
durablement des habitudes et des comportements. Comme
souvent en PNL, le *bruissement*, repose sur la psychologie
comportementale. En partant du principe qu'apprendre
à répondre d'une certaine manière vous fait adopter un
comportement donné, le bruissement représente une
autre façon de répondre, à la place du comportement
indésirable. L'idée est d'utiliser les cheminements acquis
du comportement indésirable afin de créer un nouveau
modèle de comportement, souhaité. Si vous voulez arrêter
de vous ronger les ongles, réfléchissez à ce qui déclenche ce
comportement et créez une image de l'élément déclencheur.
Il se peut que vous passiez un doigt le long d'un ongle et que
vous trouviez une aspérité ou que ce soit une réponse à la
nervosité. L'image désirée correspond à ce que vous auriez ou
verriez à la place. Dans ce cas, il peut s'agir d'une main avec
des ongles parfaits.

Identifiez le comportement indésirable :

1. **Vérifiez que vous êtes prêt à procéder au changement. Dites-vous simplement « prêt ? ».**

2. **Identifiez l'élément déclencheur à l'origine du comportement indésirable et créez une image associée. Il s'agit de l'image du signal.**

3. **Exploitez l'image afin de découvrir la ou les deux sous-modalités critiques.**

4. **Interrompez le processus.**

   Cela signifie que vous sortez de l'état dans lequel vous étiez. Au moment de la transition entre deux phases de l'exercice, vous pouvez vous lever et bougez vos membres ou faire le tour de la pièce. Ainsi, vous faites une pause naturelle après les images et émotions générées lors de la première étape.

5. **Pensez à l'image désirée. Créez une image de vous-même en train d'avoir un comportement que vous aimez ou vous tenant d'une certaine façon, avec un mode dissocié.**

6. **Interrompez le processus.**

7. **Rappelez l'image du signal. Faites en sorte d'y être associé, puis placez un cadre autour.**

8. **Créez une image du résultat souhaité.**

9. **Faites entrer l'image désirée dans un minuscule point noir et placez celui-ci dans le coin inférieur gauche de l'image du signal.**

10. **D'un bruissement (Fffffff), propulsez le point noir dans la grande image pour qu'il explose sur l'image du signal.**

11. **Interrompez le processus.**

12. **Répétez l'exercice plusieurs fois.**

Si vous êtes plus kinesthésique que visuel ou auditif, vous trouverez peut-être le bruissement plus efficace en gardant les mains loin l'une de l'autre au début de l'exercice, puis en les joignant d'un geste rapide au moment du Fffffff.

Maintenant que vous avez procédé à de nombreuses expériences sur vos sous-modalités, vous savez que vous avez la capacité de les modifier afin de vous offrir plus de choix dans la vie. Vous pouvez ajouter épuisé aux sous-modalités de détendu comme vous l'avez fait dans les exercices ci-dessus.

Fiche descriptive des sous-modalités

Sous-modalités visuelles	Description de ce que vous voyez
Localisation	
Couleur/noir et blanc	
Sujet associé/dissocié	
Taille	
2D ou 3D	
Luminosité	
Mouvement	
Forme	
Format normal ou panoramique	
Netteté	

Sous-modalités auditives	Description de ce que vous entendez
Localisation	
Mots ou sons	
Volume	
Timbre	
Hauteur	
Mono ou stéréo	
Constance	
Rythme	
Tempo	
Accord	

Sous-modalités kinesthésiques	Description de ce que vous ressentez
Localisation	
Forme	
Pression	
Taille	
Qualité	
Intensité	
Mouvement	
Température	
Constance	
Texture	

Chapitre 11

Changer via les niveaux logiques

Dans ce chapitre :

▶ Découvrir à quel point le changement peut s'avérer facile

▶ Utiliser l'outil essentiel de la PNL pour gérer le changement

▶ Découvrir votre propre sens de l'intention

▶ Être plus centré sur votre carrière, votre vie et vous-même

L'une des présuppositions clés de la PNL est que « la carte n'est pas le territoire » (pour en savoir plus, voir le chapitre 2). Cela signifie que votre carte de la réalité n'est qu'une portion de l'histoire, que le territoire qui entoure votre carte est plus grand. Mais les choses se compliquent car le territoire de votre expérience change aussi vite que la carte. Ce paysage de la réalité que vous explorez change en permanence. Par conséquent, si vous acceptez l'idée que le monde dans lequel vous vivez et travaillez est dynamique, comment pouvez-vous affronter cela ?

L'approche du changement par la PNL repose sur le principe qu'il n'existe pas une seule carte du changement valide à un moment donné. Pour survivre et réussir, vous devez admettre et profiter de l'existence du changement et mettre en place des stratégies pour l'exploiter plutôt que de vous y opposer.

Dans ce chapitre, nous vous présentons un célèbre modèle développé en grande partie grâce aux travaux de Robert Dilts. Il est particulièrement utile à :

✔ la compréhension du changement pour vous-même en tant qu'individu ;

✔ la compréhension du changement pour les organisations.

Quelle est votre perspective ?

En fonction de l'image choisie, le changement peut constituer une occasion et une force positive, que vous le voyiez en tant que personne ou organisation. Quel dommage que le changement soit si souvent associé à la notion de difficulté. Les difficultés peuvent être artificielles. Il est une question que vous aimeriez peut-être vous poser en lisant avec bonheur ce chapitre : « Qu'est-ce que cela changerait pour moi si je supposais le contraire, serait-ce facile ? »

Entrez, nous vous invitons à découvrir l'un des meilleurs guides de la PNL, une méthode pour comprendre ce que vous vivez au cours d'un changement.

- ✔ Voir comment diviser le changement en étapes réalisables.
- ✔ Considérer le changement avec confiance plutôt que d'entamer un combat, de vous cacher dans un coin avec un sac sur la tête ou de courir dans la rue dans tous les sens.

C'est lorsque vous commencez à examiner le type de changement que vous êtes en train de vivre que les niveaux logiques peuvent vous aider à aller de l'avant dans les moments de confusion.

Comprendre les niveaux logiques

Les niveaux logiques sont un moyen efficace de réfléchir au changement en le considérant comme un modèle comprenant différentes catégories d'informations (voir figure 11.1). (La littérature de la PNL les nomme également niveaux neurologiques.)

Bien que nous vous ayons présenté les niveaux logiques de façon hiérarchique dans notre schéma, vous trouverez peut-être plus utile de les considérer comme un réseau de relations ou un ensemble de cercles concentriques. Tous les niveaux sont reliés entre eux. Le modèle sert simplement à structurer l'ensemble et à comprendre comment tout cela fonctionne.

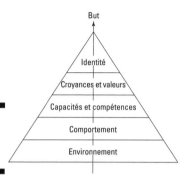

Figure 11.1 :
Les niveaux
logiques du
changement.

Nombreux sont les cas où le changement est plus facile
dans les niveaux inférieurs du schéma que dans les niveaux
supérieurs. Par exemple, une entreprise trouvera plus facile
d'apporter des changements aux locaux (environnement), en
repeignant les murs d'une couleur différente par exemple, que
de modifier sa culture ou créer une nouvelle identité. Chaque
niveau influe sur ceux qui sont situés au-dessus et au-dessous
de lui. La valeur essentielle du modèle est son approche
structurée permettant de comprendre ce qui se passe.

En français, il existe une expression qui décrit le bien-être :
« être bien dans sa peau ». De même, les adeptes de la PNL utilisent le terme *congruence* pour traduire précisément le fait
d'être réellement soi-même. Cela signifie que vous êtes sur la
bonne voie et cohérent. Les niveaux logiques du comportement, des capacités, des croyances, des valeurs et des compétences sont tous alignés. Essayez de repérer cet alignement
dans les organisations et chez les êtres humains. En période
de changement, vous avez de fortes chances de détecter un
mauvais alignement. Les gens peuvent se comporter de façon
imprévisible, mais cela ne traduit pas leurs véritables croyances.

Poser les bonnes questions

Lorsque vous commencez à réfléchir aux changements que
vous souhaiteriez apporter, vous pouvez vous poser certaines
questions aux différents niveaux.

🖊 L'**environnement** fait référence aux facteurs qui sont des occasions ou des contraintes extérieures. Permet de répondre aux questions **où**, **quand** et **avec qui**.

🖊 Le **comportement** est constitué d'**actions** ou de réactions au sein de l'environnement. Permet de répondre à la question **quoi**.

🖊 Les **capacités** concernent le savoir et les compétences, les « comment » qui orientent le comportement. Permet de répondre à la question **comment**.

🖊 Les **croyances et valeurs** fournissent le renforcement (motivation et autorisation) permettant d'appuyer ou de rejeter nos capacités. Permet de répondre à la question **pourquoi**.

🖊 L'**identité** détermine nos sens profonds. Permet de répondre à la question **qui**.

🖊 Le **but** va au-delà de la conscience de soi, il est lié à une notion plus vaste, celle de mission. Permet de répondre à la question **dans quel but** ou **pour qui**.

Prendre les niveaux logiques pas à pas

Vous pouvez utiliser les niveaux logiques pour réfléchir, petit à petit, à ce qui se passe dans votre environnement. Comme nous allons l'expliquer dans les pages suivantes, ces niveaux vous aideront à comprendre la structure et le modèle ainsi que le contenu des différents problèmes, événements, relations ou organisations.

Voyons simplement la façon dont vous pouvez utiliser ce modèle lorsque vous êtes face à une décision à prendre liée à changement ou à un dilemme à trancher. Vous pouvez utiliser le concept de niveaux logiques pour vous aider à trouver la meilleure marche à suivre. Voici comment fonctionne le processus :

1. **Vous identifiez d'abord les éléments qui ne sont pas alignés.**

   C'est le cas lorsque vous n'êtes pas à l'aise et que vous souhaitez que les choses se passent autrement.

Pourquoi le « pourquoi » est-il la question la plus difficile ?

(Kate) En tant qu'auteur d'ouvrages sur le monde des affaires, j'ai passé de nombreuses années dans les entreprises à interroger des directeurs, interpréter leur vision et publier leurs opinions sous une forme digeste.

Les questions « qui », « quoi », « quand », « où », « pourquoi » et « comment » constituent les armes essentielles du journaliste. Pourtant, ce n'est qu'en découvrant les niveaux logiques de la PNL que j'ai commencé à saisir pourquoi certaines questions restent sans réponse, voire déclenchent l'hostilité, tandis que d'autres sont accueillies chaleureusement. Lorsque vous voulez savoir quelque chose sur un sujet, préparez les niveaux logiques. Commencez par l'environnement, les questions, « où », « quand » et « avec qui ». Il s'agit de questions qui apportent des réponses factuelles. Passez ensuite aux questions « quoi » et « comment ». Laissez la question « pourquoi » pour la fin. Il est bien plus difficile de répondre à la question « pourquoi avez-vous fait ça ? », qui fonce tête baissée dans le royaume des croyances, qu'à la question « comment vous y êtes vous pris ? », qui correspond à une approche plus en douceur, ou même qu'à la question « comment cela s'est-il produit ? », laquelle dissocie la personne de l'interrogation.

2. Vous localisez le changement.

Pour ce faire, posez-vous certaines questions susceptibles de vous aider à repérer où doit intervenir le changement. À chaque niveau logique correspondent certains types de questions. Reportez-vous à la section « Trouver le levier adapté au changement » afin de pénétrer les différents niveaux logiques.

3. Une fois identifié le niveau logique mal aligné, vous l'alignez de nouveau sur les autres.

Dans les niveaux inférieurs du changement, disons l'environnement ou le comportement, il peut y avoir de petits changements ou des habitudes simples que vous pouvez modifier. Agir sur vos capacités prendra plus de temps, tandis qu'un coach (ou un consultant dans le cadre de votre entreprise) vous sera peut-être nécessaire pour vous aider à étudier vos croyances et vos valeurs ou développer une nouvelle identité.

Pour que le changement soit pérenne, il est utile de savoir à quel niveau il doit intervenir. Nous essayons souvent de résoudre des problèmes en modifiant le niveau logique (l'environnement ou le comportement) alors qu'il faudrait agir sur les valeurs, les croyances ou l'identité. De même, lorsque vous avez des problèmes avec le comportement de quelqu'un, souvenez-vous de ne pas remettre en cause son identité et de respecter ses croyances.

Pour faciliter le changement, il faut les bonnes ressources au bon moment et au bon endroit. Destinées à vous aider, les ressources peuvent être externes, – des personnes ou du matériel –, ou internes, – votre propre expérience ou votre façon de penser. La PNL part du principe que tout un chacun dispose ou peut acquérir les ressources dont il a besoin pour accomplir ce qu'il souhaite.

Quel que soit le niveau d'intervention, il est important de veiller à ce que les ressources situées au niveau supérieur soient en place. Pour qu'un changement apporté au niveau *environnement* soit durable, il vous faudra prendre les bonnes mesures (*comportement*). Pour développer les capacités, vous devrez utiliser les croyances existantes.

Utilisations pratiques des niveaux logiques

Les niveaux logiques peuvent servir à dynamiser et à se concentrer dans de nombreuses situations dont voici quelques exemples :

- ✔ **Recueillir et structurer des informations** – rédiger un rapport, une rédaction ou n'importe quel document.

- ✔ **Bâtir des relations familiales** – chercher ce que veulent tous les membres la famille pour qu'ils œuvrent de concert. C'est plus particulièrement utile en cas changement spectaculaire au sein de la structure familiale (divorce ou remariage).

- ✔ **Améliorer les performances du personnel ou de l'entreprise** – décider où opérer les changements pour remettre sur pied une entreprise en difficulté ou traverser les fusions et acquisitions.

✔ **Développer le leadership et la confiance** – parcourir les niveaux afin d'obtenir l'alignement requis et d'afficher la confiance nécessaire pour diriger une équipe ou une entreprise.

Ouvrez n'importe quelle « boîte à outils », qu'il s'agisse d'une boîte de feutres pour tableaux, d'une boîte de couleurs, d'une boîte de forets pour perceuse ou d'une boîte à outils traditionnelle, vous préférez toujours certaines pièces dans le lot. Vous revenez toujours vers ces fidèles compagnons qui peuvent conditionner votre bien-être. Vous découvrirez que le modèle des niveaux logiques offre encore et toujours la fonction valeur ajoutée. C'est comme un copain qui vous aide à décrypter les informations complexes, qu'il s'agisse de comprendre un projet commercial ou de gérer une conversation difficile. Si vous ne cessez de vous servir d'un outil bien précis de la boîte PNL, il pourrait bien s'agir de votre arme préférée.

Trouver le levier adapté au changement

Comme l'a dit Carl Jung, l'un des éminents spécialistes de psychologie du vingtième siècle, « nous ne pouvons effectuer le moindre changement tant que nous ne l'avons pas accepté. La condamnation ne libère pas, elle oppresse ». Et il avait raison car la première étape pour affronter le changement est d'accepter ce qui se passe. Vous êtes alors en position d'y travailler activement et de vous donner des choix plutôt que de subir ce qui vous arrive.

Pour que le changement puisse se produire, il faut trois conditions. Vous devez :

✔ vouloir ce changement ;

✔ savoir comment procéder à ce changement ;

✔ avoir ou susciter l'occasion de procéder à ce changement.

Dans les sections suivantes, vous allez approfondir un peu plus les niveaux logiques. Pendant l'exploration, gardez à l'esprit cette question essentielle : « Comment rendre ce changement facile pour moi ? »

Toutes les questions soulevées dans les prochaines sections vous concernent en tant qu'individu, mais vous pouvez également poser les mêmes questions sur votre entreprise.

L'environnement

L'environnement concerne le temps, le lieu et les individus. C'est le contexte physique dans lequel vous évoluez. Le principe est d'être au bon moment au bon endroit. Pour parler couramment une langue étrangère, le moyen le plus facile est d'aller vivre pendant quelques temps dans le pays, de vous immerger dans la culture, l'idéal étant de vivre avec les autochtones. C'est le meilleur endroit pour apprendre. De même, pour apprendre à vous servir d'un logiciel, il serait judicieux de participer à un projet qui vous permettrait de travailler avec une personne ou une équipe qui l'utilise dans son entreprise. Là encore, l'environnement serait propice à l'apprentissage, lequel est une forme de changement. Le moment choisi est également primordial, vous ne pouvez pas apprendre s'il ne vous convient pas, par exemple lorsque vous êtes occupé à autre chose.

Il existe certaines questions *environnementales* à vous poser lorsque vous sentez que vous n'êtes pas au bon endroit ou que ce n'est pas le moment opportun pour obtenir ce que vous voulez :

- ✔ Où travaillez-vous le mieux ?
- ✔ Où souhaitez-vous mener vos explorations ?
- ✔ Quel type de foyer vous convient, moderne, minimaliste ou traditionnel ?
- ✔ De quel genre de personnes aimez-vous être entouré ? Avec qui vous sentez-vous bien, plein d'énergie et à l'aise ? Qui vous épuise ? Ou préférez-vous travailler seul ?
- ✔ À quel moment de la journée vous sentez-vous bien ? Vous levez-vous au chant du coq ou êtes-vous noctambule ?

Ce genre de questions vous apporte les bonnes informations. Vous pouvez alors déceler les problèmes environnementaux à traiter.

Le comportement

Votre comportement englobe tout ce que vous dites et faites consciemment. En PNL, le comportement fait référence à vos pensées et vos actions. Votre comportement a un but, une intention positive pour vous.

Au niveau comportemental, le changement est facile à effectuer si vous êtes vraiment motivé, lorsqu'il est en adéquation avec votre identité, vos croyances et vos valeurs.

Lorsque vous estimez des changements de comportement nécessaires de votre part afin d'obtenir les résultats souhaités, certaines questions *comportementales* sont salutaires :

- ✔ Votre comportement favorise-t-il la poursuite de vos objectifs ?
- ✔ Correspond-il à la personne que vous pensez être ?
- ✔ Que faites-vous pour rendre la vie intéressante et amusante ?
- ✔ Que dites-vous généralement ? Y a-t-il des expressions qui reviennent souvent dans votre bouche ?
- ✔ Quels mots et expressions remarquez-vous chez les autres ?
- ✔ À quel point prêtez-vous attention au comportement des autres (la démarche, le timbre de voix et le sourire) ?
- ✔ Quels changements de couleur observez-vous chez les autres lorsqu'ils parlent ?
- ✔ Quand et comment votre respiration change-t-elle ?
- ✔ Quel langage corporel adoptez-vous dans différentes circonstances ?
- ✔ Quel genre de personne semblez-vous être ?

Optimiser les comportements efficaces

Pour apporter un changement positif, il vaut la peine de développer des comportements et des habitudes bénéfiques. Les petits changements ont souvent un effet progressif. Si vous suivez un régime afin de rentrer dans vos nouveaux vêtements, une bonne habitude à prendre et à conserver serait de manger chaque jour une bonne salade à la place de vos sandwiches. Dans le même ordre d'idée, au bureau, si vous essayez d'améliorer les réunions de votre équipe, vous pourriez décider de fixer systématiquement les heures de début et de fin.

Au cours de l'écriture de ce livre, et confrontées à des délais serrés, nous avons pris conseil auprès d'auteurs à succès. Il est un message clé que nous avons retenu : écrire un peu chaque jour, que ce soit deux cents ou deux mille mots. (Nous avons entendu parler d'un célèbre auteur qui rédigeait six cents mots par jour, pas un de plus ni un de moins, même s'il devait s'arrêter au beau milieu d'une phrase.) Le changement de comportement que nous avons adopté fut de nous lever de bonne heure le matin et de commencer par écrire pendant deux heures. En mobilisant notre énergie de bon matin, nous étions vraiment motivées et nous nous sentions comme de vrais auteurs de la collection *Pour les Nuls*.

S'entraîner à avoir les bons comportements jusqu'à ce qu'ils deviennent habituels vous permettra d'améliorer vos capacités. Combien de grands sportifs ou musiciens sont nés une raquette ou un violon à la main ? Ils ont certes un talent à la base mais l'essentiel réside dans les heures d'entraînement et de répétition et dans la volonté de se dépasser. L'un de nos professeurs de tennis évoquait ses souvenirs d'entraîneur du champion britannique Tim Henman lorsque ce dernier était jeune. Tim était toujours prêt à se défoncer et à rester à taper des balles alors que les autres en avaient eu assez depuis longtemps. Le golfeur Tiger Woods est connu pour être le premier sur le parcours. Pour rester au sommet, il faut s'entraîner dur et régulièrement.

Modifier des comportements indésirables

Quid des comportements dont vous aimeriez vous débarrasser, ces stupides habitudes telles que le tabac et une mauvaise hygiène alimentaire ? Ils sont si difficiles à changer car ils sont liés à des niveaux logiques supérieurs impliquant les croyances et l'identité.

« Je suis fumeur » = déclaration liée à l'identité.

« J'ai besoin d'une cigarette lorsque je suis stressé » = déclaration liée à une croyance

« C'est un garçon grand et fort » = déclaration liée à l'identité.

« Il ne peut pas se nourrir de salade et de fruits » = déclaration liée à une croyance.

Pour faciliter un changement, vous pouvez vous forger une nouvelle identité, telle que « je suis en bonne santé », avec des croyances telles que « je peux prendre de bonnes habitudes pour prendre soin de moi ».

Les capacités

Les capacités correspondent à vos talents et compétences. Ce sont les très précieux atouts des personnes et des organisations. Il s'agit des actes que vous faites si bien que vous pouvez les répéter régulièrement sans effort conscient apparent. Marcher et parler sont par exemple des compétences acquises sans en comprendre le mécanisme. Vous êtes naturellement une formidable machine à apprendre.

Il est d'autres choses que vous avez apprises de façon plus consciente. Vous savez peut-être faire voler un cerf-volant, faire du vélo, utiliser un ordinateur, pratiquer un sport ou jouer d'un instrument. Il s'agit là de compétences que vous avez délibérément choisi d'apprendre. Vous avez peut-être une joie de vivre fantastique, vous savez écouter vos amis ou vous conduisez toujours vos enfants à l'heure à l'école. Autant de compétences précieuses qui vont de soi pour vous et que les autres pourraient acquérir. Vous vous souvenez probablement de l'époque où vous ne saviez pas encore faire ces choses alors qu'il vous est impossible de vous rappeler d'un épisode de votre vie situé à un moment où vous ne marchiez ni ne parliez encore. Les organisations créent des compétences clés pour leurs processus opérationnels, nécessaires pour qu'elles fonctionnent de façon optimale.

La PNL est très centrée sur le niveau des capacités, en partant du principe que toutes les compétences s'acquièrent, que tout est possible à partir du moment où on le prend par petits morceaux. Le directeur des ressources humaines de l'un des plus prestigieux détaillants britanniques nous disaient récemment : « Quand nous recrutons, nous nous basons surtout sur l'attitude. À partir du moment où celle-ci est bonne, nous pouvons enseigner les compétences requises pour un poste. »

Mais, même les attitudes s'apprennent et se changent, à condition que vous ayez le désir, le savoir-faire et l'occasion d'apprendre. La question qu'il faut garder à l'esprit tout au long de la journée est : « Comment puis-je faire ça ? » La PNL veut qu'en apprenant par l'observation des autres et de vous-même, vous deveniez ouvert aux changements et soyez en mesure de développer vos propres capacités. Pour faire une chose bien, trouvez d'abord une personne qui en est capable et prêtez minutieusement attention à tous ses niveaux logiques.

Voici quelques questions à vous poser si vous souhaitez évaluer vos capacités et savoir dans quels domaines vous avez une marge de progression :

- ✔ Quelles sont les compétences acquises dont vous êtes fier ? Comment vous y êtes-vous pris ?
- ✔ Êtes-vous devenu expert dans un domaine qui vous est moins utile ? Comment cela s'est-il produit ?
- ✔ Connaissez-vous quelqu'un ayant une attitude très positive dont vous pourriez vous inspirer ? Comment pourriez-vous procéder ?
- ✔ Demandez à d'autres personnes dans quels domaines vous excellez.
- ✔ Quoi d'autre ? Qu'aimeriez-vous apprendre ?

En faisant évoluer vos capacités, le monde s'ouvre à vous. Vous êtes en position de relever de plus grands défis ou de mieux faire face à ceux qui vous donnent du fil à retordre.

Les croyances et les valeurs

Les croyances et les valeurs sont les principes fondamentaux qui façonnent vos actions. Le chapitre 4 vous éclaire sur la façon dont ils orientent votre vie, même si, souvent, vous n'avez pas conscience de leur existence. Ce que *vous* pensez être vrai sera souvent différent de ce que je pense être vrai. Nous ne parlons pas ici de croyances religieuses mais plutôt de votre perception à un niveau profond, souvent inconscient.

De même, les valeurs sont importantes pour vous, elles vous poussent à sortir ou non du lit le matin. Il s'agit de critères tels que la santé, la richesse ou le bonheur. Les croyances et les valeurs, ainsi que la place qu'elles occupent dans votre hiérarchie, sont propres à chaque personne. Voilà pourquoi il est si difficile de motiver toute une équipe avec une seule approche. Il n'existe pas de « taille unique » en termes de croyances et de valeurs.

Les valeurs sont également des règles qui nous maintiennent sur la route du « socialement acceptable ». Si je cherche de l'argent, mes valeurs d'honnêteté m'empêchent de le voler. Il arrive qu'il existe un conflit entre deux valeurs, par exemple entre la vie de famille et le travail. Quand il s'agit d'apporter un changement, la compréhension des croyances et valeurs influe beaucoup. Lorsque vous croyez suffisamment en quelque chose, c'est une force qui insuffle de l'énergie pour procéder au changement. Vous vous concentrez sur ce qui est vraiment important à vos yeux et faites ce que vous voulez réellement faire, vous rapprochant ainsi de la personne que vous souhaitez être. Vous occupez un espace qui vous convient et qui vous apparaît naturel. Les croyances et les valeurs nous font avancer et influencent les niveaux inférieurs que sont les capacités, le comportement et l'environnement. C'est ainsi que tous les niveaux commencent à s'aligner les uns sur les autres.

Nous travaillons souvent avec des personnes mécontentes lorsqu'elles changent d'emploi. John, directeur de l'informatique, est un exemple typique. Tous les deux ans environ, il en avait marre, il décrétait qu'il était temps de changer et postulait pour un autre emploi mieux payé, avec de meilleures prestations d'assurance sociale, dans un nouvel endroit, en espérant que les choses s'arrangeraient ailleurs. Il procédait simplement à des changements au niveau environnemental (nouvelle entreprise, nouveau pays, nouvelles fréquentations). « Ce sera mieux en travaillant à New York. » Quand il commença à évaluer ses propres valeurs et croyances, il se rendit compte qu'il manquait quelques ingrédients essentiels. Il avait consacré du temps et dépensé de l'énergie pour passer un mastère de gestion (MBA) et accordé de l'importance à l'apprentissage professionnel et à sa progression. Mais il se retrouvait toujours dans des entreprises qui recrutaient et licenciaient à tour de bras, trop occupées pour investir dans le facteur humain ou avoir une réelle stratégie. En fait, elles épuisaient son énergie. Ses croyances et ses valeurs ne correspondaient pas à celles des entreprises dans lesquelles il travaillait. Une fois ceci assimilé, il mit ses compétences au service d'une prestigieuse école de commerce internationale qui valorisa son savoir et lui donna l'occasion d'évoluer.

Voici quelques questions sur les *croyances* et les *valeurs* à vous poser lorsque vous percevez un conflit, à ce niveau logique, qui vous empêche d'obtenir ce que vous voulez :

- ✔ Pourquoi faites-vous cela ? Pourquoi font-ils cela ?
- ✔ Quels sont les facteurs importants pour vous dans cette situation ?
- ✔ Qu'est-ce qui est important pour les autres ?
- ✔ Qu'est-ce qui est bien et mal selon vous ?
- ✔ De quelle vérité avez-vous besoin pour obtenir ce que vous voulez ?
- ✔ Quand dites-vous « je devrais » et « je ne devrais pas » ?
- ✔ Quelles sont vos croyances sur cette personne ou situation ? Vous aident-elles ? Quelles croyances pourraient vous aider à obtenir de meilleurs résultats ?
- ✔ Que penserait une autre personne si elle était à votre place ?

Armé des réponses à ces questions, vous souhaitez peut-être étudier vos croyances et vos valeurs pour être certain qu'elles vous aideront dans les moments difficiles. En vous interrogeant sur vos croyances, vous choisirez peut-être de vous débarrasser de certaines qui ne vous sont plus bénéfiques.

En entreprise, dans les programmes de gestion des changements, vous entendez souvent l'expression « gagner le cœur et l'esprit » des gens. Cela signifie que vous devez prendre en compte les croyances et les valeurs des autres. Une fois les bonnes croyances solidement en place, la PNL indique que les niveaux inférieurs, tels que les capacités et le comportement, se positionnent automatiquement.

L'identité

L'identité décrit le sens de qui nous sommes. Vous pouvez vous exprimer à travers vos croyances, vos valeurs, vos capacités, votre comportement et votre environnement, bien que vous ne soyez pas uniquement cela. La PNL part du principe que l'*identité* d'une personne se distingue de son *comportement* et vous recommande de toujours avoir l'esprit la différence entre ces deux notions. Vous êtes plus que ce que vous faites. Ce principe sépare l'intention figurant derrière une action de l'action proprement dite. C'est pourquoi la PNL évite de cataloguer les personnes. Par exemple, la phrase « les hommes se comportent mal » ne signifie pas que les hommes sont intrinsèquement mauvais, mais simplement que leur comportement est mauvais.

Un de nos clients industriels évoque le principe suivant : il faut ménager l'homme et traiter le problème sans ménagement. C'est un style de management positif qui va dans le sens du principe de la PNL selon lequel l'être humain fait toujours le meilleur choix qui s'offre à lui en fonction de sa propre situation.

Si vous souhaitez apporter des réponses favorisant l'apprentissage et l'amélioration des performances, reprenez toujours ce que quelqu'un a dit ou fait, c'est-à-dire son *comportement*, plutôt que de livrer un commentaire axé sur l'*identité*. Par exemple, au lieu de dire « John, désolé mon vieux mais tu as été vraiment mauvais », glissez plutôt « John, on a eu du mal à t'entendre pendant la réunion parce que tu regardais tout le temps ton ordinateur et que tu nous tournais le dos ».

Voici quelques questions sur l'*identité* à vous poser lorsque vous sentez un conflit autour de votre identité :

- En quoi ce que vous vivez peut-il être une expression de qui vous êtes ?
- Quel type de personne êtes-vous ?
- Comment vous décririez-vous ?
- Quelles étiquettes mettez-vous sur les autres ?
- Comment les autres vous décriraient-ils ?

> ✔ L'opinion des autres vous concernant vous conviendrait-elle ?
>
> ✔ Quels sont les images, les sons et les sensations perçus lorsque vous pensez à vous-même ?

Une plus grande conscience de soi est excellente pour tout projet de changement personnel. Les gens essayent trop souvent de changer les autres alors que changer personnellement serait un point de départ plus efficace.

Le but

Ce niveau, qui va au-delà de l'identité, vous offre du recul lorsque vous commencez à vous interroger sur vos intentions, votre éthique, votre mission ou votre place dans la vie. Il ouvre aux individus les portes de la spiritualité et les sensibilise à l'ordonnancement de l'univers. Il conduit les organisations à définir leur raison d'être, leur vision et leur mission.

La survie de l'homme dans des situations d'incroyable souffrance dépend d'une extraordinaire croyance en soi, d'une flamme intérieure qui va au-delà de l'identité. Prenez la résistance du dalaï-lama pour défendre le Tibet ou l'épreuve de Viktor Frankl, survivant de l'holocauste, relatée dans son livre *Découvrir un sens à sa vie avec la logothérapie*.

Voici quelques questions sur le *but* à vous poser lorsque vous voulez savoir si vous avancez dans la bonne direction :

> ✔ Pour quelle raison êtes-vous ici ?
>
> ✔ Quelle contribution voudriez-vous apporter aux autres ?
>
> ✔ Quelles sont les forces personnelles que vous pouvez apporter au monde dans son ensemble ?
>
> ✔ Quels souvenirs voudriez-vous laisser à votre mort ?

Dans *The Elephant and the Flea* (L'éléphant et la puce), le gourou du management Charles Handy transmet la passion qui vient d'un sens de la mission et de l'intention profonde. Dans *The New Alchemists*, qu'il a écrit avec sa femme Elizabeth Handy, photographe portraitiste, il dit que les entrepreneurs défient la logique et s'accrochent à leur rêve :

– « C'est la passion qui les fait avancer, ils croient passionnément en ce qu'ils font. Cette passion leur permet de tenir dans les moments difficiles, c'est leur raison de vivre. La passion est un terme bien plus fort que la mission ou le but et je me rends compte que je me parle également à moi-même en disant cela. »

– Lorsque vous agissez avec détermination, voyez comme vous êtes irrésistible. Vous êtes dans les meilleures conditions pour que tous vos niveaux logiques soient alignés.

Découvrir les niveaux des autres : langage et niveaux logiques

L'intonation, la façon de parler de quelqu'un vous indiquent à quel niveau il se situe. Prenez la simple phrase « je ne peux pas faire ça ici » et écoutez sur quel mot est placé l'accent.

« *Je* ne peux pas faire ça ici » = énoncé axé sur l'identité.

« Je *ne peux pas* faire ça ici » = énoncé axé sur la croyance.

« Je ne peux pas *faire* ça ici » = énoncé axé sur la capacité.

« Je ne peux pas faire *ça* ici » = énoncé axé sur le comportement.

« Je ne peux pas faire ça *ici* » = énoncé axé sur l'environnement.

Quand vous savez à quel niveau se situe la personne, vous pouvez l'aider à opérer un changement à ce niveau précis. Si elle se situe au niveau environnemental, la question à poser sera : « Si ce n'est pas ici, où pouvez-vous le faire ? » Si elle se situe au niveau de l'identité, la question sera : « Si tu ne le fais pas, qui peut le faire ? »

Exercice sur les niveaux logiques : la création d'un esprit d'équipe

Nous avons dit que la PNL était expérientielle. Cela signifie que pour tirer parti de nombre d'exercices, il vous faut parfois bouger physiquement et mentalement. Comme le dit Robert

Dilts, le gourou de la PNL, « la connaissance n'est qu'une rumeur tant qu'elle n'a pas pénétré vos muscles ». Vous pouvez étaler des morceaux de papier par terre et reproduire les différents niveaux ou utiliser des chaises, comme dans l'exercice suivant.

Cet exercice vous aide à créer une synergie au sein de votre équipe. Vous pouvez mettre de la musique baroque pour favoriser la naissance des idées, puis l'accélérer sous forme de jeu des chaises musicales. Quelqu'un peut également inscrire les idées sur un tableau.

1. **Désignez une personne pour animer l'exercice, poser les questions et noter les réponses.**

   Cette personne est votre maître des questions.

2. **Placez six chaises sur une ligne. Sur chaque chaise, posez une étiquette sur laquelle figure un des six niveaux logiques.**

3. **Faites asseoir les membres de l'équipe.**

4. **Dites au maître des questions de poser à chaque membre une question en fonction de la chaise sur laquelle il est assis.**

   Voici les questions correspondant à chaque niveau logique :

   – Chaise environnement : « Où, quand et avec qui cette équipe travaille-t-elle le mieux ? »

   – Chaise comportement : « Qu'est-ce que cette équipe sait bien faire ? »

   – Chaise capacités : « Comment procédons-nous lorsque nous travaillons bien ? »

   – Chaise croyances et valeurs : « Pourquoi cette équipe est-elle là ? Qu'est-ce qui est important pour nous ? »

   – Chaise identité : « Qui est cette équipe ? »

   – Chaise but : « Comment cette équipe apporte-t-elle sa contribution au monde ? Quelle est notre mission envers les autres ? »

5. **Une fois que tous les membres de l'équipe ont répondu à leur question, faites-les changer de chaise puis posez les mêmes questions.**

Faites en sorte que les participants se déplacent assez rapidement. Ils peuvent passer deux fois sur une chaise. Une fois
toutes les réponses collectées, il faut passer en revue toutes
les informations recueillies afin de définir des modèles et des
nouvelles idées pour unir vos forces collectives.

Chapitre 12

Vos habitudes : découvrir vos programmes secrets

Dans ce chapitre :

▶ Comprendre la psychologie qui se cache derrière vos habitudes et comportements

▶ Découvrir comment utiliser les stratégies pour devenir un communicant irrésistible

▶ Appliquer des stratégies pour surmonter votre agressivité au volant

▶ Apprendre à écrire sans faire de fautes d'orthographe

*L*orsque vous vous êtes levé ce matin, vous êtes-vous d'abord brossé les dents ou avez-vous d'abord pris une douche ? (Romilla) Lorsque j'étudiais le yoga avec Swami Ambikananda, l'une des missions de la classe était de mieux comprendre les rituels inconscients que nous avons tous. Swami Ambikananda nous a invités à modifier l'ordre des choses que nous faisions pour commencer la journée (nous habiller, prendre le petit déjeuner et se préparer pour partir au travail). Bigre ! Quel remue-ménage dans notre tête ! Il fallait vraiment se concentrer pour que le restant de la journée se passe sans problème. En ce qui me concerne, j'ai eu l'impression ce jour-là d'avoir oublié quelque chose d'important et je n'ai pas arrêté de chercher ce que cela pouvait bien être. Quelle expérience désagréable !

Tout le monde possède une stratégie pour tout et très peu de personnes sont conscientes d'évoluer sur pilote automatique pour certaines choses. Mais, ce qui est génial, c'est que si vous vous rendez compte que votre stratégie n'est pas adaptée vous aurez désormais les outils nécessaires pour la modifier… et vous saurez également identifier la stratégie efficace d'une autre personne et la reproduire.

Comme l'a dit Tad James, créateur de la thérapie de la ligne du temps, « une stratégie est n'importe quel jeu interne ou externe (ordre, syntaxe) d'expériences qui aboutit invariablement au même résultat ».

Vous utilisez des stratégies pour tous les comportements, se sentir aimé, aimer votre conjoint, vos parents, vos enfants ou votre animal, détester quelqu'un, être irascible avec votre fille, acheter votre parfum préféré, apprendre à conduire, réussir, échouer, rechercher la santé, la richesse et le bonheur à l'infini. Dans ce chapitre, vous allez découvrir les mécanismes de vos comportements, qui vont vous permettre de conduire votre vie.

L'évolution des stratégies

Le modèle de stratégie de la PNL est né d'un processus évolutif. À l'origine figurent Pavlov et ses chiens, puis les psychologues cognitifs Miller, Galanter et Pribram, ont amélioré ce modèle, avant qu'il ne soit affiné par Grinder et Bandler, les pères fondateurs de la PNL.

Le modèle SR (Stimulus-Réponse)

Les béhavioristes ont basé leurs travaux sur Pavlov et ses chiens. Les chiens entendaient une sonnette qui indiquait la présence de nourriture (stimulus) et salivaient (réponse). Les béhavioristes pensaient que les êtres humains répondaient simplement à un stimulus. Par exemple, « il bat sa femme (réponse) parce qu'il était battu étant enfant (stimulus) ». Ou « il donne toujours de l'argent aux SDF (réponse) parce qu'il a eu une enfance très pauvre (stimulus) ». La figure 12.1 illustre le modèle SR.

Figure 12.1 :
Le modèle
Stimulus-
Réponse.

Le modèle TOTE

Miller, Galanter et Pribram ont étoffé le modèle stimulus-réponse (SR) du comportementalisme et présenté le modèle TOTE (Test déclencheur, Operate (intervention), Test comparatif, Exit (sortie) illustré par la figure 12.2. Le modèle TOTE fonctionne sur le principe que vous avez un objectif en tête lorsque vous affichez un comportement particulier. Le but de votre comportement est de vous rapprocher le plus près possible du résultat souhaité. Vous disposez d'un test pour savoir si vous avez atteint votre objectif. Si c'est le cas, vous arrêtez le comportement. Si ce n'est pas le cas, vous modifiez le comportement puis le reproduisez, intégrant par là même une simple boucle réaction/réponse. Par conséquent, si votre objectif est de faire bouillir l'eau de la bouilloire, le test consiste à vérifier si l'eau a bien bouilli ; s'il n'y a pas eu ébullition, vous continuez d'attendre que l'eau bouille, vous testez pour savoir si l'eau a bouilli et l'expérience prend fin une fois l'ébullition atteinte.

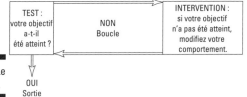

Figure 12.2 : Le modèle TOTE.

La stratégie PNL = TOTE + systèmes de représentation sensorielle

Vous vivez la réalité à travers vos cinq sens, visuel (yeux), auditif (oreilles), kinesthésique (sensations et toucher), olfactif (nez) et gustatif (goût). Il s'agit de vos *systèmes de représentation sensorielle*, également appelés *modalités*. Les *sous-modalités* s'associent pour former les modalités. Par exemple, si vous avez une image en tête, vous utilisez votre système (ou modalité) visuel. Vous pouvez régler les qualités ou sous-modalités de l'image en la grossissant, en la rendant plus brillante ou en la rapprochant de vous. Le chapitre 10 vous en dit plus sur vos sous-modalités et comment elles peuvent influer sur la façon dont vous vivez la réalité.

Bandler et Grinder ont intégré les systèmes de représentation sensorielle (modalités) et les sous-modalités dans les phases de test et d'intervention (*Operate*) du modèle TOTE, qu'ils ont affiné pour aboutir au modèle de stratégie de la PNL. Selon Bandler et Grinder, l'objectif que vous vous fixez lorsque vous mettez en place une stratégie et les moyens qui vous permettent de vérifier si l'objectif a été atteint dépendent des combinaisons de *vos* modalités. Par exemple, vous pouvez créer une image de l'objectif et entendre une voix vous dire quoi faire. Au moment de juger du succès de l'opération, vous pouvez percevoir une certaine sensation et entendre un son, ainsi que générer une image. Votre évaluation du succès consiste donc à ressentir, entendre, voir ou non ce que vous aviez imaginé par le biais de vos sous-modalités.

Le modèle de stratégie de la PNL en action

Cette section montre comment fonctionne le modèle de stratégie de la PNL pour une personne mettant en œuvre une stratégie d'agressivité au volant. Le modèle TOTE (figure 12.2) est enrichi de modalités pour que vous disposiez du modèle de stratégie de la PNL pouvant servir à comprendre comment une personne génère un certain type de comportement.

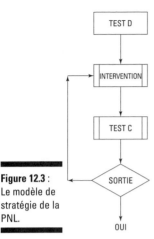

Figure 12.3 :
Le modèle de
stratégie de la
PNL.

✔ **Test D(éclencheur)** – c'est l'élément déclencheur d'une
stratégie. C'est au cours de ce test que vous évaluez si les
informations vous parvenant via vos sens sont conformes
aux données nécessaires pour déclencher la stratégie. Si
vous avez tendance à être agressif au volant, l'élément
déclencheur pourrait être la vision d'une voiture qui vous
dépasse par la droite et force le passage pour se glisser
juste devant vous dans un embouteillage (confirmation
visuelle). Étant de bonne humeur (pas de confirmation
kinesthésique), vous choisissez de ne pas exécuter la
stratégie. Mais, si vous êtes de mauvaise humeur (confirmation kinesthésique), vous lancez votre stratégie
d'agressivité au volant lorsque vous avez la confirmation
visuelle qu'un véhicule vous fait une queue de poisson.
Votre objectif est de faire clairement savoir au conducteur
de la voiture fautive ce que vous pensez de lui et de bien
savourer la sensation d'agressivité incontrôlable (kinesthésique).

✔ **Operate (Intervention)** – c'est le processus consistant
à recueillir les données qui vont vous aider à appliquer
votre stratégie. Ainsi, pour votre stratégie d'agressivité au
volant, vous savez où se trouvent le klaxon et la commande des phares et quel geste grossier de la main vous
souhaitez faire. Dans cet exemple, vous utilisez la modalité visuelle car vous visualisez l'arsenal nécessaire pour

employer votre stratégie. Néanmoins, vous mobilisez la modalité auditive car vous récapitulez toutes les vilaines injures que vous connaissez. Vous vous lancez ensuite dans votre meilleur comportement d'agressivité au volant.

✔ **Test C(omparatif)** – vous comparez les données et la situation actuelle à votre objectif d'application de la stratégie. Vous avez bien actionné votre klaxon (auditif), débité vos pires jurons (visuel, au grand avantage du fautif) et fait les gestes appropriés (kinesthésique pour vous-même et visuel pour l'autre conducteur). Voir rouge est si booooon quand cette sensation mortelle vous envahit (kinesthésique) : Mais… oh non, vous avez oublié de faire un appel de phares (visuel) !

✔ **Exit (sortie)** – vous sortez du processus. Dans cet exemple, vous reviendriez au début de la boucle et feriez un second tour car vous avez oublié les appels de phares.

(Romilla) Quand j'ai passé les épreuves pour obtenir mon diplôme de PNL, l'exercice sur le modelage consistait à casser une planche. Il s'agissait d'un morceau de bois assez solide et j'avais très peur de ne pas y arriver. Ma stratégie pour me préparer mentalement était de voir la planche se casser (visuel), de ressentir l'énergie au niveau de mon plexus solaire en gonflant la poitrine et en détendant les bras (kinesthésique) et de répéter « tu peux le faire » (auditif). Voici les correspondances avec le modèle TOTE :

1. Test 1 – m'approcher pour casser la planche est l'élément déclencheur qui démarre cette stratégie.

2. Operate (Intervention) – appliquer ma stratégie de préparation mentale à l'aide des systèmes de représentation (modalités) visuel, kinesthésique et auditif.

3. Test 2 – vérifier que je suis prête.

4. Exit – j'ai exécuté la boucle, renforçant ainsi mes modalités, jusqu'à ce que je sois prête. Une fois prête, je suis sortie de la stratégie de bris de planche.

Tout dans les yeux : identifier la stratégie d'une personne

Une stratégie comporte des étapes bien distinctes. Il peut s'agir des étapes Test Déclencheur, Operate (intervention), Test Comparatif et Exit (sortie) (voir plus haut dans ce chapitre). Voici un exemple : Ben vient d'entrer à l'université et pourrait très bien utiliser la stratégie suivante pour téléphoner chez lui :

- ✒ Des sensations lui laissent penser que la maison lui manque. Test D (kinesthésique).
- ✒ Il crée une image mentale de sa famille. Operate (intervention) (visuel).
- ✒ Il dit dans sa tête le numéro de téléphone. Operate (auditif).
- ✒ Il compose le numéro de chez lui. Operate (kinesthésique).

Pour l'objectif de cet exercice, nous partirons du principe que Ben a obtenu la communication. Il a donc passé le Test C et donc quitté la stratégie servant à appeler chez lui.

Une fois la stratégie incorporée dans votre cerveau, vous avez très peu voire pas du tout conscience des étapes qui la composent. Mais, si vous savez sur quoi prêter votre attention, vous pouvez découvrir la stratégie d'une personne. Votre attention doit se tourner vers le mouvement des yeux. Si, par exemple, nous avions demandé à Ben ce qu'il faisait lorsqu'il appelait chez lui, il aurait baissé les yeux, vers la droite (sensation que son foyer lui manque), puis vers le haut et la gauche (image de sa famille, puis souvenir du numéro de téléphone), avant de se saisir du combiné et de composer le numéro.

Pour avoir une excellente idée de ce que pense une personne (images, émotions, etc.), observez ses yeux (voir figure 12.4). Voici généralement la signification des mouvements oculaires d'une personne (pour en savoir plus sur les secrets que révèlent vos yeux, reportez-vous au chapitre 6) :

Vous	*Quand vos yeux font ceci*
Vous souvenez d'une image	Se déplacent vers le haut et à gauche
Créez une image	Se déplacent vers le haut et à droite
Vous souvenez d'un son ou d'une conversation	Se déplacent latéralement à gauche
Imaginez un son	Se déplacent latéralement à droite
Accédez à des émotions	Se déplacent vers le bas et à droite
Avez une conversation avec vous-même	Se déplacent vers le bas et à gauche

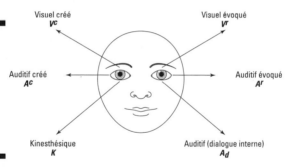

Figure 12.4 : Ce schéma montre le mouvement des yeux de votre interlocuteur, lorsque vous le regardez.

Les mouvements oculaires varient selon que la personne est droitière ou gauchère. Le schéma de la figure 12.4 concerne un droitier. Mais un gaucher peut regarder en haut et à droite lorsqu'il crée une image. Par conséquent, pour découvrir la stratégie de votre interlocuteur, le mieux est d'évaluer ses réponses en posant quelques questions inoffensives telles que : « Tu es passé par où pour aller là ? » Il sera alors obligé de rechercher une image visuelle et vous donnera ainsi un indice sur la stratégie oculaire utilisée.

Contracter les muscles stratégiques

Vous développez des stratégies tout au long de votre vie et dans tous les domaines. Les stratégies élémentaires telles que marcher, manger, boire et se faire des amis se créent pendant l'enfance. Vous en développez d'autres au gré des circonstances. Il peut arriver qu'elles ne fonctionnent pas aussi bien pour vous que pour d'autres personnes, car ces dernières avaient des bases plus solides ou ont bénéficié de l'aide d'un professeur. Si vous admettez qu'il est possible d'améliorer votre stratégie, c'est un outil utile. Par exemple, si votre collègue est mieux payé que vous, est-ce dû au fait qu'il sait mieux présenter ses réussites au patron ?

Acquérir de nouvelles capacités

Le chapitre 11 explique la notion de niveaux logiques. Il s'agit en gros des différents niveaux qui régissent votre fonctionnement : l'identité, les valeurs et croyances, les capacités et compétences, le comportement et l'environnement. Vos stratégies sont liées à vos capacités et compétences. Vous pouvez parfois améliorer vos stratégies en acquérant de nouvelles compétences. Dans l'exemple ci-dessus du collègue mieux payé, vous pouvez découvrir quel type de rapport il a créé et entretient avec le patron. Il le tient peut-être toujours informé de l'avancement de son projet. Vous pourriez essayer d'en faire autant.

Kay avait toujours travaillé dans un bureau où elle se sentait bien et avait confiance en ses capacités. Quand elle a décidé de s'installer à son compte, elle s'est aperçu qu'il lui faudrait apprendre tout un tas de nouveaux comportements. Elle devait maintenant apprendre à établir des contacts pour faire connaître sa nouvelle entreprise. Malheureusement, elle se rendait à des réunions pour se créer un réseau de relations, sans résultats tangibles. Ses objectifs étaient très vagues, elle pensait simplement qu'elle allait rencontrer des gens qui pourraient s'avérer utiles dans son activité. Elle s'est rendu compte qu'elle devrait apprendre de nouvelles stratégies pour établir des liens satisfaisants avec ses nouvelles connaissances. Pour ce faire, elle a observé Lindsay, une de ses amies, qui savait parfaitement se présenter et entrer en relation avec des inconnus. Elle a commencé à adopter les stratégies de Lindsay (qui sont synthétisées ci-dessous) et découvert qu'elle parvenait à nouer des contacts tout à fait satisfaisants.

> ✓ **Réfléchissez au résultat que vous souhaitez obtenir lors d'une réunion de création de réseaux.** Kay s'est fixée comme objectif d'échanger sa carte de visite avec au moins six personnes susceptibles de lui être utiles et auxquelles elle pourrait rendre service, sur le plan professionnel ou personnel.
>
> ✓ **Abordez quelqu'un et présentez-vous :**
>
> – « Bonjour, je m'appelle Kay et vous êtes… ? »
>
> ✓ **Posez des questions pour briser la glace.** Les questions de Kay étaient les suivantes :
>
> – « C'est la première fois que je viens et vous ? »
>
> – « Que pensez-vous de ces réunions ? »
>
> – « Vous venez de loin ? »
>
> – « Vous travaillez dans quel domaine ? »
>
> ✓ **Écoutez attentivement ce que votre interlocuteur vous dit et gardez à l'esprit votre objectif initial.** Kay a compris qu'elle serait si absorbée par les propos de son interlocuteur qu'elle en oublierait d'échanger sa carte de visite ou qu'elle passerait trop de temps avec une personne et oublierait d'en rencontrer d'autres. Pour être certaine de garder son objectif en tête, elle a décidé de garder dans sa main gauche sa boîte de cartes de visite au lieu de la mettre dans son sac à main. Elle pouvait ainsi serrer des mains tout en ne perdant pas de vue son objectif.

Recoder vos programmes

Les stratégies sont modifiables. Dans l'exemple de l'agressivité au volant donné plus haut dans ce chapitre, quel programme respectez-vous ? Ça ne vous ressemble certainement pas ? Si vous saviez ce que la colère et le stress peuvent infliger à votre corps… Et si vous développiez une autre stratégie de ce style :

✔ **Test D (déclencheur)** : quelqu'un vous fait une queue de poisson.

✔ **Operate (intervention)** : au lieu d'accéder à vos injures et gestes les plus gratinés, pensez plutôt au soleil qui s'effondrera pour se transformer en nébuleuse planétaire dans environ 5 milliards d'années quand toute cette angoisse existentielle sera complètement inutile, souriez et profitez de la vie.

✔ **Test C (comparatif)** : votre stratégie pour rester positif fonctionne-t-elle ? Si oui, passez à la dernière étape. Si non, revenez à l'étape précédente et essayez une autre stratégie.

✔ **Exit (sortie)** : sortez de cette boucle et continuez ce que vous avez à faire.

Les praticiens de Qigong chinois savent que la technique de « sourire interne » renforce leur système immunitaire, optimise le fonctionnement cérébral et peut diminuer la tension artérielle, l'anxiété et atténuer la dépression légère.

Tout est dans le « comment »

La PNL s'intéresse plus au processus, à votre façon de procéder, qu'au contenu de votre expérience. La question n'est donc pas de savoir que vous vous mettez en colère quand vous perdez au badminton (contenu) mais plutôt « COMMENT en arrivez-vous à vous mettre en colère lorsque vous perdez au badminton ».

Puisque la PNL s'occupe du « comment », il est possible de changer une stratégie qui ne vous donne pas les résultats escomptés. Alors, au lieu de fracasser votre raquette, imaginez-vous en train de faire un gros chèque pour acheter une autre raquette qui coûte cher (construction d'une image visuelle). Dans la mesure où les stratégies sont modifiables, vous pouvez prendre pour modèle une chose que vous faites bien afin d'en améliorer une autre dans laquelle vous n'excellez pas autant.

Tim était extrêmement ordonné au bureau mais chez lui, c'était la pagaille. Il ne parvenait tout simplement pas à conserver sa maison rangée. (Romilla) J'ai aidé Tim à identifier les processus qu'il employait au bureau pour que son poste de travail demeure en ordre. Il a étudié cette stratégie et découvert ceci :

✔ **Test D (déclencheur)** : il voyait des papiers et des classeurs sur son bureau et décidait qu'il voulait faire place nette.

✔ **Operate (intervention)** : Tim procédait ainsi :

– Il imaginait son patron entrant dans son bureau et faisant des commentaires sur le désordre. Chose intéressante, le ton de la voix ressemblait beaucoup à celui que prenait sa mère lorsqu'il était enfant.

– Il avait une gêne au niveau du plexus solaire.

– Il visualisait où se rangeaient les dossiers.

– Il se levait et débarrassait son bureau.

✔ **Test C (comparatif)** : il regardait son bureau, bien rangé, et ressentait une chaleur au niveau du plexus solaire.

✔ **Exit (sortie)** : si Tim ne voyait pas assez d'espace vide sur son bureau, il ne ressentait pas cette chaleur au niveau du plexus solaire et poursuivait le rangement avant de sortir de sa stratégie.

En comprenant sa stratégie du « bureau rangé », Tim a été capable de conserver une maison ordonnée. Il a organisé ses placards de façon à pouvoir ranger les choses. Lorsqu'il voyait le sol complètement encombré, il imaginait son patron venant chez lui et utilisait sa stratégie pour maintenir de l'ordre dans sa maison. Voilà l'illustration d'un excellent transfert de stratégies.

Utiliser les stratégies de la PNL pour l'amour et la réussite

Quoi que vous fassiez, vous le faites parce que vous avez appris une stratégie, généralement de façon inconsciente, ou vous avez développé une stratégie pour exécuter une fonction précise. Par exemple, si vous avez un œil plus faible que l'autre, vous avez peut-être appris, également inconsciemment, à orienter ce que vous lisez en face de l'œil plus fort en bougeant la tête. Poser des questions pour révéler une stratégie est très utile : « Comment faites-vous pour savoir quand aller à la salle de sport ? » Vous regardez ensuite les yeux de votre interlocuteur pendant qu'il répond. Vous aurez ainsi des indices assez solides sur sa stratégie. Si vous avez un doute, affinez la question !

La stratégie de l'amour profond

Tout le monde a une stratégie pour se sentir vraiment aimé. Nous appelons cela la *stratégie de l'amour profond*. Quand vous croisez une personne qui satisfait cette stratégie de l'amour profond, jackpot ! C'est la vie en rose !

Lorsque vous rencontrez quelqu'un qui vous attire et que vous trouvez intéressant, au départ vous déclenchez toutes les modalités.

- ✔ Visuel : vous vous efforcez de paraître sous votre meilleur jour. Vous porterez peut-être la couleur préférée (que vous avez découverte) de la personne que vous convoitez. Vous plongez votre regard dans ces superbes yeux bleus, verts ou marron.

- ✔ Auditif : vous parlez d'une voix suave et employez les mots qu'il ou elle veut entendre.

- ✔ Kinesthésique : vous tenez ses mains. Vous touchez l'autre personne.

- ✔ Olfactif : Hummm ! Vous espérez que votre parfum n'est pas trop entêtant. Mince ! Vous avez oublié de vous faire un bain de bouche.

- ✔ Gustatif : dîner aux chandelles avec des herbes et des épices pour montrer que la personne est unique.

Vous avez jeté votre dévolu sur la personne que vous désiriez et vous marchez main dans la main au coucher du soleil. Puis… après quelque temps… les premiers signes de mécontentement apparaissent. « Qu'est-ce qui se passe ? » criez-vous. Rien en fait. Vous et votre partenaire êtes peut-être simplement revenus à la modalité la plus naturelle pour vous. Ainsi, quand la femme aura besoin de câlins pour se sentir aimée, le mari prouvera son amour en faisant tout ce qu'il peut pour elle, comme maintenir la maison en bon état, laver la voiture et veiller à ce que le plein soit fait.

Pour découvrir la stratégie employée par une personne pour se sentir aimée, essayez de dire des choses telles que « tu sais que je t'aime, n'est-ce pas ? », « qu'est-ce qui pourrait faire que tu te sentes encore plus aimée ? ». Veillez en même temps à prêter attention au regard et au langage corporel de l'être aimé. La réponse « heu, je ne suis pas sûre », avec les yeux allant en bas et à (sa) droite (K), pourrait signifier que d'autres câlins s'imposent. Si les yeux se déplacent horizontalement vers la droite (A^e), demandez-lui les mots ou la musique qu'elle aimerait entendre.

> ✔ Ne posez pas ces questions dans des moments de stress intense, dans un embouteillage par exemple, car nous pouvons vous assurer que vous n'aimerez pas la réponse donnée. Préférez plutôt les instants de tranquillité où vous êtes en tête-à-tête.
>
> ✔ Calibrez la réponse obtenue lorsque vous faites quelque chose pour l'autre personne. Obtenez-vous cette réponse spéciale lorsque vous rapportez un bouquet de roses ?

En PNL, le *calibrage* est le processus vous permettant d'observer la réponse d'une autre personne à votre communication. Une gifle est une réponse très franche et, avec un peu de chance, vous n'allez pas répéter les mots ou le comportement qui vous a valu la gifle. La plupart des réponses sont bien plus subtiles : une mine renfrognée, un air perplexe, des joues qui s'empourprent, une mâchoire qui se crispe. Un grand communicant doit être capable d'évaluer ces réponses, surtout lorsque les signaux sont multiples. Par exemple, un sourire accompagné d'un air perplexe peut indiquer que la personne n'a pas compris mais qu'elle trop polie pour le dire.

Les stratégies pour influencer les autres

La connaissance des stratégies peut faire de vous un communicant irrésistible. À partir du moment où vous connaissez les stratégies de quelqu'un, vous pouvez les utiliser comme base pour leur fournir un feedback, en respectant les différentes étapes de ses stratégies. Par exemple, imaginons que vous vouliez utiliser la stratégie d'un adolescent pour l'aider à faire ses devoirs.

Pour lui fournir un *feedback*, vous devez d'abord identifier sa stratégie. Pour ce faire, posez une question du genre « comment te motives-tu avant un match de football ? » et observez le mouvement de ses yeux lorsqu'il répond. Supposez que votre question suscite une réponse verbale accompagnée des mouvements oculaires de la figure 12.5.

Figure 12.5 :
Les yeux
révèlent la
stratégie.

$V^é$ $A^é$ A_d K

« Je me vois en tenue, avec les autres joueurs de l'équipe (ses yeux bougent vers le haut et à [sa] gauche – $V^é$) et j'entends tout le monde parler avec beaucoup d'excitation (ses yeux bougent horizontalement vers [sa] gauche – $A^é$), puis je me dis « nous allons gagner » (ses yeux bougent vers le bas et à [sa] gauche – A^d) et je me sens super bien (ses yeux bougent vers le bas et à [sa] droite – K).

À partir de la réponse et des mouvements oculaires de l'adolescent, vous pouvez élaborer votre réponse en conséquence. Vous savez que pour se motiver, il se souvient d'une image ($V^é$), puis des bavardages empreints d'excitation de l'équipe ($A^é$). Ensuite, il se parle (A^d), avant, enfin, de se sentir bien (K). Sur la base de ces informations, vous pouvez suggérer ceci :

✔ « Te souviens-tu de l'image correspondant au moment où tu as terminé tes devoirs de physique dans les temps la semaine dernière ? »

✔ Vous demandez à l'adolescent de créer une image du moment où il a fini ses exercices, le forçant ainsi à commencer sa stratégie ($V^é$).

✔ « Quand M. Sanders t'a fait plein d'éloges, te rappelles-tu de ce qu'il a dit ? »

✔ Vous demandez à l'adolescent de se souvenir des mots utilisés, afin de déclencher l'étape suivante de sa stratégie de motivation (A^e).

✔ « Te souviens-tu de ton étonnement lorsque que tu t'es dit : « Pour la première fois, je comprends vraiment quelque chose en physique » ? »

✔ En demandant à l'adolescent de répéter son dialogue intérieur, vous l'orientez vers l'avant-dernière étape de sa stratégie de motivation (A^e).

✔ « Te souviens-tu de la sensation de joie que tu as ressentie et ne serait-ce pas génial si tu finissais tes devoirs maintenant et que tu éprouvais de nouveau cette sensation ? »

✔ Dans cette dernière étape, vous faites en sorte que l'adolescent se motive en mettant l'accent sur le bien-être (K) et en lui indiquant qu'il peut recréer cette sensation en finissant ses devoirs.

Vous pouvez utiliser cette technique à chaque fois que vous avez besoin d'être vraiment persuasif. Commencez par poser une question et regardez les yeux de votre interlocuteur lorsqu'il répond. Formulez ensuite vos suggestions avec les mots qui vous permettront d'obtenir la meilleure réponse.

La stratégie PNL pour l'orthographe

Comme avec les autres stratégies, chaque personne qui sait lire et écrire possède une stratégie pour l'orthographe. Les individus bons en orthographe ont une stratégie efficace, tandis que ceux qui sont mauvais utilisent une stratégie inefficace.

Bien écrire est un processus très visuel. Si vous estimez être bon en orthographe, vous regardez généralement vers le haut et la gauche (visuel évoqué) lorsque vous visualisez le mot à orthographier. Cela signifie que vous avez mémorisé des images de mots, stockés dans une bibliothèque, que vous extrayez lorsque vous écrivez. Essayer d'épeler les mots constitue généralement une stratégie inefficace.

Par conséquent, si vous épelez les mots et si vous voulez progressez, essayez ceci :

1. **Pensez à un mot que vous voudriez apprendre à bien orthographier, puis écrivez-le en gros et gardez-le à portée de main.**

2. **Pensez à un mot que vous savez écrire.**

Nous vous demandons d'écrire un mot que vous connaissez pour que vous génériez une bonne sensation. Malheureusement, lorsque vous apprenez à écrire, vos professeurs ne vous enseignent pas toujours la bonne stratégie. On peut ainsi dire de vous que vous n'êtes pas « le plus intelligent des élèves ». Ainsi, vous vous sentez mal lorsque l'on vous demande de donner l'orthographe d'un mot. Pendant un certain temps, l'écriture peut être synonyme de malaise et affecter votre identité - « je suis mauvais en orthographe » ou pire « je suis un mauvais élève ». Admettez toute croyance négative qui pourrait faire surface et soyez compatissant avec vous-même. Vous n'avez peut-être pas progressé avec ce professeur de français et apprendre à écrire peut faire ressortir des souvenirs indésirables et puis c'est tout. Vous êtes grand maintenant et vous pouvez vous permettre d'être le meilleur possible en orthographe. Alors, allez-y, jouez avec les mots !

3. **Déplacez vos yeux de façon à faire remonter un souvenir visuel (généralement vers le haut et à gauche) et créez une image du mot que vous savez écrire.**

Le fait de savoir que vous pouvez écrire correctement ce mot génère une sensation positive (vous êtes satisfait, confiant, heureux, etc.).

4. **Faites vraiment entrer cette sensation positive dans votre conscience. Concentrez-vous dessus et intensifiez-la, puis respirez profondément et intensifiez-la encore un peu plus.**

5. **Jetez maintenant un coup d'œil rapide au mot que vous souhaitez apprendre à orthographier correctement.**

6. **Gardez à l'esprit la sensation positive, regardez en haut et à gauche et créez une image du nouveau mot.**

Veillez à ce que l'image du mot soit nette, brillante et grande et regardez-la *vraiment*.

7. La prochaine fois que vous voudrez écrire le mot, portez votre regard de façon à vous souvenir de l'image et, ô miracle !, il surgira dans votre esprit comme par magie et vous commencerez à croire que vous êtes *bon en orthographe*, n'est-ce pas ?

(Kate) En parlant de la stratégie pour l'orthographe, j'ai découvert que j'utilisais la partie « souvenir visuel » de ma mémoire pour me rappeler les choses. Essayez cette méthode pour vous souvenir des numéros de téléphone ou apprendre vos tables de multiplication.

Réussir ou ne pas réussir

(Romilla) Pourquoi réussissez-vous dans certains domaines et moins bien dans d'autres ? Vous découvrirez peut-être que c'est simplement à cause de l'utilisation de stratégies moins efficaces dans les domaines qui vous réussissent moins. Alors, changez-les ! Voici comment vous y prendre. Identifiez le domaine qui vous réussit et demandez-vous : « Quelle stratégie j'utilise maintenant que j'ai du succès ? » Cela revient à jouer au jeu du « comme si ». Supposons que vous vous considériez comme un assez bon joueur de tennis et que vous ayez toujours voulu vous mettre à la course à pied. Mais, à chaque fois que vous avez commencé à courir, vous avez arrêté parce que vous ne supportiez pas le rythme. En étudiant les stratégies que vous mettez en place au tennis, vous vous rendrez peut-être compte que votre respiration et votre concentration diffèrent selon que vous courez sur ou en dehors du court. Votre souhait de devenir coureur à pied se réalisera peut-être si vous transposez à la course les stratégies que vous employez au tennis.

Chapitre 13

Voyage dans le temps

Dans ce chapitre :

▶ Comprendre ce que la PNL entend par ligne de temps

▶ Vous libérer de l'emprise des émotions négatives

▶ Modifier vos croyances en revenant sur votre ligne de temps

▶ Découvrir comment organiser votre temps

▶ Apprendre à dessiner votre avenir sur votre ligne de temps

*L*e temps a une qualité élastique étrange. Il passe très vite lorsque vous faites une chose intéressante et s'étire à n'en plus finir quand vous vous ennuyez. Êtes-vous du genre à toujours avoir le temps ou à toujours être à court de temps ? À l'instar de l'argent, avoir du temps dépend de ce sur quoi vous focalisez votre attention. Bien qu'une journée dure toujours vingt-quatre heures, que vous soyez riche, pauvre, jeune ou vieux, la perception du temps varie selon les personnes. Vous avez les passéistes, ceux résolument tournés vers l'avenir et ceux qui vivent l'instant présent.

> *Le temps est un système fondamental de la vie culturelle, sociale et personnelle des individus. En fait, rien ne se produit en dehors d'un cadre de temps donné.*
>
> *La danse de la vie (Edward T Hall,* Seuil, 1992, traduit de l'anglais par Anne-Lise Hacker)

Le temps occidental est issu de la révolution industrielle, au cours de laquelle les ouvriers devaient aller à l'usine à une heure précise. Son format est linéaire, un événement ou une transaction en suit une autre. En Amérique latine, dans les pays arabes et dans d'autres pays de l'hémisphère sud, le temps possède une structure multidimensionnelle, permettant de réaliser plusieurs tâches simultanément. Chaque représentation du temps a ses forces et ses faiblesses et peut être la cause de conflits dans les échanges interculturels.

Le temps offre également un sens à vos souvenirs. Vous pouvez modifier la signification d'un souvenir en agissant sur sa qualité et son rapport avec le temps. Cela vous permet de vous libérer des émotions négatives et des décisions limitantes et vous donne la possibilité de dessiner l'avenir que vous aimeriez avoir, sans l'influence de souvenirs qui vous déresponsabilisent.

L'organisation de vos souvenirs

Pensez à une chose que vous faites régulièrement. Cela signifie que vous vous souvenez l'avoir faite dans le passé, vous vous imaginez la faisant dans le présent et pouvez vous imaginez en train de la faire dans le futur. Avez-vous remarqué que les images correspondent à différents emplacements ? En retournant dans le passé pour étudier un souvenir puis en allant dans le futur, même avec une halte dans le présent, vous venez de vivre un petit voyage « spatio-temporel ». (Vous vivrez le voyage aéroporté un peu plus tard, dans la section « Découvrir votre ligne de temps ».)

Vous avez peut-être pensé à la lecture d'un livre, à un trajet en voiture vers un magasin, à une séance de travail à votre bureau, à un déjeuner dans un restaurant ou à une séance de brossage de dents. Très bien, et si vous avez pensé à autre chose, cela convient aussi. Avez-vous prêté attention aux qualités des images (localisation, brillantes ou sombres, en 3D ou en 2D, avec ou sans mouvement, en couleur ou en noir et blanc) ? Ces qualité, ou attributs, sont nommées sous-modalités. Vous trouverez des tas d'applications géniales les concernant dans le chapitre 10 « Actionner les commandes ».

En vous demandant de penser à ces attributs, nous vous poussons à vous rendre compte que vos souvenirs sont structurés. Vous savez si un souvenir appartient au passé ou si vous créez une image de votre futur en étudiant l'image du souvenir.

Si nous vous demandions de quoi vous êtes constitué, vous diriez, si vous êtes une femme, « de sucre et d'épices et de toutes les bonnes choses » et, si vous êtes un homme, « de cheveux, de peau et de sang… ». Mais, dans votre globalité, vous êtes bien plus que les parties qui vous composent. C'est ce que signifie le terme allemand de *Gestalt*. La définition d'un Gestalt est un ensemble structurel qui ne peut être uniquement issu des parties qui le constituent. Donc, quand une personne pense à vous, son esprit bondit de vos composants à votre personne dans sa globalité.

Vous souvenirs sont organisés dans une structure. Les souvenirs liés forment une structure, bien que la formation d'une structure puisse intervenir lorsque vous vivez un événement qui déclenche d'abord une réponse émotionnelle. Ce dernier porte également le nom de cause *première*. Si vous vivez un événement similaire produisant une émotion similaire, vous reliez les deux événements. Le processus se poursuit et vous disposez soudain d'une chaîne.

L'un des pères fondateurs de la psychologie, William James, comparait nos souvenirs à un collier de perles. Les souvenirs associés forment une chaîne, chacun ayant un souvenir devant et derrière lui. Lors de n'importe quel travail sur votre ligne de temps, si vous coupez la chaîne avant la première occurrence, la structure est alors brisée (voir figure 13.1).

Figure 13.1 :
Une structure
de souvenirs.

Découvrir votre ligne de temps

Les souvenirs sont organisés dans une structure. Maintenant, si on vous demandait d'indiquer d'où provient un souvenir, que diriez-vous ? De même, si vous devez indiquer l'image de la chose que vous allez faire dans le futur, notez ce que vous indiquez à l'instant présent. Pourriez-vous indiquer où se trouve votre image du présent ? Si vous dessinez une ligne reliant le souvenir passé, le souvenir présent et le souvenir futur, vous avez votre propre *ligne de temps.*

Vous pouvez dire de votre passé qu'il est derrière vous et de votre avenir qu'il est devant vous. Certains présentent une ligne en V. D'autres ont leur passé à gauche et leur avenir à droite, ce qui est intéressant car, comme l'explique le chapitre 6, c'est vers la gauche que la plupart des personnes orientent leur regard lorsqu'elles veulent se souvenir de quelque chose et vers la droite que se portent leurs yeux lorsqu'elles imaginent une chose qui n'existe pas. Élément intéressant, certains jalonnent leur ligne de temps de points géographiques. Par exemple, ils situent leur passé en Cornouailles, à Los Angeles ou à Tombouctou et leur présent là où ils habitent. Et leur avenir peut correspondre à l'endroit où ils veulent déménager.

Si vous trouvez cela plus facile, dessinez une ligne sur le sol et, en faisant confiance à votre inconscient, marchez le long depuis l'endroit où vous sentez que se trouve votre passé jusqu'à celui où vous situez votre avenir.

Marcher le long d'une ligne de temps peut s'avérer difficile si vous disposez de peu d'espace, dans une petite salle par exemple. L'exercice suivant va vous montrer comment visualiser mentalement votre ligne de temps, en flottant dans les airs depuis l'endroit où vous vous trouvez, complètement détendu, afin d'obtenir une vision très nette de la ligne de temps qui s'étale au-dessous de vous.

1. **Pensez à un événement que vous avez vécu récemment.**

2. **Respirez profondément et détendez-vous au maximum.**

3. **Imaginez-vous en train de flotter au-dessus de votre présent et de partir au-dessus des nuages, dans la stratosphère.**

4. **Créez une image de votre ligne de temps bien au-dessous de vous, comme un ruban, et représentez-vous sur cette ligne.**

5. **Maintenant, remontez votre ligne de temps jusqu'à ce que vous vous situiez juste au-dessus de l'événement récemment vécu.**

6. **Vous flottez à cet endroit aussi longtemps que vous le souhaitez jusqu'à ce vous décidiez de revenir, toujours en planant, jusque vers le présent, puis de redescendre dans votre corps.**

Nous espérons que vous avez apprécié ce vol d'essai. Retenez le processus car vous allez vous en servir très souvent.

Modifier la ligne de temps

Une fois votre ligne de temps définie, où se situait-elle par rapport à vous ? Traversait-elle votre corps comme sur les deux schémas *Associé au temps* (voir figures 13.2 et 13.3) ? Ou était-elle devant vous, vous permettant ainsi de la voir dans son ensemble, comme sur le schéma *Dissocié du temps* (voir figure 13.4) ?

La forme de votre ligne de temps peut conditionner divers traits de personnalité. Si vous êtes dissocié du temps, vous aurez un modèle de temps occidental et afficherez donc peut-être les tendances suivantes :

✔ très conscient de la valeur du temps ;

✔ orienté vers les buts ;

✔ soucieux d'être ponctuel lorsque vous avez rendez-vous ;

✔ bon dans la planification des activités ;

✔ capable de dissocier vos émotions des événements ;

✔ vivre dans le présent est difficile pour vous.

Si vous êtes associé au temps, vous présentez peut-être les capacités et tendances suivantes :

✔ créatif ;

✔ multitâche ;

✔ vous ressentez très fort vos émotions ;

✔ vous aimez ne pas vous engager irrévocablement ;

✔ vous vivez dans l'instant présent.

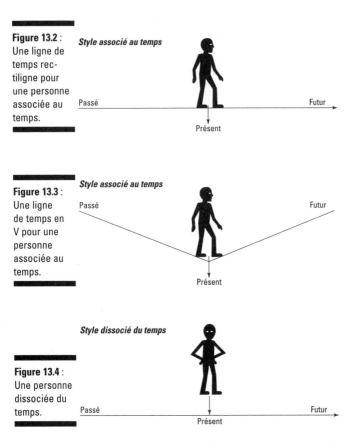

Figure 13.2 :
Une ligne de
temps rec-
tiligne pour
une personne
associée au
temps.

Style associé au temps

Passé   Futur

Présent

Figure 13.3 :
Une ligne
de temps en
V pour une
personne
associée au
temps.

Style associé au temps

Passé   Futur

Présent

Figure 13.4 :
Une personne
dissociée du
temps.

Style dissocié du temps

Passé   Futur

Présent

Vous pouvez modifier l'orientation de votre ligne de temps
afin de présenter une mentalité différente sans modifier le
moindre souvenir où événement figurant sur cette ligne. Si
vous êtes une personne associée au temps, transformer votre
ligne de temps de façon à devenir dissociée du temps, le fait
de disposer de l'ensemble de votre ligne devant vous pourra
par exemple vous aider à respecter un planning. Véritable
bourreau de travail, vous aimeriez vraiment décompresser
avec votre conjoint le soir ? Pourquoi ne pas prétendre que
votre ligne de temps se situe de l'autre côté de la porte et
devenir une personne associée au temps en franchissant cette
porte ?

Pour changer de ligne de temps, trouvez un endroit calme et asseyez-vous ou allongez-vous car cette procédure peut vous désorienter. Dans ce cas, revenez doucement à la ligne de temps d'origine.

Si vous êtes dissocié du temps, avec votre ligne étalée devant vous, vous pouvez la modifier en marchant dessus. Vous devrez alors tourner la tête ou le corps pour faire face au passé ou à l'avenir. Autre façon de procéder, flottez au-dessus de votre ligne puis placez-vous de façon à ce qu'elle soit juste sous vos pieds ou qu'elle vous traverse le corps.

Si vous êtes associé au temps, vous pouvez sortir de votre ligne de façon à ce qu'elle soit devant vous et que vous puissiez voir d'un seul bloc votre passé, votre présent et votre futur, sans bouger. Si vous préférez, vous pouvez flotter au-dessus de votre ligne et vous positionner de façon à ce qu'elle soit devant vous.

Outre le changement d'orientation de votre ligne de temps, il peut être également utile d'apprendre à modifier la position de votre présent et de votre futur sur votre ligne.

Voyager sur votre ligne de temps vers plus de bonheur

Votre ligne de temps est constituée d'une séquence de souvenirs structurés entre eux. Les images sont en couleur, les sons peuvent être forts ou faibles et les sensations vous peser ou vous rendre léger. Pour en savoir plus, lisez le chapitre 6. Vos souvenirs sont créés par votre esprit. Si nous assistons à un événement en même temps que vous, nous en garderons chacun un souvenir différent. En parcourant votre ligne de temps, le fait d'examiner vos souvenirs et de comprendre les leçons à en tirer peut vous libérer de leur emprise sur le présent. En outre, vous pouvez modifier leur structure, en les rendant plus petits, plus doux ou plus lumineux. Votre passé ne doit donc plus jeter une ombre sur votre présent et, surtout, sur votre avenir.

Libérer les émotions négatives et les décisions limitantes

Les émotions négatives sont des émotions telles que la colère, la peur, la honte, le chagrin, la tristesse, la culpabilité, les regrets et l'anxiété, pour n'en citer que quelques-unes. Ces émotions ont non seulement un effet puissant, indésirable et des répercussions physiologiques sur votre corps, mais elles peuvent également avoir des conséquences dévastatrices sur la façon de mener votre vie.

Une décision limitante est une décision prise parce que vous vous jugez incapable de faire quelque chose, pour n'importe quelle raison (vous êtes trop bête, trop moche, trop pauvre), par exemple « je n'arrive jamais à maigrir » ou « je suis nul en calcul mental ».

Les émotions négatives et les décisions limitantes viennent depuis le fin fond de votre passé influencer votre présent. Si vous pouvez retourner dans le passé, en remontant votre ligne de temps, et comprendre contre quoi votre inconscient essayait de vous protéger, vous serez plus facilement à même de libérer ces émotions et décisions.

S'occuper des émotions négatives peut être source... de grandes émotions. Avant d'essayer d'employer les techniques décrites dans la présente section pour libérer des émotions négatives ou comprendre des décisions limitantes, il faut donc garder à l'esprit les principes suivants :

- ✔ Pour éclaircir des questions très pénibles telles que de sérieux problèmes affectifs (maltraitance étant enfant ou divorce), nous vous conseillons très vivement de consulter un praticien PNL qualifié ou un thérapeute spécialisé dans la ligne de temps.

- ✔ Ce processus *ne convient* pas aux traumatismes ou phobies. Consultez un thérapeute qualifié pour vous assurer que vos problèmes sont appréhendés avec professionnalisme et sensibilité et que vous pouvez vous charger de traiter le traumatisme.

- ✔ Lorsque vous travaillez sur votre ligne de temps, il est préférable d'être assisté de quelqu'un pour vous faire revenir sur terre si vous oubliez l'exercice et si vous vous laissez submerger par les émotions. Votre assistant peut également s'assurer que vous faites l'exercice correctement, sans oublier aucune étape.

Le schéma de la figure 13.5 est très important pour les exercices suivants car il situe des emplacements de votre ligne de temps dont vous devez avoir conscience. C'est tout particulièrement utile pour les personnes au style visuel, qui créent des images mentales.

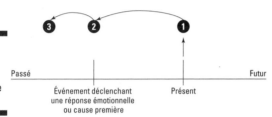

Figure 13.5 : Des emplacements sur votre ligne de temps.

✔ L'emplacement 1 de la figure représente la position juste au-dessus du présent.

✔ L'emplacement 2 est situé juste au-dessus de l'événement déclenchant une réponse émotionnelle ou cause première.

✔ L'emplacement 3 est toujours situé au-dessus de votre ligne de temps mais 15 minutes avant la cause première.

Cet exercice vous présente un processus qui va vous aider à éliminer les émotions négatives auxquelles vous pouvez vous accrocher. Par exemple, vous êtes enclin aux accès de colère injustifiés. Une fois maîtrisée, cette technique peut vous servir à supprimer des décisions négatives prises par le passé, par exemple « je ne réussis jamais vraiment totalement ». N'oubliez pas d'avoir l'esprit ouvert face aux réponses formulées par votre inconscient.

1. **Trouvez un endroit calme pour vous détendre et pensez à une émotion légèrement négative ressentie dans le passé.**

2. **Vérifiez si vous êtes prêt à tirer les leçons de l'événement et à libérer l'émotion en question. Une fois**

détendu, demandez à votre inconscient : « Est-ce que je peux me débarrasser de la colère ? »

3. **Demandez à votre inconscient : « Quelle est la cause première de ce problème, laquelle, une fois isolée, fera disparaître ce dernier ? Se situe-t-elle avant, pendant ou après ma naissance ? »**

Lorsque vous demandez à votre inconscient si la cause première se situe avant, pendant ou après votre naissance, ayez l'esprit ouvert face à la réponse qu'il vous donne. Votre inconscient absorbe énormément d'informations et prend beaucoup de décisions sans que vous en ayez conscience. Les clients de Romilla ont été très surpris des réponses obtenues.

4. **Une fois la cause première connue, flottez au-dessus de votre ligne de temps de façon à voir votre passé et votre avenir étalés au-dessous de vous.**

Vous êtes maintenant à l'emplacement 1 de la figure 13.5.

5. **Toujours en suspension au-dessus de votre ligne de temps, remontez maintenant vers l'événement ayant déclenché une réponse émotionnelle (emplacement 2 de la figure 13.5), observez ce que vous avez vu, senti et entendu.**

6. **Demandez à votre inconscient de tirer la leçon de l'événement afin de libérer rapidement et sans difficulté les émotions négatives associées.**

7. **Flottez vers l'emplacement 3 de la figure 13.5, situé 15 minutes avant l'événement ayant déclenché une réponse émotionnelle.**

8. **Une fois au-dessus de l'emplacement 3, retournez-vous et faites face au présent, de façon à avoir la cause première devant et au-dessous de vous.**

9. **Laissez partir toutes les émotions négatives associées à l'événement et notez où se situe l'émotion négative.**

Toutes les autres émotions négatives associées à l'événement ont-elles également disparu ?

10. **S'il subsiste d'autres émotions négatives, utilisez chaque expiration pour libérer l'intégralité des émotions associées à l'événement ayant déclenché une réponse émotionnelle.**

11. **Restez au-dessus de l'emplacement 3 jusqu'à ce que vous sentiez ou sachiez que toutes les émotions négatives ont disparu.**

12. **Lorsque vous êtes prêt, c'est-à-dire lorsque vous sentez que toute l'émotion négative a disparu, revenez au-dessus de l'emplacement 1.**

    Respectez la vitesse à laquelle l'inconscient peut tirer les leçons d'événements similaires et laissez toutes les émotions associées se dissiper.

13. **« Atterrissez » dans la pièce.**

14. **Faites un simple test. Allez dans le futur, vers un événement qui aurait pu déclencher l'émotion dont vous vous êtes débarrassé et constatez que l'émotion a disparu.**

Cet exercice peut également servir à se débarrasser d'une décision limitante. Par exemple, vous avez décidé de rester pauvre ou en mauvaise santé ou pris une quelconque décision allant à l'encontre de votre intérêt. Suivez la procédure ci-dessus en remplaçant l'émotion négative par la décision limitante.

Pardonner

Avec le recul et de la maturité, vous pouvez pardonner à quelqu'un pour des événements passés. Vous libérez ainsi toute l'énergie mobilisée dans le ressentiment, la colère ou d'autres émotions. Vous pouvez alors avancer et votre énergie sert à être plus créatif, plus aimant ou à d'autres choses merveilleuses auxquelles vous aspirez. Pour ce faire, un moyen utile consiste à comprendre les motivations de la personne qui a pu vous blesser et vous rendre compte que ses propres problèmes lui faisaient percevoir une réalité qui limitait considérablement les choix à sa disposition.

Prenons un exemple. Imaginons que vous ayez eu l'ardent désir de devenir acteur et que vos parents vous aient mené la vie dure par rapport à votre rêve. Maintenant, admettez qu'ils s'inquiétaient simplement pour vous et faisaient de leur mieux avec les ressources dont ils disposaient. Remontez votre ligne de temps à l'époque où vous avez vécu cette relation difficile avec eux. Vous pouvez alors planer au-dessus de votre ligne de temps tout en tirant à juste titre les leçons importantes du passé. Vous pouvez vous replonger dans l'événement, prendre vos parents dans vos bras et leur dire que vous vous rendez compte aujourd'hui qu'ils faisaient de leur mieux pour votre bonheur. Si vous le pouvez, entourez-vous d'une bulle de lumière et appréciez les sentiments d'amour, de compassion et de pardon.

Réconforter la jeune personne que vous étiez

Lorsque vous remontez votre ligne de temps et trouvez un événement dans lequel vous étiez impliqué étant jeune, vous pouvez étreindre et réconforter la jeune personne que vous étiez, lui dire que tout ira bien, l'entourer de lumière et l'apaiser. Maintenant, imaginez-vous en train de rapporter cette joie et ce soulagement dans le présent.

Se débarrasser de l'anxiété

L'anxiété est simplement une émotion négative liée à un futur événement. Vous avez appris à éliminer une émotion négative ou une décision limitante en vous transposant *avant* l'événement à la source de l'émotion ou le moment où vous avez pris la décision (pour en savoir plus, voir plus haut la section « Libérer les émotions négatives et les décisions limitantes »). Il est possible de faire disparaître l'anxiété en se rendant dans le futur *au-delà* de la conclusion heureuse de l'événement qui vous rendait anxieux.

Imaginez ce que vous verriez, entendriez et ressentiriez après le bon déroulement de l'événement à l'origine de votre anxiété. Ensuite, lorsque vous voyagez vers le futur au-dessus de votre ligne de temps et parvenez au-delà de la conclusion heureuse de l'événement, vous vous apercevez que cette anxiété a disparu. Procédez comme suit en vous servant de la figure 13.6 comme référence :

1. **Trouvez un endroit calme pour vous détendre et pensez à un événement qui vous rend anxieux. Demandez maintenant à votre inconscient si vous êtes prêt à vous débarrasser de l'anxiété.**

2. **Maintenant, élevez-vous au-dessus de votre ligne de temps de façon à voir votre passé et votre avenir devant vous.**

3. **Toujours au-dessus de votre ligne de temps, planez jusqu'à ce que vous soyez au-dessus de l'événement qui vous rend anxieux.**

4. **Demandez à votre inconscient de tirer la leçon de l'événement afin de libérer rapidement et sans difficulté l'anxiété.**

5. **Une fois les informations recueillies, planez plus loin dans le futur jusqu'à ce que vous vous trouviez 15 minutes après la *conclusion heureuse* de l'événement à l'origine de votre anxiété.**

6. **Retournez-vous, regardez vers le présent et remarquez comme vous êtes calme et plus du tout anxieux.**

7. **Lorsque vous êtes prêt, planez vers le présent.**

8. **Faites un simple test. Allez dans le futur, vers l'événement qui vous rendait anxieux et confirmez que l'anxiété a disparu.**

Figure 13.6 :
Un voyage
dans le temps
pour vaincre
une anxiété.

Passé | Futur

Présent   Événement qui vous rend anxieux

Vous concocter un meilleur avenir

Une fois que vous savez voyager sur votre ligne de temps, imaginez comme il serait merveilleux de prendre des objectifs irrésistiblement fascinants et les mettre dans votre avenir.

Vérifiez toujours vos motivations quand vous vous fixez des objectifs afin de vous assurer qu'ils conviennent à tous les domaines de votre vie, comme le décrit la section « Penser SMART pour bien formuler les résultats escomptés » du chapitre 3. En analysant les raisons, vous contrôlez qu'aucune émotion négative cachée ne vous pousse à vous fixer ces objectifs. Par exemple, si votre but est de gagner beaucoup d'argent, vous souhaiteriez peut-être savoir que ce désir vient d'une volonté d'être à l'abri du besoin et de pouvoir aider les personnes moins chanceuses que vous et non d'échapper à une enfance misérable. Le fait de vérifier vos motivations va également vous aider à déceler de vagues peurs incons- cientes, par exemple : « Si je suis riche, les autres voudront être mes amis uniquement pour mon argent et non parce qu'ils m'aiment bien. » L'analyse de vos motivations pro- fondes contribuera à cristalliser les raisons exactes de votre désir et vous permettra de prendre les mesures nécessaires pour résoudre tout problème inconscient.

1. **Trouvez un endroit calme pour vous détendre et définir votre objectif.**

   Le chapitre 3 vous indique ce qu'il faut savoir pour créer des objectifs.

2. **Planez au-dessus de votre ligne de temps de façon à voir votre passé et votre avenir au-dessous de vous.**

3. **Toujours au-dessus de votre ligne de temps, planez jusqu'à ce que vous vous trouviez au-dessus du moment où vous voudrez avoir atteint votre objectif.**

4. **Retournez-vous, regardez vers le présent et faites s'ali- gner tous les événements de votre ligne de temps de façon à ce qu'ils concordent avec votre objectif. Notez les éventuelles actions à entreprendre.**

5. **Lorsque vous êtes prêt, planez vers le présent et « atter- rissez » dans la pièce.**

Chapitre 14

RAS dans la salle des machines

Dans ce chapitre :

▶ Savoir que certaines parties de votre inconscient peuvent entrer en conflit

▶ Découvrir comment dominer un comportement pénalisant

▶ Expérimenter l'intégration de certaines parties de l'inconscient

▶ Transposer la résolution de conflits personnels à des équipes, des organisations et des nations

*V*ous souvenez-vous avoir participé ou assisté à un tir à la corde ? Les deux équipes dépensent de l'énergie sans coordination et ne parviennent pas à gagner beaucoup de terrain. Un conflit, intérieur (avec vous-même) ou avec quelqu'un, ressemble à un tir à la corde, les deux parties tirant dans la direction opposée et n'arrivant à rien.

Un conflit intérieur se produit généralement entre une partie consciente et une partie inconsciente de votre esprit. « Je ne sais pas ce qui m'a pris », « je n'étais tout simplement plus moi-même », « une partie de moi veut…alors qu'une autre partie veut… ». Des phrases telles que celles-ci donnent un indice de l'existence de parties de votre inconscient dont vous n'avez peut-être pas…conscience. Prenez l'exemple d'un personne qui sait que fumer est mauvais pour la santé mais qui continue parce que, inconsciemment, elle a besoin de la compagnie de ses amis, fumeurs pour la plupart.

La *NLP Encyclopaedia*, Robert (en anglais, accessible depuis le site www.nlpu.com) définit ainsi le conflit : « Psychologiquement, un conflit est une lutte mentale, parfois inconsciente, se produisant lorsque différentes représentations du monde s'opposent ou sont exclusives. »

En d'autres termes, un conflit éclate quand deux cartes du monde entrent en collision. Vous pouvez mettre fin au conflit en réconciliant ces deux cartes. Ce chapitre va vous montrer comment procéder.

Une hiérarchie des conflits

Un conflit peut intervenir à différents niveaux de la hiérarchie composée de l'identité, des valeurs et croyances, des capacités, du comportement et de l'environnement. Lorsque vous étudiez certains conflits dans lesquels vous êtes impliqués, cela peut vous aider à comprendre le niveau sur lequel doit porter votre intervention. Par exemple, vous êtes directeur et vous êtes persuadé que vous devez le succès de votre entreprise à votre personnel, mais vous accordez la priorité au développement de votre technologie et non au facteur humain. Il vous faut peut-être modifier votre comportement pour être en phase avec les besoins de vos employés et en fin de compte avec vos croyances.

Ces niveaux logiques sont également appelés niveaux neurologiques car ils sont liés à vos processus de pensée et donc au cerveau et à son interaction avec votre corps. (Vous trouverez toutes les explications sur les niveaux logiques dans le chapitre 11.) Ces niveaux neurologiques sont organisés en hiérarchie, à la façon d'une échelle, l'identité se situant sur le barreau le plus haut et l'environnement sur le plus bas. Le conflit est plus facile à résoudre lorsque vous pouvez identifier le *niveau logique* concerné.

Voici des exemples de conflits auxquels vous pouvez être confronté. Ils concernent les différents niveaux logiques existants :

> ✔ **Identité** : souvent, dans votre vie personnelle et professionnelle, vous devez jouer de nombreux rôles qui vous tirent dans différentes directions, en tant que parent ou enfant par exemple. Vous voulez être un « bon parent » et un « bon employé », un « type bien » et « un responsable efficace ». Vous essayez d'être « un fils ou une fille d'un grand soutien » ou « bénévole dans votre communauté » ainsi que « membre de la jet set internationale ».

✔**Valeurs et croyances** : vous présentez parfois un mélange de croyances qui ne semblent pas s'accorder ou correspondre à vos valeurs. Vous souhaitez être heureux mais une partie de vous ne pense pas que vous méritez le bonheur. La santé et la richesse ont de l'importance pour vous mais vous ne croyez pas qu'il soit possible d'avoir ces deux valeurs en même temps. La vie de famille et le succès mondial font partie de vos valeurs mais vous ne voyez pas comment les accorder car vous ne disposez d'aucun modèle de cohabitation équitable de ces deux valeurs.

✔**Capacités et compétences** : vous présentez un éventail de compétences et de capacités merveilleuses mais vous ne parvenez pas à toutes les utiliser de façon satisfaisante à vos yeux. Il se peut donc que vous ayez du mal à trouver un emploi qui satisfasse à la fois votre désir de création manuelle et celui de management d'une équipe. Vous êtes à la fois un grand musicien et un médecin qualifié, obligé de faire un choix entre ces deux carrières.

✔**Comportement** : vous pouvez adopter des comportements qui ne semblent pas vous aider à atteindre vos objectifs. Par exemple, au lieu d'accomplir le travail important qui vous attendait, à la place, vous avez passé des heures à ranger votre bureau ou un placard. Ou vous souhaitiez faire un régime mais une tartine beurrée s'est inexplicablement retrouvée dans votre bouche à votre insu.

✔**Environnement** : vous pouvez parfois vous trouver face à un dilemme, par rapport aux endroits où vous traînez ou aux personnes que vous fréquentez. Vous ne côtoyez pas les bonnes personnes. Au fond, ils ne semblent pas vous intéresser ou votre famille n'approuve pas vos fréquentations. D'un côté, vous aimeriez partir de chez vous et vous installer tout seul ou vous souhaiteriez vivre dans votre pays natal mais, d'un autre côté, vous mourez d'envie de parcourir le monde. Vous voudriez être à deux endroits à la fois mais ne pouvez vous installer dans aucun des deux.

Quand vous entendez de votre bouche ou de celle d'autres personnes des phrases telles que « eh bien, une partie de moi veut… mais une autre partie de moi veut… », vous pouvez être certain qu'un conflit interne défiant la logique a éclaté.

Vous êtes en totale harmonie avec vous-même lorsque chaque niveau logique est aligné avec les autres. Un conflit personnel se produit lorsque votre objectif, votre croyance ou votre action est déphasée par rapport aux autres niveaux. Ainsi, votre objectif, avoir un excellent salaire, peut se heurter avec votre identité de « bon mari et père » parce que votre métier ne vous permet pas de passer beaucoup de temps avec vos proches. Pour résoudre le conflit, il faut vous poser des questions sur vous-même et sur les personnes affectées par vos décisions afin de proposer des moyens nouveaux susceptibles de vous permettre d'atteindre vos objectifs et d'aligner vos niveaux logiques.

Du tout aux parties

Vos souvenirs sont organisés en ensemble structurel (*Gestalt*), lequel peut se former lorsque vous vivez un événement qui déclenche d'abord une réponse émotionnelle. En partant du principe que votre inconscient forme un tout, votre expérience d'un événement déclenchant une réponse émotionnelle en constitue les parties. Résultat de cet événement, une limite apparaît autour d'une partie de votre inconscient, qui l'isole des autres parties. Cette partie fonctionne comme un « minivous » avec sa propre personnalité, ses valeurs et ses croyances. À l'instar du vous « conscient », elle affiche des comportements qui ont une intention. Malheureusement, ces comportements peuvent entrer en conflit avec l'intention réelle de cette partie. Une personne persuadée de n'avoir jamais été aimée étant petite peut avoir tendance à commettre des vols à l'étalage car son inconscient a un besoin maladif d'attention, même si l'attention obtenue ne correspond probablement pas à celle qu'elle souhaite.

Les intentions d'une partie de soi

Selon une présupposition majeure de la PNL, *chaque comportement a une intention positive*. Par exemple, l'intention positive derrière la consommation de tabac peut être de se détendre. (Pour en savoir plus sur les principales

présuppositions de la PNL, rendez-vous au chapitre 2.)
Parfois, le comportement que votre inconscient vous fait
adopter ne satisfait pas son besoin sous-jacent. Un homme
souffrant d'un problème d'alcool peut boire pour atténuer la
douleur causée par le départ de son épouse. L'inconscient
a grand besoin d'amour mais le comportement adopté, une
grosse consommation d'alcool, ne satisfait pas ce besoin
sous-jacent. La solution consiste à identifier le besoin réel et
à le satisfaire d'une manière positive. Par conséquent, si la
personne alcoolique parvient, dans un moment de sobriété
et de lucidité, à se rendre compte qu'elle a besoin d'amour et
non de boire, elle pourra suivre une cure de désintoxication,
remettre de l'ordre dans sa vie, tirer les leçons de l'échec de
son mariage et se relever afin de chercher l'amour.

Trouver le cœur du problème

Il arrive souvent qu'une partie de votre inconscient vous
pose des problèmes, dont les raisons peuvent être difficiles
à comprendre d'un point de vue logique. Par exemple,
vous développez soudain une peur associée à une activité
quotidienne, telle que vous déplacer ou rencontrer du monde.
Vous serez capable de démasquer le vrai but caché derrière
l'intention en mettant à nu et en explorant chaque raison
ou intention qui remonte à la surface. Une fois le but sous-
jacent d'une partie de votre inconscient mis à jour, vous êtes
en mesure de le rapprocher de votre inconscient dans sa
globalité. L'anecdote suivante illustre ce qui se passe lorsque
votre inconscient contrôle la motivation d'une de ses parties.
Vous découvrirez plus loin dans ce chapitre, dans la section
« Le squash visuel », comment intégrer deux parties en conflit.

Oliver, diplômé d'école de commerce très brillant, avait une
carrière toute tracée. Il savait ce qu'il voulait et ses objectifs
étaient programmés. Il était aux anges d'avoir été promu au
poste de ses rêves, à savoir vice-président du département
planification et stratégie dans une grande multinationale.
Mais, la catastrophe est survenue alors qu'il était sur le point
de faire une tournée des sites européens. Il a commencé à se
réveiller en pleine nuit avec des palpitations cardiaques, des
difficultés respiratoires et des sueurs froides. Son médecin lui
a confirmé que ses troubles n'avaient aucune cause physique.

En parlant des raisons possibles de ses symptômes avec son coach en PNL, Oliver a identifié plusieurs problèmes liés à sa promotion. Il serait absent de chez lui pendant des périodes plus longues, vivrait à l'hôtel et ferait moins de sport, sa passion. Oliver et son coach ont exploré chaque objection et en ont conclu qu'il s'agissait de raisons superficielles qui n'influençaient pas sur sa santé.

Pendant une séance, en état de relaxation profonde, Oliver s'est souvenu avoir « échoué » en maths quand il était jeune. Le professeur et les parents d'Oliver attendaient beaucoup de lui et il avait l'impression de les avoir déçus en n'ayant pas atteint le niveau élevé de l'examen. Oliver s'est rendu compte que, bien que sa promotion lui ait donné l'occasion d'occuper le poste de ses rêves, il se retrouvait dans les hautes sphères et son inconscient essayait de le préserver de l'humiliation d'un revers supplémentaire en générant des problèmes physiques qui finiraient par l'empêcher de réussir au poste dont il avait toujours rêvé.

Le travail entrepris avec son coach en PNL a permis à Oliver de s'apercevoir que ses parents et son professeur l'avaient poussé au-delà de ses capacités et ainsi programmé pour échouer. Il a admis qu'il avait réussi professionnellement grâce à ses capacités et que c'était remarquable. Il a appris qu'il pouvait faire des erreurs et que ce n'était pas un problème à partir du moment où il était assez souple pour tirer les leçons des revers de façon positive afin d'avancer.

Lorsque vous poursuivez des objectifs professionnels ou réalisez un projet qui vous tient à cœur, vous pouvez vous heurter à un mur. Trouvez un endroit au calme pour découvrir si vous ne créez pas des obstacles à votre propre succès.

Au secours ! Je suis en conflit avec moi-même

L'autosabotage est l'un des symptômes dont vous pouvez souffrir lorsque plusieurs parties de votre esprit sont en conflit. Votre tentative d'accomplissement d'un objectif étant annihilée par une de ces parties. Nous allons détailler deux des modes d'autosabotage les plus courants, à surveiller.

Écouter votre inconscient

Comme dans n'importe quelle communication, si vous comprenez que l'autosabotage n'est qu'un moyen employé par votre inconscient pour communiquer avec vous, vous pouvez aider ce dernier en étudiant l'intention positive qui se cache derrière le comportement vous empêchant d'atteindre votre objectif. Vous pouvez remplacer le comportement allant à l'encontre du but recherché par quelque chose de plus positif et qui satisfait l'intention de votre inconscient. Par exemple, le fumeur voulant arrêter mais qui continue de fumer parce qu'il a besoin de la compagnie de ses amis fumeurs pourrait satisfaire son besoin d'amitié en se créant un nouveau cercle d'amis non fumeurs ou en choisissant une nouvelle activité qui l'aide à se faire de nouveaux amis au style de vie plus sain.

Choisir votre camp

Les chances sont de votre côté quelle que soit la partie choisie, il suffit de décréter que l'une des deux est mauvaise et de la faire disparaître par la seule force de votre volonté. Cela revient à appuyer sur un ballon. S'il n'est pas gonflé à bloc, lorsque vous appuyez sur un côté, l'air pousse le ballon dans une autre direction. S'il est complètement gonflé, il éclate. De même, lorsque vous éliminez une partie de vous-même, celle-ci apparaîtra comme un comportement anormal, un symptôme physique (la distorsion du ballon) ou une dépression (l'éclatement).

Devenir un tout... en intégrant vos parties

Plus les parties sont nombreuses, plus le risque de conflit est grand. L'idéal est donc d'aspirer à former un tout. Le *squash visuel* et le *recadrage* sont les plus courantes des nombreuses techniques servant à intégrer des parties en conflit.

Toutes les parties de l'inconscient ne sont pas en conflit entre elles. Mais, vous vous apercevez de celles qui le sont lorsque vous êtes confronté à des dilemmes tels que vouloir être en bonne santé tout en ressentant le besoin de fumer ou vouloir maigrir tout en persistant à vous empiffrer. Vous pouvez vous occuper de ces parties lorsqu'elles remontent à la surface. Si les parties sont plus de deux, vous pouvez les intégrer par deux.

Le squash visuel

En principe, ce processus requiert, avant de procéder à l'intégration, l'identification des parties impliquées dans un conflit et la mise au jour de leur intention commune.

Gardez les conseils suivants à l'esprit pendant l'intégration des parties :

✔ Vous pouvez obtenir une réponse négative lors de la recherche des intentions de chaque partie. Par exemple, si vous souhaitez faire plus de sport, voici le genre de réponse négative possible : « Je ne veux pas passer trop de temps à faire du sport ». Vous aspirez à un résultat positif, par exemple : « Je veux faire du sport pour être en adéquation avec mon style de vie. »

✔ L'idéal est de travailler avec un praticien PNL qualifié ou un partenaire qui peut consigner et susciter vos réponses.

Pour que cet exercice soit concluant, vous devez trouver l'intention de chaque partie avant de procéder à l'intégration. Il est utile de parler à chaque partie et lui faire admettre que chacune possède une intention positive vis-à-vis de l'autre et que leur conflit les empêche toutes les deux d'atteindre leur but commun.

1. **Identifiez les deux parties de votre esprit susceptibles d'être en conflit.**

   Par exemple, une partie de vous veut être en bonne santé tandis qu'une autre fait de la résistance lorsque vous souhaitez faire du sport.

2. **Asseyez-vous dans un endroit calme où vous ne serez pas dérangé.**

3. **Demandez à la partie posant problème de se montrer et de se placer sur une main.**

   Dans l'exemple de l'étape 1, il s'agirait de la partie réfractaire au sport.

4. **Personnifiez cette partie et étudiez les images, les sons et les sensations qu'elle dégage.**

5. **Demandez à la partie ne posant pas problème de se montrer et de se placer sur l'autre main.**

   Dans l'exemple de l'étape 1, il s'agirait de la partie souhaitant être en bonne santé.

6. **Personnifiez cette partie et étudiez les images, les sons et les sensations qu'elle dégage.**

7. **En commençant par la partie à problème, posez à chaque partie la question suivante : « Quelle est ton intention positive ? » Continuez de poser la question jusqu'à ce que les deux parties aient la même intention.**

   La partie réfractaire au sport pourrait dire une chose de ce style : « je suis fatiguée », « il est important de préserver son énergie » ou « je veux rendre le monde meilleur ». À l'inverse, la partie souhaitant être en bonne santé pourrait dire : « j'aime m'éclater », « j'ai encore de l'énergie » ou « je veux rendre le monde meilleur ».

8. **Demandez à chaque partie les ressources dont elle dispose que l'autre partie trouverait utile dans l'optique d'atteindre leur but positif commun.**

   La partie réfractaire au sport pourrait dire : « j'ai de l'imagination, ce qui me permet de concevoir de meilleures solutions » ou « je comprends les problèmes des autres ». La partie souhaitant être en bonne santé pourrait dire : « j'ai l'énergie qu'il faut pour changer le monde » ou « j'ai la discipline nécessaire pour rendre le monde meilleur ».

9. **Joignez-vous les mains et intégrez complètement les parties et leurs ressources pour former un nouveau vous, avec d'éventuels nouveaux sons, images et sensations.**

10. **À l'aide des techniques exposées au chapitre 13, revenez à l'époque d'avant votre conception puis parcourez de nouveau votre ligne de temps jusqu'à l'instant présent, où se situe le nouveau vous intégré, en modifiant votre histoire tout au long du trajet.**

N'oubliez pas que les souvenirs ne sont qu'une construction mentale. Si, par le passé, vous avez par exemple décidé que « le sport, c'est fatigant », toute votre ligne de temps sera basée sur cette décision. Si vous résolvez ensuite le problème en intégrant la décision consistant à être en bonne santé, vous pouvez modifier maintenant votre ligne de temps pour héberger le nouveau vous en bonne santé.

Le recadrage – comme si

La signification d'une interaction dépend du contexte dans lequel elle intervient. Ainsi, en changeant le contexte (recadrage) d'une expérience, vous pouvez en modifier la signification. Par exemple, si quelqu'un vous reproche d'être trop subjectif, vous pouvez le remercier parce que vous savez que cela peut signifier que vous êtes bon en relations humaines ou que vous excellez dans l'apport de nouvelles idées.

Le cadre du « comme si » est excellent pour résoudre un conflit car il vous permet de soumettre et donc d'explorer de nouvelles possibilités auxquelles vous n'auriez pas pensé autrement. Faire maintenant « comme si » vous aviez les ressources contribue à faire disparaître les croyances qui vous freinent.

Lorsque vous êtes en conflit, avec vous-même ou une autre personne, utilisez les cadres du « comme si » suivants pour vous aider à résoudre le problème.

> ✔ Le *changement de temps* : allez six mois ou un an dans le futur, retournez-vous sur le présent et demandez-vous ce que vous avez fait pour résoudre le problème.

Alan avait un emploi avec un bon salaire et il était relativement heureux. Cependant, son patron avait ses chouchous dans le département et Alan était mis sur la touche. À une époque, il avait voulu travailler pour une grande multinationale mais il estimait ne pas être assez compétent. Il a utilisé le processus de bonne formulation des résultats (chapitre 3 – « Prendre votre vie en main » et annexe C) pour concevoir l'emploi de ses rêves. Il a ensuite essayé le changement de temps en se projetant cinq ans dans le futur et en faisant comme s'il avait trouvé ce poste. Il s'est rendu compte qu'il devait travailler pour l'un des concurrents de son entreprise et, deux ans plus tard, il occupait le poste de ses rêves dans la multinationale qu'il avait choisie.

✔ *Changement de personne* : faites comme si vous étiez quelqu'un que vous respectez et demandez-vous ce que vous feriez si vous pouviez échanger pour un jour votre corps avec l'autre personne.

Georgina admirait vraiment Amanda Tapping (le major Sam Carter de la série *Stargate*). Elle a fait comme si elle échangeait son corps avec Amanda Tapping. Elle a découvert que bien que son emploi dans l'assistance informatique lui permettait de payer son emprunt, il ne satisfaisait pas son âme. Dans la peau d'Amanda Tapping, elle a réalisé qu'elle souhaitait vraiment travailler dans le cinéma, pour faire vivre à l'écran des histoires tirées de l'imagination. Georgina s'est rendue compte que vivre du cinéma pouvait être risqué mais elle a fait un premier pas en s'inscrivant à une formation de scénariste à temps partiel.

✔ *Changement d'informations* : supposons que vous ayez toutes les informations nécessaires pour obtenir une solution, quelle en serait la nature et en quoi cela changerait-il les circonstances ?

Georgina a utilisé le *changement d'informations* pour décomposer les mesures à prendre afin d'accomplir son rêve, devenir scénariste. Elle a donc commencé des cours du soir, travaillé le week-end pour une université, sur des projets pour les étudiants. Et maintenant, elle a l'intention de travailler à mi-temps pour des sociétés de production afin de consacrer plus de temps à la poursuite de son rêve.

✔ *Changement de fonction* : demandez à votre bonne fée de prendre sa baguette magique et de changer un élément du système qui ne vous satisfait pas. Par exemple, vous ne progressez pas dans votre vie professionnelle ou votre mariage bat un peu de l'aile. Que changeriez-vous et quelles seraient les répercussions sur le résultat ?

Colin travaillait comme soigneur dans un cabinet vétérinaire très fréquenté. Il adorait son métier mais ressentait comme un manque dans sa vie. Il a demandé de l'aide à sa bonne fée. L'inconscient de Colin, sa bonne fée, lui a fait admettre qu'il tenait à faire le bien pour les personnes, et leurs animaux, qui en avaient vraiment besoin et ne pouvaient se payer une consultation dans un cabinet de luxe. Colin travaille désormais dans un refuge pour animaux en Inde, il adore toujours son métier et il est épanoui.

Les conflits plus importants

Si vous avez lu ce chapitre depuis le début, vous devriez avoir une idée précise des conflits *intrapersonnels* (d'une personne avec elle-même) et de la façon de commencer à les résoudre. Maintenant, vous souhaitez peut-être savoir comment transposer les principes de ce modèle de conflit intrapersonnel aux relations et aux négociations entre deux personnes, au sein d'une équipe, d'une famille ou d'un groupe social, entre plusieurs entreprises et organisations et entre de grands organismes internationaux. Voici quelques exemples de gros conflits :

- ✔ **Conflit interpersonnel** : quand au minimum deux personnes ont des besoins divergents qui ne peuvent être satisfaits en même temps.

- ✔ **Conflit intragroupe** : entre deux personnes au minimum au sein d'un groupe, par exemple les membres d'une équipe ou d'un département.

- ✔ **Conflit intergroupe** : entre deux groupes au minimum, comme dans une guerre de gangs ou une bataille entre des entreprises se disputant la place de numéro un sur le marché.

- ✔ **Conflit mondial** : dans lequel les besoins humains ne peuvent être satisfaits, même s'il n'intervient pas au sein d'un groupe bien précis, comme dans le cas de la diminution des ressources en eau douce.

Dans toutes ces situations, vous pouvez utiliser le processus décrit ci-dessous pour parvenir à une issue heureuse.

Cet exercice est basé sur le processus PNL d'intégration des parties en conflit présenté dans les sections « Le squash visuel » et « Le recadrage – comme si », plus haut dans ce chapitre.

1. **Imaginez-vous dans le rôle d'un négociateur chargé de résoudre un conflit entre deux parties.**

2. **Demandez à chaque partie : « Quelle est votre intention positive ? » Continuez de poser la question aux deux parties jusqu'à ce que les réponses englobent les besoins fondamentaux dont les deux parties admettent disposer. (Reportez-vous à la section « Le squash visuel », plus haut dans ce chapitre.)**

3. **Demandez à chaque partie de reconnaître leurs points communs et de s'y tenir.**

4. **Explorez des solutions de rechange en utilisant le cas échant le cadre du « comme si ». (Reportez-vous à la section « Le recadrage – comme si », plus haut dans ce chapitre.)**

5. **Choisissez les ressources que chaque partie peut apporter pour contribuer à résoudre le conflit.**

6. **Gardez toujours à l'esprit le but commun et recherchez toujours un résultat où tout le monde sera gagnant.**

Et, pour paraphraser Einstein, l'imagination est plus importante que le savoir car le savoir vous enferme dans la réalité connue tandis que l'imagination vous permet de découvrir et de créer de nouvelles solutions. *Utilisez donc votre imagination pour pratiquer la pensée latérale et proposer ainsi des solutions originales.*

« Nous l'avons appelé comme ça parce que nous estimons que les gens sont entièrement libres et donc responsables de ce qu'ils s'infligent. Vous voulez toujours une géante aux anchois avec des lamelles de mozzarella frites ? »

Dans cette partie...

*V*ous verrez les célèbres dix commandements des ouvrages Pour les Nuls tant appréciés pour leurs informations synthétiques exposées avec simplicité. Cette partie vous donnera une idée de l'impact considérable de la PNL sur la vie quotidienne, des parents aux professeurs en passant par le succès commercial et le développement personnel. Chacun y trouvera son bonheur : dix applications de la PNL, des ouvrages, des ressources internet et des films. Et vous verrez tout ce que vous pourrez trouver d'autre maintenant que vous êtes curieux.

Chapitre 15

Dix applications de la PNL

* *

Dans ce chapitre :

▶ Disposer d'une carte routière pratique de la PNL

▶ Comprendre ce que vous pouvez faire maintenant pour tirer parti des avantages de la PNL

* *

Dans notre expérience de coach, de consultant et de formateur, nous trouvons quotidiennement des applications de la PNL dans le monde du travail. Elle est également importante dans vos relations avec votre famille et vos amis. Comment pouvez-vous utiliser la PNL ? Dans ce chapitre, nous vous présentons dix idées qui, nous l'espérons, vous feront réfléchir à la façon d'utiliser le contenu du présent ouvrage.

À vous de faire la différence.

Assurer votre développement personnel

Nous espérons que vous tirerez une leçon de la lecture de ce livre : la PNL offre un moyen d'apprendre, de grandir et d'assurer votre développement personnel. À vous ensuite de l'utiliser. La PNL peut également vous servir à conseiller et à aider les autres (comme nous l'expliquons dans d'autres sections de ce chapitre), mais, pour être un modèle à part entière pour les autres, il faut que vous soyez solide et en bonne santé.

La trousse à outils de la PNL est la collection de modèles et d'exercices, ainsi que la curiosité qui vous permettent de :

✔ choisir votre état émotionnel le plus efficace et d'utiliser des ancres, outil servant à générer et à conserver cet état positif lorsque vous vous sentez en difficulté. Votre capacité d'apprentissage est optimale lorsque vous affichez la sérénité et la confiance nécessaires pour vous lancer dans quelque chose de nouveau. Pour découvrir comment définir et activer des ancres, reportez-vous au chapitre 9 ;

✔ guider votre réflexion de différentes manières en utilisant les présuppositions de la PNL, à savoir les hypothèses sur lesquelles repose la PNL. Pour en savoir plus, rendez-vous au chapitre 2 ;

✔ découvrir ce qui vous fait évoluer à votre meilleur niveau, en recueillant les informations sur la façon dont vous vivez la réalité qui vous entoure *via* vos sens. La PNL parle de systèmes de représentation sensorielle, traités au chapitre 6 ;

✔ prendre en main votre apprentissage plutôt que d'attendre qu'on le fasse pour vous ;

✔ savoir plus clairement ce que vous voulez vraiment dans les différents domaines de votre vie. La bonne formulation des résultats escomptés, présentée au chapitre 3, est essentielle dans la recherche de ce que vous voulez ;

✔ apprendre à procéder à des changements, en intervenant sur le niveau logique le plus approprié (environnement, comportement, capacités, croyances, identité ou but), afin de vous améliorer et d'accroître la confiance en soi. Retrouvez tout sur ce thème au chapitre 11 ;

✔ vous mettre en phase avec vous-même et avec les autres afin de ne pas vous épuiser à trop exiger de votre personne et apprendre à établir des rapports plus facilement. Tout le chapitre 7 est consacré à l'établissement du rapport.

Gérer vos relations personnelles et professionnelles

« Au secours ! Cette relation ne fonctionne pas. » Entretenir de mauvaises relations avec quelqu'un peut être une expérience horrible et déstabilisante. C'est comme vous faire claquer la porte au nez. Il est un énoncé que vous entendrez souvent en matière de PNL : _si votre façon de procéder ne fonctionne pas, essayez autre chose._ Heureusement, la PNL vous offre deux méthodes pour sortir d'une impasse et ouvrir de nouveaux horizons.

✔ **Le métamodèle** : outil essentiel, le métamodèle vous permet d'approfondir les énoncés superficiels classiques tels que « ça ne me satisfait pas » en posant des questions pertinentes visant à recueillir des informations précises et à contester des hypothèses faisant obstacle à des relations heureuses et enrichissantes.

✔ **Le méta-miroir de la PNL** : seconde méthode, traitée au chapitre 7, le méta-miroir vous invite à adopter différentes positions perceptuelles. Il est très prisé pour aborder les situations difficiles en étudiant votre relation à l'autre. La prise en compte de différents points de vue est source d'idées pour faire avancer une relation ou prendre congé poliment.

Négocier une solution qui contente tout le monde

Supposons que vous vous apprêtiez à entrer dans une négociation importante pour vous, par exemple, l'achat de la maison de vos rêves. Comment la PNL peut-elle vous aider à vous en sortir du mieux possible face à des agents immobiliers qui font tout pour vous vendre la nouvelle maison au tarif maximum et vous racheter l'ancienne maison au tarif minimum ? En vous recommandant des principes et des stratégies qui contenteront les deux parties. Ces principes valent aussi pour décrocher un emploi, acheter une voiture, recruter du personnel pour une mission ponctuelle ou répartir les corvées avec votre colocataire.

✔ Préférez un objectif positif - ayez en tête le résultat souhaité. Employez un langage positif. Pensez toujours à ce que vous voulez et non à ce que vous ne voulez pas. Pour tout savoir sur les objectifs, rendez-vous au chapitre 3.

✔ Mobilisez vos sens - précisez votre objectif en imaginant les images, les sons et les sensations associés que vous percevrez une fois la négociation bouclée avec succès. Ceci prendra tout son sens quand vous aurez lu le chapitre 6.

✔ Consignez vos critères par écrit - concentrez-vous sur cinq éléments clés que vous jugez essentiels pour avancer. Classez-les par ordre de priorité et consultez-les régulièrement pour vérifier que vous êtes sur la bonne voie.

✔ Consignez les critères du vendeur par écrit - qu'est-ce qui est important pour lui ? Mettez-vous à sa place et gardez toujours à l'esprit son objectif lorsque vous êtes en relation avec lui.

✔ Des conséquences positives - ayez toujours en tête les atouts que vous ne souhaitez pas perdre de votre maison actuelle. Il peut s'agir du nombre de salles de bain, du jardin orienté plein sud ou du quartier bien desservi par les transports en commun.

✔ Fixez-vous une limite - soyez prêt à partir sans faire affaire plutôt que de vous laisser influencer et d'accepter dans la précipitation une offre qui ne vous satisfait pas.

✔ Soyez maître de vous-même - le fait de rester calme et détendu quand la négociation vous inquiète va vous aider à prendre la meilleure décision. Le chapitre 9 vous dit tout sur les techniques d'ancrage.

✔ Le *fractionnement* (*chunking*), faculté d'élargir ou de rétrécir le débat, est une arme essentielle pour toute négociation. Si vous n'êtes pas d'accord sur certains détails, orientez la conversation sur les généralités du contrat afin de trouver un terrain d'entente sur les points essentiels, puis revenez aux points de détails posant problème.

✔ Toujours entretenir le rapport. Même lorsque vous n'êtes pas d'accord avec ce que le vendeur dit, synchronisez-vous avec lui et adoptez son langage corporel et le ton de sa voix. Cela aide quand tout le monde écoute ! Nous traitons au chapitre 7 la compétence capitale de la PNL : savoir établir un rapport.

Atteindre des objectifs commerciaux

Les principes de la PNL servent aussi à créer des relations commerciales solides : établir un rapport, identifier ce qu'une personne veut, comprendre ses valeurs et ses critères, faire preuve de flexibilité comportementale jusqu'à la fin d'une négociation ou décider de vous retirer parce que vous savez que vous n'y trouverez pas votre compte.

En utilisant l'approche de la PNL, vous obtenez une situation bénéfique pour tout le monde, empreinte de respect et d'égards. L'intégrité est ici le maître mot. Les bons vendeurs sont capables de se mettre à la place du client et de vanter les atouts de leur produit en fonction des besoins du client. Personne ne souhaite se faire avoir. Tout le monde souhaite être écouté, trouver des solutions à ses problèmes, veut des produits et des services permettant de mieux gérer son activité ou apprécier la vie. Le facteur « bien-être » est recherché. La PNL est une affaire d'influence et de prise de décision. Des ventes concluantes satisfont les besoins du client à de nombreux niveaux.

 L'achat est d'abord émotionnel avant d'être rationnel. Que vous vendiez un produit ou une idée, le lien que vous nouez avec l'autre est avant tout émotionnel. Le client vous « achète » vous avant d'acheter ce que vous vendez.

Créer des présentations convaincantes

La faculté de bien communiquer conditionne votre succès. En fait, vous considérez peut-être qu'il s'agit de la seule et unique qualité qui joue sur votre avenir. Ceux qui savent présenter les choses occupent les places de tête dans de nombreux domaines, que vous soyez homme politique, sportif, enseignant, présentateur de télévision, pom-pom girl ou homme d'affaires de l'année. Avez-vous suffisamment confiance en vous pour défendre vos idées ? Souhaitez-vous vraiment participer à un repas de fête la peur au ventre parce que vous allez devoir prononcer un discours de remerciement à la fin ? Si vous savez créer de belles présentations, l'avenir vous appartient. Alors détendez-vous et passez un bon moment.

Et qu'est-ce qui vous en empêche ? Cela tient en quatre lettres : VOUS.

Malheureusement, énormément de gens sont terrifiés à l'idée de faire une présentation. Et, quand ils ne le sont pas, bon nombre préfèrent attendre en coulisses que de monter sur scène et montrer ce dont ils sont capables à l'assistance.

La PNL peut vous apporter des choses, de trois façons :

✔ En vous montrant comment rendre votre objectif clair comme de l'eau de roche.

✔ En vous montrant comment toucher chacune des personnes présentes dans l'assistance par le langage utilisé.

✔ En vous montrant comment vous tenir en toute confiance face à n'importe quel groupe.

Imaginez que vous ayez été invité à faire un exposé à l'occasion de l'assemblée générale de votre club de jardinage préféré. (Vous pouvez bien sûr remplacer le jardinage par votre passe-temps préféré, qu'il s'agisse du dressage de hamster ou du planeur.)

Votre première tâche consiste à mobiliser votre cerveau pour définir l'objectif de votre présentation. Quel résultat souhaitez-vous obtenir ou quelle action doit découler de votre présentation une fois l'assistance conquise par votre discours ? Vous devez avoir une idée précise en la matière en gardant bien à l'esprit ce que votre auditoire aimerait apprendre de vous.

Votre deuxième tâche concerne ensuite la conception de votre intervention. Pensez VAK - visuel, auditif et kinesthésique (des conseils sur la façon de mobiliser les sens dominants de vos interlocuteurs sont donnés au chapitre 6). Comment allez-vous établir la communication avec les personnes qui aiment les images, celles qui préfèrent les sons et celles qui s'en remettent à leur instinct ? Lorsque vous écrivez votre texte, n'oubliez pas que certains ont simplement besoin des grands titres et d'autres des détails pratiques.

Votre troisième tâche est d'avoir à l'esprit que la PNL dispose des outils nécessaires pour vous préparer mentalement à n'importe quelle présentation. Décidez de votre humeur pour cette présentation, rieur et jovial, grave et sérieux ou peut-être à mi-chemin. Remémorez-vous un épisode où vous étiez dans cet état, afin d'ancrer cette expérience et faire ressortir les sensations associées. Pour apprendre à définir des ancres afin de prendre la parole en public, reportez-vous au chapitre 9.

Et voici le conseil le plus important, le graal : ne soyez pas obnubilé par les conseils et les techniques. Nous avons tous notre façon de présenter et être soi-même est tout simplement agréable. Si vous parlez avec votre cœur de quelque chose qui vous passionne, vous serez en phase avec l'assistance.

Gérer votre temps et vos précieuses ressources

Une journée dure 24 heures pour tout le monde. C'est notre utilisation du temps qui fait la différence. Comme se fait-il que certains passent leur vie à courir contre la montre tandis que d'autres vivent paisiblement ?

Comprendre votre rapport au temps conditionne votre vie au quotidien. La PNL distingue les personnes *associées au temps* (vous vivez l'instant présent) et les personnes *dissociées du temps*. La planification est bien plus simple si vous êtes *dissocié du temps*. Vivre l'instant présent est plus facile si vous êtes *associé au temps*. Des conseils pour voyager dans le temps vous attendent au chapitre 13.

(Kate) En tant que coach, j'encourage mes clients à utiliser leur temps judicieusement, à comprendre l'impact qui se produit lorsqu'ils consacrent du temps à faire des choses qu'ils ne souhaitent pas et à mobiliser leur énergie pour ce qui les motive vraiment. Le temps est une ressource précieuse qui ne se récupère pas lorsqu'il est perdu.

Passer trop de temps à faire plaisir aux autres peut avoir l'effet inverse si vous les décevez.

Prendre un coach pour connaître le succès

Existe-t-il quelque chose que vous aimeriez faire, à laquelle vous pensez peut-être depuis longtemps, mais qu'il vous reste à concrétiser ? Oui ? Dans ce cas, le coaching PNL peut vous aider à effectuer le grand saut, de l'idée, – le désir de changer –, à sa réalisation.

Un coach suivant les principes de la PNL avec talent sera convaincu de votre immense potentiel et vous aidera à atteindre des buts qui semblaient impossibles au départ. Et ce peut être fort amusant... blague à part.

Le coaching centre votre attention sur les résultats souhaités et vous empêche de tergiverser, de gaspiller de l'énergie pour les choses que vous ne souhaitez pas. Cela vous permet de sauter ou d'éliminer les obstacles qui entravent votre route. Le coaching vise à réduire la distance entre l'endroit où vous vous trouvez et celui où vous voulez aller, vous aidant à passer de l'*état présent* à l'*état désiré*.

C'est par l'action que le rêve se transforme en réalité. Le coaching vous permet d'obtenir les résultats souhaités pour plusieurs raisons essentielles : vous vous engagez résolument à agir et vous divisez vos objectifs en morceaux réalistes. Lorsque vous travaillez avec un coach, vous vous engagez envers quelqu'un. C'est comme si un assistant se tenait près de vous avec un chronomètre et prenait vos temps de passage pour veiller à ce que vous respectiez le programme établi.

Les principes de la PNL peuvent servir à réussir dans les domaines du sport et des affaires. Ainsi, certains entraîneurs utilisent les techniques d'ancrage de la PNL pour aider le sportif à avoir confiance en lui avant une grande compétition.

Le coaching consiste souvent à aider les gens à retrouver équilibre et harmonie. (Kate) Le coaching va bien au-delà de la mise en condition pour être performant sur les parcours de golf ou lors des batailles de conseil d'administration. J'ai une vision holistique, selon laquelle tous les aspects de la vie d'une personne lui permettent de créer elle-même son avenir. Je conseille des cadres très brillants qui veulent être extraordinaires dans leur travail. En considérant leur vie dans son ensemble ainsi que leurs habitudes professionnelles, ils parviennent à libérer leur énergie et à prendre l'orientation adéquate pour obtenir ce qu'ils veulent.

Si vous excellez dans un secteur de votre vie, disons le travail, au détriment des autres, alors votre vie au bureau est géniale mais votre vie de famille est misérable. Votre existence est donc déséquilibrée et potentiellement mauvaise pour votre santé. Les clients qui atteignent un niveau de réussite professionnelle très élevé peuvent mettre leur santé en danger ou détruire des relations importantes en chemin. Et ceux qui ont une vie de famille très harmonieuse peuvent négliger leur potentiel professionnel. Si ces situations ressemblent à votre vie, un coach en PNL peut vous aider à retrouver une existence équilibrée et harmonieuse.

Vous servir de la PNL pour votre santé

Épelé à l'envers, le terme anglais _stressed_ (stressé) donne « desserts ». Peu de personnes s'étonnent que les régimes soient si stressants alors que pendant cette période, vous êtes toujours confronté à la vision de pâtisseries. Les pâtisseries peuvent être très attrayantes lorsque vous êtes stressé.

Sérieusement, la PNL peut s'avérer très utile si vous souhaitez rester en bonne santé car elle identifie la connexion inextricable entre le corps et l'esprit. Elle considère l'être humain comme un système ayant besoin d'un certain équilibre pour être en bonne santé.

Vous est-il déjà arrivé d'avoir trop de choses à faire, pas assez de temps pour les faire et de ne pas pouvoir dire quand et comment vous alliez les faire ? Vous vous êtes peut-être senti comme un hamster qui court sur un tapis roulant qui ne mène nulle part. La plupart des gens vivent des moments difficiles, il est normal de connaître des hauts et des bas. La zone dangereuse est atteinte lorsque les gens n'ont pas conscience de ce qui se passe et qu'ils laissent le contrôle de leur vie leur échapper. Lorsqu'ils ne contrôlent plus un aspect de leur vie, le corps intervient en actionnant un système de freinage. Les maux de tête, les douleurs au cou et au dos, les accès de colère et les crises d'anxiété peuvent être autant de signaux d'alarme envoyés par votre corps pour vous avertir que vous ne contrôlez plus votre vie.

La PNL aide les personnes à avoir conscience de leur identité et de leurs valeurs et à préserver leur santé.

Être en phase avec votre auditoire : conseil aux formateurs et aux éducateurs

La PNL part du principe que tous les individus apprennent chacun à leur façon et que les seuls qui savent ce que cela signifie sont les élèves. Les bons professeurs assument la responsabilité d'enseigner afin que leurs élèves apprennent – ils se mettent vraiment en phase avec eux et les inspirent. La PNL déplace le focus de l'enseignement vers l'apprentissage et permet de commencer à identifier la méthode qui leur convient le mieux pour apprendre.

Le processus d'apprentissage implique de nombreuses dimensions d'une grande richesse qui vont au-delà du simple fait de se voir enseigner des informations ou donner les bonnes réponses. Pour apprendre à se mettre en phase sur la durée, les gens doivent être mis dans les conditions leur permettant d'afficher un état réceptif et positif pour apprendre. Mettre le formateur et le groupe dans un état réceptif est bien plus important que de couvrir tout le programme.

Si vous apprenez une nouvelle technique, sachez vous intéresser à la façon de faire en sorte qu'elle fonctionne pour vous. Pensez à votre meilleure expérience en tant qu'apprenant, au cours de laquelle vous vous êtes senti bien. Quels sont les éléments clés ? (Kate) Je sais que le moment où j'apprends le mieux est lorsque je m'amuse, que je suis avec des gens, que je suis prête à tenter des expériences et faire des erreurs. Mais il en va différemment pour les personnes que je forme.

La PNL vous montrera comment identifier les préférences des autres en matière de collection d'informations. En tant que professeur, il est important de savoir que certains répondent aux images, d'autres aux sons et d'autres encore au toucher ou aux sensations. L'utilisation d'un langage très général en début de séance vous permettra de vous mettre en phase avec différents niveaux d'expertise au sein d'un groupe. Votre introduction pourrait ressembler à ceci :

> *Nous allons couvrir de nombreux aspects de notre sujet aujourd'hui. Certains d'entre vous connaissent déjà beaucoup de choses et ont des idées, des opinions et des expériences à faire partager.*
>
> *Pour certains, les concepts abordés vont simplement renforcer leurs connaissances et leur permettre d'étudier les répercussions de ce qu'ils font déjà.*
>
> *Enfin d'autres vont découvrir de nouvelles perspectives et auront l'occasion, tout au long de cette journée, d'explorer de nouvelles façons d'apporter valeur ajoutée et puissance aux méthodes qu'ils utilisent déjà.*
>
> *Vous allez pouvoir choisir le type d'application pour mettre en place ces idées.*

Gardez également à l'esprit l'existence de diverses étapes dans l'apprentissage. Lorsque vous apprenez une technique, conduire une voiture par exemple, vous passez par différents niveaux de compétence. Au début, vous êtes parfaitement ignorant - c'est l'*incompétence inconsciente*. Vous ne savez pas ce que vous ignorez. Vous passez ensuite par le stade de l'*incompétence consciente*. Vous vous rendez compte de ce que vous ne savez pas. Ensuite, vos capacités s'améliorent, vous êtes *consciemment compétent*, jusqu'à devenir *compétent inconsciemment*, comme le conducteur émérite qui a oublié ce que cela faisait d'être un apprenti conducteur. C'est pourquoi il est souvent difficile d'apprendre auprès d'un expert. Il est parfois tellement aux antipodes de la condition de débutant qu'il dit « il n'y a qu'à... » et s'avère incapable de diviser la maîtrise de la technique en étapes simples.

Décrocher cet emploi

Changer de travail peut revenir à changer le papier peint d'une pièce ou à acheter une chemise bleue de plus. Vous pouvez vous rendre compte que c'est simplement le fait de changer de travail qui vous attirait et non le nouveau poste en lui-même.

La PNL peut vous aider à trouver le bon poste et pas simplement un autre poste. Un plan de carrière se fait proactivement, sous peine de finir comme Alice dans *Alice au pays des merveilles*, à ne pas se soucier de l'endroit où vous allez, l'essentiel pour vous étant d'aller quelque part. En prenant des décisions en toute connaissance de cause, vous êtes certain de ne pas laisser tomber un emploi idéal pour un poste qui vous rendra très malheureux.

Faites de votre recherche d'emploi un résultat bien formulé à l'aide de la liste de contrôle de l'annexe C. Décryptez la personne chargée de vous recruter, comme vous l'avez appris, pour voir comment fonctionne sa carte du monde. Le chapitre 7 offre une liste de contrôle pour vous aider à cerner la personne à influencer.

Soyez créatif afin de sortir du lot. Si vous étiez un produit, quels seraient vos caractéristiques et vos avantages ? Placez-vous face à un miroir, et jouez au candidat. Comment seriez-vous habillé et quelle serait votre façon de parler ? Que diriez-vous sur vous-même et sur vos capacités ? Souvenez-vous, vous devez croire en vous pour que les autres aient confiance en vous et vous recrutent.

Chapitre 16

Dix livres pour votre bibliothèque

Dans ce chapitre :
▶ Un choix d'ouvrages pour praticiens et débutants
▶ Élargir vos connaissances sur la PNL par la littérature spécialisée

*N*ous sommes des lectrices voraces et c'est ce qui nous a permis d'élargir nos connaissances sur le développement personnel et la PNL. Nous espérons que les dix ouvrages présentés dans ce chapitre enrichiront votre vie et celle des personnes que vous côtoyez.

Changer les systèmes de croyance avec la PNL

Robert Dilts, qui a signé *Changer les systèmes de croyance avec la PNL* (Dunod, 2006), est l'un des formateurs et des auteurs les plus créatifs dans le domaine de la PNL et il prêche vraiment par l'exemple. Dans son livre, il décrit la façon dont vos croyances peuvent vous empêcher d'atteindre un état désiré. Cet ouvrage vous aide à explorer vos croyances et fournit des exercices pour les aligner, en les modifiant, sur tous les niveaux de votre personnalité dans le but d'obtenir un changement durable.

Choisir sa vie

Tout ce qu'il faut savoir pour découvrir ce que nous voulons dans la vie et trouver les réponses à nos interrogations. *Choisir sa vie* (InterÉditions, 1999) de Josiane de Saint-Paul offre des méthodes et des témoignages pour faire le point sur notre personnalité et nos aspirations profondes.

Comprendre la PNL

Dans *Comprendre la PNL* (Éditions d'Organisation, 1994), Catherine Cudicio présente la PNL de façon claire et simple.

Derrière la magie : la programmation neuro-linguistique (PNL)

Dans *Derrière la magie : la programmation neuro-linguistique (PNL)* (InterÉditions, 1984), premier livre français sur la PNL, Josiane de Saint-Paul et Alain Cayrol explorent avec clarté le secret des hommes et des femmes pour la communication et le sens des relations humaines.

Influencer avec intégrité

Dans *Influencer avec intégrité,* Laborde (InterÉditions, 1997), l'auteur Genie Laborde a utilisé de nombreux dessins pour rendre l'ouvrage agréable à consulter. Elle a simplifié un sujet complexe pour offrir au lecteur un éventail des techniques « dernier cri » à utiliser dans tous les domaines de la communication. La simplicité de l'approche avec une orientation vers les applications professionnelles en fait un livre très utile pour les acteurs de l'univers de l'entreprise.

Introduction à la PNL

Introduction à la PNL (Vigot, 1995), de Joseph O'Connor et John Seymour, présente les modèles d'excellence élaborés par la PNL pour mieux communiquer.

Le plein pouvoir des mots : maîtriser le langage d'influence

Avec *Le plein pouvoir des mots : maîtriser le langage d'influence* (Brossard, 2004, traduit de l'anglais par Pierre Ozias Gagnon), Shelle Rose Charvet a fait d'un sujet aride un livre qui se lit d'une seule traite. Pas besoin de connaître la PNL pour comprendre les métaprogrammes car Shelle a utilisé son enthousiasme et son style attrayant pour illustrer les applications pratiques de l'apprentissage de la connexion entre comportement et langage. Cet ouvrage regorge d'anecdotes de la vie quotidienne qui permettent au profane de comprendre les différents aspects de la communication, par exemple comment rédiger une annonce pour un emploi ou un produit afin de toucher le public le plus large possible et quelles questions poser pour recruter le candidat idéal pour un poste.

L'éveil de votre puissance intérieure

Anthony Robbins est l'auteur de ce livre très axé sur les applications. *L'éveil de votre puissance intérieure,* (Éditions du jour, 1993) est rempli d'idées pour découvrir ce que vous voulez faire de votre vie et atteindre vos objectifs. Vous y trouverez des tas de techniques pour contrôler les domaines de votre vie qui peuvent vous causer des soucis, par exemple la santé, les relations humaines, les finances et la gestion de vos émotions.

Maîtriser l'art de la PNL

Maîtriser l'art de la PNL (Éditions d'Organisation, 1996), de Catherine Cudicio, approfondit le sujet et révèle l'utilité de maîtriser la PNL pour communiquer avec talent.

Transformation essentielle

Transformation essentielle (La tempérance, 1998) présente des techniques de programmation neurolinguistique, découvertes et développées par Connirae Andreas, destinées à apporter une plus grande complétude au lecteur dans le but de faciliter un changement personnel. La technique de *transformation essentielle* repose sur le principe de l'existence de parties en conflit au sein de l'inconscient de tout un chacun, et vise à atteindre un état essentiel et par là même la complétude. Cet ouvrage marque une avancée capitale dans le domaine du développement personnel car il permet de nous servir des limitations comme d'un tremplin pour atteindre des états essentiels tels que la paix intérieure et l'amour.

Sixième partie

Annexes

Dans cette partie...

*V*ous avons rassemblé des ressources pour que vous disposiez de quelques adresses qui vous permettront de poursuivre votre formation à la PNL. Vous trouverez également deux des modèles les plus utiles déjà présentés dans ce livre. Ils vous serviront à nouer des relations avec des personnes et à bien formuler les résultats escomptés dans toutes vos activités.

Annexe A

Liste de ressources

* *

*N*ous avons réuni dans cette annexe quelques références parmi la mine de ressources disponibles. L'objectif est de vous aider à poursuivre votre voyage dans l'univers de la PNL une fois la lecture de cet ouvrage achevée. Cette liste n'est pas exhaustive et vous pouvez trouver bien d'autres personnes et organismes compétents en fonction de vos intérêts.

Contacter les auteurs

Romilla Ready
Ready Solutions Ltd
Téléphone : 0845 6444759 (depuis le Royaume-Uni)
            +44 (0)118 9547744
Télécopie : +44 (0)118 9547722
Courriel : Enquiries@readysolutionsgroup.com
Site web : www.readysolutionsgroup.com

Kate Burton
Watercress
Téléphone : +44 (0)118 9734590
Courriel : learn@watercress.uk.com
Site web : www.watercress.uk.com

France

Institut français de programmation neuro-linguistique (IFPNL)
21, rue Sébastien Mercier
75015 Paris
Téléphone : 0810 810 804

Courriel : info@ifpnl.fr
Site web : www.ifpnl.fr

Fédération NLPNL
8, rue du Faubourg Poissonnière
75010 Paris
Téléphone : 01 64 35 89 06
Courriel : federation@nlpnl.net
Site web : www.nlpnl.net

États-Unis et Canada

Canadian Association of NLP (CANLP)
Site web : www.canlp.com/welcome.htm

Success Strategies
1264 Lemonville Road
Burlington, Ontario
Canada L7R 3X5
Téléphone : +1 (905) 6396468
Télécopie : +1 (905) 6394220
Site web : www.successstrategies.com

NLP Comprehensive
PO Box 927
Evergreen CO 80437
Téléphone : +1 (303) 9872224, (800) 2331657
Télécopie : +1 (303) 9872228
Courriel : learn@nlpco.com
Site web : www.nlpcomprehensive.com

Michael Neill
Téléphone : +1 (818) 3404464
Courriel : michael@successmadefun.com
Site web : www.successmadefun.com
Pour recevoir chaque lundi matin le conseil de la semaine,
envoyez à subscribe@successmadefun.com un courriel
vierge avec simplement le mot « subscribe » dans la zone
Objet.

Robbins Research International
9191 Towne Centre Drive
San Diego CA 92122

Advanced Neuro Dynamics
Site Web : www.nlp.com

Annexe B

Établir le rapport

*N*ous avons repris dans cette annexe le formulaire du chapitre 7. Vous souhaitez peut-être nouer des relations plus solides avec certaines personnes de votre milieu familial ou professionnel. Nous vous demandons de conserver une trace écrite de votre réflexion pour que vous puissiez prendre le temps de penser à ces individus. Cela vous permettra également de vous concentrer sur ce que vous attendez de la relation pour parvenir à un résultat où tout le monde trouvera son compte. Vous pouvez photocopier et remplir ce formulaire quand bon vous semble :

Remplissez ce formulaire pour toute personne avec laquelle vous souhaitez améliorer le rapport établi :

Nom : _____

Société/groupe : _____

Quelle relation entretenez-vous avec cette personne ?

_____

Quel changement souhaiteriez-vous apporter aux relations entretenues avec cette personne ?

_____

_____

Quel impact cela aurait-il sur vous ?

_____

_____

Quel impact cela aurait-il sur l'autre personne ?

_____

_____

Cela vaut-il la peine d'y consacrer du temps et de l'énergie ?

_____

_____

_____

Quelles sont les pressions auxquelles est confrontée cette personne ?

_____

_____

_____

Quelle est la chose la plus importante pour elle en ce moment ?

_____

_____

_____

Connaissez-vous quelqu'un ayant réussi à établir un rapport avec cette personne ? Et que pourriez-vous apprendre de lui ?

_____

_____

_____

De quelle autre aide pourriez-vous avoir besoin pour établir le rapport ?

_____

_____

_____

_____

Quelles sont vos idées pour faire évoluer cette relation ?

_____

_____

_____

_____

Quelle est la première étape ?

_____

_____

_____

La liste de contrôle des résultats bien formulés

*L*a liste de contrôle ci-dessous est un résumé du processus de création de résultats bien formulés décrit au chapitre 3.

Photocopiez cette liste et répondez aux questions au moment de vous fixer des objectifs très clairs.

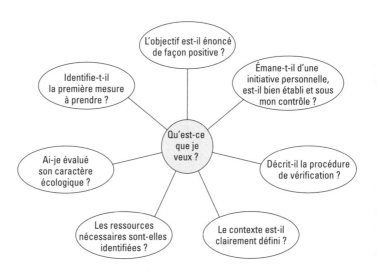

« Pour les Nuls »,
la collection de tous
les savoirs !

Disponibles dans la collection « Pour les Nuls »

Culture générale

Histoire

Titre	*Auteur*	*ISBN*
Versailles	Mathieu da Vinha, Raphaël Masson	978-2-7540-1552-3
La Seconde Guerre mondiale	Robert Belot, Klaus-Peter Sick	978-2-7540-0818-1
L'Histoire du monde	Philippe Moreau Defarges	978-2-7540-1265-2
L'Histoire de la Belgique	Fred Stevens, Axel Tixhon	978-2-7540-1482-3
La Préhistoire	Gilles Gaucher	978-2-7540-2185-2
La Rome antique	Guy de la Bédoyère, Catherine Salles	978-2-7540-1822-7
La Grèce antique	Stephen Batchelor, Marie-Dominique et Marc Porée	978-2-7540-1602-5
Le Gaullisme	Chantal Morelle	978-2-7540-0821-1
La Chine	Angélina Boulesteix	978-2-7540-1145-7
La Culture générale, 2e édition	Florence Braunstein, Jean-François Pépin	978-2-7540-1628-5
La Culture générale illustrée, 2e édition	Florence Braunstein, Jean-François Pépin	978-2-7540-1275-1
La Révolution française	Alain-Jacques Czouz-Tornare	978-2-7540-0811-2
Les Années 60	Stéphane Benhamou	978-2-7540-0610-1
La Mythologie illustrée	Collectif	978-2-7540-0989-8
Les Grandes Civilisations	Florence Braunstein, Jean-François Pépin	978-2-7540-0605-7
La Première Guerre mondiale	Jean-Yves Le Naour	978-2-7540-0616-3
La Ve République	Nicolas Charbonneau, Laurent Guimier	978-2-7540-0620-0
Le Moyen Âge	Pierre Langevin	978-2-7540-0563-0
Paris	Danielle Chadych, Dominique Leborgne	978-2-7540-0168-7
L'Égypte ancienne	Florence Maruéjol	978-2-7540-0256-1

Titre	Auteur	ISBN
La Mythologie	Christopher W. Blackwell, Amy Hackney Blackwell	978-2-7540-0257-8
L'Histoire de France illustrée	Jean-Joseph Julaud	978-2-7540-0110-6
L'Histoire de France	Jean-Joseph Julaud	978-2-8769-1941-9

Religions et spiritualité

Titre	Auteur	ISBN
Le Coran	Malek Chebel, Sohaib Sultan	978-2-7540-0982-9
La Torah	Arthur Kurzweil, Victor Malka	978-2-7540-0978-2
Le Christianisme	Richard Wagner, Père Denis Metzinger	978-2-7540-0991-1
L'Islam	Malcolm Clark, Malek Chebel	978-2-7540-0531-9
Le Judaïsme	Josy Eisenberg	978-2-7540-0596-8
La Bible illustrée	Éric Denimal	978-2-7540-0274-5
Le Catholicisme	John Trigilio, Père Pierre Lartigue	978-2-7540-0182-3
Le Bouddhisme	Jonathan Landaw, Stephan Bodian	978-2-7540-0062-8
La Bible	Éric Denimal	978-2-8769-1800-9
Zen ! La Méditation, 2ᵉ édition	Stephan Bodian	978-2-7540-0322-3
Sagesse et Spiritualité	Sharon Janis	978-2-8769-1769-9

Ésotérisme

Titre	Auteur	ISBN
Le Tarot divinatoire	Didier Colin	978-2-7540-1826-5
La Franc-Maçonnerie	Christopher Hodapp, Philippe Benhamou	978-2-7540-0150-2

Société

Titre	Auteur	ISBN
L'ONU	Yves Berthelot, Jean-Michel Jakobowicz	978-2-7540-1411-3
La Mondialisation	Francis Fontaine, Sylvie Goulard, Brune de Bodman	978-2-7540-0778-8
L'Instruction civique	Guillaume Bernard, Frédéric Monera	978-2-7540-0979-9
L'Europe, 2ᵉ édition	Sylvie Goulard	978-2-7540-1213-3
L'Écologie	Franck Courchamp	978-2-7540-0554-8

Titre	Auteur	ISBN
La Géopolitique	Philippe Moreau Defarges	978-2-7540-0623-1
La Justice	Emmanuel Pierrat	978-2-7540-0553-1
La Philosophie, 2e édition	Christian Godin	978-2-7540-0460-2
L'Économie	Michel Musolino	978-2-7540-0351-3
La Politique	Philippe Reinhard	978-2-7540-0335-3
La Géographie française	Jean-Joseph Julaud	978-2-7540-0245-5

Sciences et techniques

Titre	Auteur	ISBN
L'Histoire de l'aviation	Philippe Benhamou	978-2-7540-1146-4
L'Histoire des sciences	Vincent Jullien	978-2-7540-0977-5
La Physique	Dominique Meier (sous la dir. de)	978-2-7540-0915-7
La Conquête spatiale	Michel Polacco	978-2-7540-1143-3
Les Maths	Jean-Louis Boursin	978-2-7540-0093-2
L'Astronomie 978-2-8769-1634-0	Stephen Maran, Pascal Bordé	

Beaux-arts

Titre	Auteur	ISBN
L'Humour	Gordon Zola	978-2-7540-1956-9
Le Louvre	Daniel Soulié	978-2-7540-1404-5
La Télévision	Marie Lherault, François Tron	978-2-7540-0976-8
Les Séries télé	Marjolaine Boutet	978-2-7540-0912-6
Le Rock	Nicolas Dupuy	978-2-7540-0819-8
L'Histoire de la peinture	Jean-Jacques Breton, Dominique Williatte	978-2-7540-0812-9
La Danse classique	Evelyne Cisneros, Scott Speck, Florence Balique	978-2-7540-1045-0
L'Histoire du cinéma	Vincent Mirabel	978-2-7540-0609-5
Le Jazz	Dirk Sutro, Stéphane Koechlin	978-2-7540-0779-5
L'Histoire de l'art illustrée	Jean-Jacques Breton, Philippe Cachau, Dominique Williatte	978-2-7540-0493-0
L'Histoire de l'art	Jean-Jacques Breton, Philippe Cachau, Dominique Williatte	978-2-7540-0229-5
L'Opéra	David Pogue, Claire Delamarche	978-2-7540-0244-8
La Musique classique	David Pogue, Claire Delamarche	978-2-7540-0151-9

Langue française

Titre	Auteur	ISBN
La Dictée	Jean-Joseph Julaud	978-2-7540-2415-0
La Poésie française	Jean-Joseph Julaud	978-2-7540-1700-8
La Littérature française	Jean-Joseph Julaud	978-2-7540-0061-1
Le Français correct	Jean-Joseph Julaud	978-2-8769-1640-1

Régions

Titre	Auteur	ISBN
L'Alsace	Pierre Kretz, Astrid Ruff	978-2-7540-1994-1
La Corse	Thierry Ottaviani	978-2-7540-1546-2

… en Poche

Titre	Auteur	ISBN
La Musique classique	David Pogue, Claire Delamarche	978-2-7540-2417-4
L'Histoire de la Suisse – tome 1 Des origines à 1815	Georges Andrey	978-2-7540-2262-0
L'Histoire de la Suisse – tome 2 De 1815 à nos jours	Georges Andrey	978-2-7540-2263-7
Zen ! La Méditation	Stephan Bodian	978-2-7540-0000-0
Sagesse et Spiritualité	Sharon Janis	978-2-7540-1758-9
L'Égypte ancienne	Florence Maruéjol	978-2-7540-1739-8
L'Histoire de France – tome 1 Des origines à 1789	Jean-Joseph Julaud	978-2-7540-0180-9
L'Histoire de France – tome 2 De 1789 à nos jours	Jean-Joseph Julaud	978-2-7540-0181-6
Paris Rive droite	Danielle Chadych, Dominique Leborgne	978-2-7540-0694-1
Paris Rive gauche	Danielle Chadych, Dominique Leborgne	978-2-7540-0695-8
La Culture générale – tome 1 Histoire, géographie, art et littérature	Florence Braunstein, Jean-François Pépin	978-2-7540-0798-6
La Culture générale – tome 2 Sciences, sports, loisirs et spiritualité	Florence Braunstein, Jean-François Pépin	978-2-7540-0799-3
La Franc-Maçonnerie	Philippe Benhamou	978-2-7540-0696-5
Le Bouddhisme	Jonathan Landraw, Stephan Bodian	978-2-7540-03148

Titre	Auteur	ISBN
La Philosophie – tome 1 Antiquité, Moyen Âge et Renaissance	Christian Godin	978-2-7540-0796-2
La Philosophie – tome 2 Du XVIIe siècle à nos jours	Christian Godin	978-2-7540-0797-9
L'Astrologie	Rae Orion	978-2-8769-1999-0
La Littérature française – tome 1 Du Moyen Âge au XVIIIe siècle	Jean-Joseph Julaud	978-2-7540-0611-8
La Littérature française – tome 2 Du XVIIIe siècle à nos jours	Jean-Joseph Julaud	978-2-7540-0612-5
Le Français correct	Jean-Joseph Julaud	978-2-8769-1924-2

Vie pratique

Cuisine

Titre	Auteur	ISBN
Coffret Cuisine	Collectif	978-2-7540-2055-8
La Cuisine, 2e édition	Bryan Miller, Hélène Darroze	978-2-7540-1989-7
Le Vin, 5e édition	Ed McCarthy, Mary Ewing-Mulligan, Éric Beaumard	978-2-7540-1547-9
Les Cuisines du monde	Philippe Chavanne	978-2-7540-0103-8

Santé

Titre	Auteur	ISBN
Maigrir avec la méthode Montignac + livret	Michel Montignac	978-2-7540-2435-8
Maigrir avec la méthode Montignac	Michel Montignac	978-2-7540-1586-8
Le Cancer	Pr Jean-François Morere, Dr Thierry Bouillet, Pr Laurent Zelek, Pr Michel Crépin	978-2-7540-2131-9
Contrôler son cholestérol	Carol Ann Rinzler, Pr Éric Bruckert	978-2-7540-1751-0
Le Cerveau	Dr Frédéric Sedel, Pr Olivier Lyon-Caen	978-2-7540-2072-5

Titre	Auteur	ISBN
L'Homéopathie	Dr Daniel Scimeca	978-2-7540-1761-9
Les Maladies cardiovasculaires	Dr Philippe Abastado	978-2-7540-1591-2
Le Sexe, 2ᵉ édition	Dr Ruth K. Westheimer, Dr Marianne Pauti	978-2-7540-1497-7
Le Corps humain	Dr Patrick Gepner	978-2-7540-1121-1
La Maladie d'Alzheimer	Christian Derouesne, Jacques Selmes	978-2-7540-1058-0
Améliorer sa mémoire	John B. Arden	978-2-7540-0323-0
Maigrir	Jane Kirby, Dr Jocelyne Raison	978-2-7540-0005-5
Bien s'alimenter	Carol Ann Rinzler	978-2-8769-1897-9

Bien-être

Titre	Auteur	ISBN
Coffret Massages	Collectif	978-2-7540-2064-0
Les Huiles essentielles	Elske Miles	978-2-7540-1596-7
Shiatsu et Réflexologie	Synthia Andrews, Bobbi Dempsey, Michel Odoul	978-2-7540-0981-2
Le Tai-Chi	Thérèse Iknoian	978-2-7540-0137-3
Les Massages	Steve Capellini, Michel Van Welden	978-2-7540-0060-4
La Méthode Pilates	Ellie Herman	978-2-8769-1767-5
Le Yoga	Georg Feuerstein	978-2-8769-1752-1
Le Feng Shui	David Kennedy	978-2-8769-1687-6

Psychologie

Titre	Auteur	ISBN
Le Développement personnel	Collectif	978-2-7540-0865-5
L'Interprétation des rêves	Didier Colin	978-2-7540-2318-4
L'EFT (Technique de libération émotionnelle)	Helena Fone, Jean-Michel Gurret	978-2-7540-2067-1
La Pensée positive	Averil Leimon, Gladeana McMahon, Béatrice Millêtre	978-2-7540-1821-0
L'Adolescence	Michel Fize	978-2-7540-1412-0
Exercices de programmation neuro-linguistique	Romilla Ready, Kate Burton, Béatrice Millêtre	978-2-7540-1593-6

Titre	Auteur	ISBN
Exercices de thérapies comportementales et cognitives	Rhena Branch, Rob Willson, Béatrice Millêtre	978-2-7540-1592-9
Les Relations amoureuses	Florence Escaravage, Kate M. Wachs	978-2-7540-1499-1
Apprendre mieux	Marie Joseph Chalvin	978-2-7540-1261-4
Le Langage des gestes	Joseph Messinger	978-2-7540-0597-5
La Confiance en soi	Kate Burton	978-2-7540-0647-7
Le Coaching	Jeni Mumford	978-2-7540-0353-7
La PNL	Romilla Ready, Kate Burton	978-2-7540-0169-4
L'Hypnothérapie	Mike Bryant, Peter Mabbutt	978-2-7540-0504-3
Les Thérapies comportementales et cognitives	Rob Willson, Rhena Branch	978-2-7540-0246-2
La Psychologie	Dr Adam Cash	978-2-8769-1802-3

Puériculture

Titre	Auteur	ISBN
Choisir un prénom	Héloïse Martel	978-2-7540-1463-2
La 1re année de Bébé	James Gaylord, Michelle Hagen, Dr Éric Saban	978-2-7540-1511-0
La Grossesse, 2e édition	Dr Eddleman, Dr J. Stone, Dr Joëlle Bensimhon	978-2-7540-1429-8

Droit pratique

Titre	Auteur	ISBN
Le Droit du travail	Me Julien Boutiron, Jean-Philippe Élie	978-2-7540-1422-9
Organiser son mariage	Peggy Mignot-Paillet, Peggy Frey	978-2-7540-1676-6
L'Assurance	Laurence de Percin	978-2-7540-1073-3
Le Divorce	Me Martine Valot-Forest	978-2-7540-1479-3
L'Immobilier, 2e édition	Laurence Boccara, Catherine Sabbah	978-2-7540-0530-2

Finances personnelles

Titre	Auteur	ISBN
Payer moins d'impôts, 4e édition	Robert Matthieu	978-2-7540-2397-9
La Bourse	Gérard Horny	978-2-7540-0637-8

Titre	Auteur	ISBN
Les Finances personnelles	Pascale Micoleau-Marcel (sous la dir. de)	978-2-7540-0630-9

Maison

Titre	Auteur	ISBN
La Décoration	Kareen Perrin Debock, Frank Lecor	978-2-7540-2264-4
Un potager	Charlie Nardozzi, Philippe Collignon	978-2-7540-1675-9
Le Bricolage, 2e édition	G. et K. Hamilton, Frank Lecor	978-2-7540-1426-7
Vivre écolo	Liz Barclay, Michael Grosvenor, Franck Laval	978-2-7540-0707-8

… En Poche

Titre	Auteur	ISBN
Le Code de la route, édition 2011	Permisecole	978-2-7540-2387-0
La Table des calories	Jean-Paul Blanc, Catherine Poggi	978-2-7540-2087-9
Améliorer sa mémoire	John B. Arden	978-2-7540-2388-7
La Cuisine pas chère	Héloïse Martel, André Le Letty	978-2-7540-1772-5
L'Armagnac	Chantal Armagnac	978-2-7540-1613-1
Le Diabète	Dr Alan Rubin, Dr Marc Levy	978-2-7540-1436-6
Les Massages	Steve Capellini, Jocelyne Rolland, Michel Van Welden	978-2-7540-1330-7
S'arrêter de fumer	Pr B. Dautzenberg, Dr D. Brizer	978-2-7540-1293-5
Les Tests du Code de la route	DFC Production	978-2-7540-0751-1
Le Vin	Laure Liger, Yvan-Paul Cassetari	978-2-7540-0087-1
La Cuisine	Brian Miller, Alain Le Courtois	978-2-8769-1872-6
Le Sexe	Dr Ruth K. Westheimer	978-2-8769-1956-3
Maigrir	Jane Kirby	978-2-8769-1870-2
Le Feng Shui	David D. Kennedy	978-2-8769-1871-9
Un bureau feng shui	Holly Ziegler, Jennifer Lawler	978-2-8769-1949-5
La Méthode Pilates	Ellie Herman	978-2-7540-0223-3
Le Yoga	Georg Feuerstein, Larry Pane	978-2-7540-0063-5
Guérir l'anxiété	Dr Martine André, Dr Charles Eliott, Dr Laura Smith	978-2-7540-1195-2

Titre	Auteur	ISBN
Les Thérapies comportementales et cognitives	Rob Willson, Rhena Branch	978-2-7540-1074-0
La PNL	Romilla Ready, Kate Burton	978-2-7540-0879-2
La Psychologie	Dr Adam Cash	978-2-8769-1957-0
Le Bricolage	Gene Hamilton, Katie Hamilton	978-2-7540-0373-5

Business

Titre	Auteur	ISBN
Communiquer efficacement	Marty Brounstein, Florence Balique	978-2-7540-2229-3
Les Ressources humaines	Sabine Wojtas	978-2-7540-1627-8
Les Marques	Bill Chiaravalle, Barbara Findlay Schenck, Benoît Heilbrunn	978-2-7540-2127-2
Le Marketing opérationnel	Alexander Hiam, Benoît Heilbrunn	978-2-7540-1981-1
Le Service client	Keith Bailey, Karen Leland, Ralph Hababou	978-2-7540-1827-2
Trouver un job	Joyce Lain Kennedy, Nicolas Barrier	978-2-7540-1092-4
Le Marketing, 2e édition	Alexander Hiam	978-2-7540-0688-0
La Comptabilité	Laurence Thibault-Le Gallo	978-2-7540-0617-0
Créer sa boîte	Laurence de Percin	978-2-7540-0492-3
Le Management	Bob Nelson	978-2-8769-1952-5
Business Plans	Paul Tifany, Steven D. Peterson	978-2-8769-1712-5
La Vente	Tom Hopkins	978-2-8769-1670-8

... en Poche

Titre	Auteur	ISBN
L'Auto-entrepreneur	Grégoire Leclercq, Marie Gouilly-Frossard	978-2-7540-2025-1
Le Marketing	Alexander Hiam	978-2-7540-1598-1
Le Management	Bob Nelson	978-2-7540-0454-1

Titre	Auteur	ISBN
Business Plans	Paul Tiffany, Steven D. Peterson	978-2-7540-0094-9
La Vente	Tom Hopkins	978-2-8769-1950-1

Loisirs

Sports

Titre	Auteur	ISBN
Le Tennis	Patrick McEnroe, Peter Bodo, Guy Tambon	978-2-7540-1757-2
Les Arts martiaux	Jennifer Lawler, Nicolas Dupuy, Éric Le Cam	978-2-7540-1052-8
Courir	Tere Stouffer Drenth, Philippe Maquat	978-2-7540-1044-3
Gym et Musculation	Cyndi Targosz, Jean-Pierre Clémenceau	978-2-7540-1059-7
L'Équitation	Audrey Pavia, Marie Martin	978-2-7540-0732-0
Le Golf	Gary McCord	978-2-7540-0078-9
La Voile	J.-J. Isler, Peter Isler	978-2-7540-0059-8

Musique

Titre	Auteur	ISBN
Improviser à la guitare	Antoine Polin	978-2-7540-2019-0
Accords de guitare	Antoine Polin	978-2-7540-1009-2
Exercices de piano	David Pearl, Marc Rozenbaum	978-2-7540-1337-6
Exercices de guitare	John Chappell, Mark Phillips, Antoine Polin	978-2-7540-1336-9
L'Harmonica	Winslow Yerxa, Jean-Jacques Milteau	978-2-7540-1210-2
DJ	John Steventon, Nicolas Dambre	978-2-7540-1198-3
La Batterie	Jeff Strong, Laurent Bataille	978-2-7540-0352-0
Le Chant	Pamela S. Phillips, Mariette Jost	978-2-7540-0462-6
Le Solfège	Michael Pilhofer, Jean-Clément Jollet	978-2-7540-0586-9
La Guitare basse	Patrick Pfeiffer	978-2-7540-0288-2
Claviers et Synthétiseurs	Christophe Martin de Montagu	978-2-7540-0118-2
La Guitare, 2e édition	Mark Phillips, Jon Chappel	978-2-7540-0124-3

Titre	Auteur	ISBN
Le Piano	Blake Neely, Marc Rozenbaum	978-2-7540-0102-1
La Guitare électrique	John Chappell	978-2-8769-1983-9

Loisirs créatifs

Titre	Auteur	ISBN
Coffret Dessin	Collectif	978-2-7540-2056-5
Créer une BD	Gérald Gorridge	978-2-7540-1883-8
Dessiner des personnages	Kensuke Okabayashi	978-2-7540-1322-2
L'Aquarelle	Colette Pitcher	978-2-7540-0934-8
La Peinture à l'huile	Anita Giddings, Cherry Stone Clifton	978-2-7540-0935-5
Dessiner des mangas	Kensuke Okabayashi, Nobuyuki Anzai	978-2-7540-0494-7
La Couture	Janice Saunders Maresh	978-2-7540-0193-9
Le Dessin	Brenda Hoddinott	978-2-7540-0185-4
Le Tricot	Pam Allen	978-2-8769-1705-7

Nature

Titre	Auteur	ISBN
Un aquarium	Maddy Hargrove, Mic Hargrove	978-2-7540-0917-1
Le Cheval	Audrey Pavia, Marie Martin	978-2-7540-0367-4
Éduquer son chiot	Sarah Hodgson	978-2-7540-0372-8
Éduquer son chien	Jack Volahrd, Wendy Volahrd	978-2-7540-0152-6

Jeux

Titre	Auteur	ISBN
Pack Gym cérébrale	Stéphanie Boyron, Nicolas Conti	978-2-7540-2073-2
Le Scrabble	Eugénie Michel	978-2-7540-1698-8
Les Échecs, 2e édition	James Eade, Vincent Moret	978-2-7540-1870-8
Dungeons & Dragons®	Richard Baker, Bill Slavicsek	978-2-7540-1390-1
Le Casino	Kevin Blackwood, François Montmirel	978-2-7540-0447-3
Le Poker Texas Hold'em	Mark Harlan, François Montmirel	978-2-7540-0448-0
La Magie	David Pogue, Bernard Bilis	978-2-7540-0453-4
Le Bridge, 2e édition	Eddie Kantar, Jacques Delorme	978-2-7540-0276-9
Le Poker	Richard D. Harroch, Lou Krieger, François Montmirel	978-2-7540-0123-6